하염없는 마음

석 암 강정문
선덕화 이설자

한국불교통신교육원

東風
春吹
善德華

생활불교에서의 묘한 체험

묘한 체험으로
묘한 행동하며
묘법(妙法)을 공부하니
마음 또한 묘하구나.

· 이선덕화 (2009年 3月 7日)

第8-2號

招待作家證

姓　名：李雪子

住民番號：1944. 8. 23

貴下는 本協會가 主催하는 韓·中·日 大韓民國·東洋書藝大展 運營規程에 따라 招待作家로 選定되었기에 이 證書를 드립니다.

2015年 8月 20日

社團法人 東洋書藝協會

會長 林 炫 圻

資格證書

증서번호 : 04-492　　성　　명 : 이설자(선덕화)
생년월일 : 1944. 5. 5

위 사람은 本 大學 佛教布教學科 全過程을 마치고 規定된 試驗에 合格하여 傳法師 資格을 갖추었으므로 이를 認定함.

불기 2548 (04)년 8 월 14 일

사단법인 한국불교금강선원
한국불교통신대학
학　장 활안 한정섭
대학원장 호암 김찬현

추천사

동방 만월세계 약사유광 부처님은 열두 가지 원을 세워 이 세상을 살기 좋은 세계로 만들어가고 있습니다. 그런데 이 부처님은 홀로 그 일을 하는 것이 아니라 해와 달과 같은 일광보살, 월광보살의 힘을 빌려 그 뜻을 실천하고 있습니다.

그런데 우리나라 왕십리 선덕화보살님은 남편 석암거사를 모시고 두 아들들을 좌우보처로 삼아 이 세상을 유리알처럼 맑고 깨끗한 세계를 만들고자 발원하고 있습니다.

일찍이 "우리 절"과의 인연으로 그 하기 어려운 화주 체험을 하고 "불교통신대학"에 입학하여 초·중·고·대의 교리를 체계 있게 공부하고 대학원에 들어가 경·율·론·선·밀교·의식까지 골고루 체험한 뒤 인도·중국·미얀마·몽골·108산사 성지순례를 통하여 과거·현재·미래의 많은 선지식들이 어떻게 불사를 지어왔는가를 체험했습니다.

2천년 기독교가 갈가리 찢어진 종파 때문에 십자군 마녀사냥, 신구교의 대립을 일으키고 아프리카, 아메리카를 점령하여 원주민들을 핍박했을 때 슈바이처와 테레사가 그 검은 대륙의 아픔을 만져주었듯, 이 두 부부는 부파, 대승불교의 차별 속에서도 오직 부처님의 위대한 구도정신만을 찾아 전법도생의 원력을 말없이 실천하고 있습니다.

이 작은 책자는 그들의 체험 속에서 부처님의 법구가 녹아 있고 고승들의 일화가 숨겨져 있으며 가는 곳마다 보고 느낀 보석같은 감로수가 큰 강 대해(大海)를 형성하고 있습니다.

병신년 정초를 맞아 두 분의 다정한 심방 속에서 부끄러워하는 "하염없는 마음"의 글을 받고 조심스럽게 일독한 뒤 이 글을 씁니다.
천 가지 말로 칭찬하는 것보다는 누구나 한 번 읽으면 만 가지 공덕을 형성할 수 있다 생각되어 감히 추천서를 쓰니 읽는 자는 마음 속으로 감탄하면서 행으로 실천해 주시기 바랍니다.

그리고 늙었다고 자신만의 수행에 몰두하지 말고 초지일관 한국의 슈바이처, 테레사가 되기를 간절히 빌어마지 않습니다.

불기 2560년 3월

한국불교금강선원 활안 정섭 합장

목차(目次)

刹塵心念可數知
찰진신념가수지
大海中水可飮盡
대해중수가음진
虛空可量風可繫
허공가량풍가계
無能盡說佛功德
무능건설불공덕

세상에 있는 먼지와 티끌을 헤아려 그 수를 모두 알고
큰 바다에 있는 물을 다 마시고
허공을 헤아리고 바람을 잡아 메는 재주가 있더라도
부처님의 공덕을 다 말할 수 없다네!

〈서문 – 부처님과의 소중한 인연 중에서…〉

서문(序文)

머리말

부처님 말씀에 일체가 유심조라 하셨듯이 지극히 소중한 부부의 연을 맺어 자식들을 낳았을 때는 온 세상을 얻은 기분이었고 마음속에는 한없는 뭉클함이 솟아올랐습니다.
짧지 않은 세월 동안 서로 의지하며 보살피면서 지금까지 살아왔으니 앞으로도 그렇게 살아가렵니다.

26년 전 지인의 소개로 우이동 도선사를 다니기 시작한 것이 인연이 되어서 우리 부부는 지금까지 일요일 새벽마다 기도를 다니고 있습니다. 부처님 법문이 좋아서 법당에 들어가면 온갖 잡생각은 줄고 평온한 마음 뿐이니 내 마음이 기쁠 수밖에 없습니다. 그리하여 전국의 명승고찰을 찾아다니며 마음을 닦고 있는 중인데 이번에 선덕화보살이 신앙생활을 하면서 그때그때 느낌을 솔직하게 기록하였다가 집대성한 것을 한 권의 책으로 낸다고 하여 옆에서 지켜보고 조언도 해 주었습니다.

또한 활안큰스님께서 제자를 사랑하는 마음으로 추천서도 써주시고 누구나 그 입장이 되어야 이해할 수 있다고 격려의 말씀도 해주셨는데 모든 분들의 생각이 똑같지는 않다고 생각합니다.

일생에 한 번 책 내기도 어려운데 힘들게 출간하게 된 선덕화보살에게 진심으로 찬사를 보냅니다.
삼가 우리를 낳아 길러주신 양가 부모님께 감사드리며 그 자손들의 명과 복을 빕니다.

2016년

석암 강 정 문 합장

부처님과의 소중한 인연

삶을 살아가며 인연의 소중함과 세월의 무상함을 느끼게 되고, 또 한편으로 자연의 섭리에 순응하며 차별 없이 세상을 살아가고 있는 자신에게 감사하며 살다보니, 어느샌가 시간이 흘러 60대 후반의 나이가 되었습니다.
나이는 잊고 살자 하는 마음에 앞으로의 삶 동안 아픈 사람들과 함께하며 그들을 보살피고 같이 희로애락을 느끼며 살아가는 것이 작은 바람입니다.

약국을 개업한지 벌써 어느덧 40年이라는 시간이 흘렀지만, 이것이 천직이었던지 귀찮다거나 별다른 거부감 없이 지금 생각해보면 '이 모든 것이 부처님의 뜻이었구나' 하는 생각에 그저 충실하게 살아왔으며, 부처님을 향한 마음은 언제나 제게 큰 안식처가 되어 주었습니다.

지난 삶에 있어 막내아들이 수능시험을 앞둔 1991年 7月 29日, 그날을 아직도 가끔 기억하게 됩니다. 큰 아들은 별 어려움 없이 자기가 원하는 대학에 무난히 합격하였지만, 막내아들은 '서울대 정치학과가 아니면 갈 수 없다' 고집하여 고민 중에 어떤 분과의 인연으로 도선사 석불전에 첫 걸음을 하게 되었습니다.
당시 나이 18세였던 아들이 희망하던 서울대 정치학과에 진학할 수 있도록 부처님의 발치에라도 매달리고픈 심정으로 간절히 기도를 올리게 되었고, 원서 접수를 끝낸 12月 1日, 마침내 부처님의 무량공덕으로 막내 아들은 서울대 정치학과에 입학하였습니다. 그 후로도 서울대 행정대학원 및 행정고시에 22세의 나이로 무난히 합격할 수 있었습니다.
부처님의 무량공덕을 입은 저는 그 당시 새벽 4시에 100日 기도를 올렸었고 그 이후 지금도 도선사 석불님께 일주일마다 기도를 올리면서 불심을 키워가고 있습니다.

항상 제가 염송하게 되는 계송이 있습니다.

찰진신념가수지 (刹塵心念可數知)
대해중수가음진 (大海中水可飮盡)
허공가량풍가계 (虛空可量風可繫)
무능건설불공덕 (無能盡說佛功德)

세상에 있는 먼지와 티끌을 헤아려 그 수를 모두 알고 큰 바다에 있는 물을 다 마시고 허공을 헤아리고 바람을 잡아 매는 재주가 있더라도 부처님의 공덕을 모두 말하지 못하리라.

또한 삶에 있어 제 가슴을 적시는 또 하나의 시문이 있는데 이광수님의 "육바라밀"이 바로 그것입니다.

육바라밀

님에게 아까운 것이 없이
무엇이나 바치고 싶은 이 마음
거기서 나는 보시(布施)를 배웠노라.

님께 보이고자 애써 깨끗이
단장하는 이 마음
거기서 나는 지계(持戒)를 배웠노라.

님이 주시는 것이라면 때림이나 꾸지람이나
기쁘게 받는 이 마음
거기서 나는 인욕(忍辱)을 배웠노라.

자나깨나 쉴 사이 없이
님을 그리워하고 님곁으로만 도는 이 마음
거기서 나는 정진(精進)을 배웠노라.

천하에 하고 많은 사람 중에
오직 님만을 사모하는 이 마음
거기서 나는 선정(禪定)을 배웠노라.

내가 님의 품에 안길 때
기쁨도 슬픔도 님과 나와의 존재도 잊을 때에
거기서 나는 지혜(智慧)를 배웠노라.

이제 알았노라.
님은 이 몸께 바라밀을 가르치려고
짐짓 애인의 몸을 나투신 부처님이시라고….

〈이광수〉

나는 항상 시를 읊으면서 한량없이 불심을 다지고 부처님만을 생각하는 생활 속에서 항상 찬탄과 감사의 마음으로 좀 더 부처님께 다가설 수 있도록 '나 또한 보답하는 삶을 살아야 하지 않을까?' 하는 생각에 간절한 마음으로 가슴속에 와 닿는 부처님 말씀이라면 항상 메모하는 생활을 하게 됩니다.
이런 인연으로 부처님의 무량공덕을 표현함에 저의 글 솜씨가 많이 부족하여 미흡하지만, 이 글을 읽어 주시는 분들에게 변치 않는 믿음과 신념으로 부처님 전에 한 걸음 더 나아가시길 발원하오며, 모든 분들이 마음 법을 깨우쳐 행복한 삶을 누리고 마침내는 보살도를 실천하여 부처가 될 수 있도록 간절한 마음을 담아 이 한 권의 책으로 남기고자 합니다.

불기 2560년 3월

선덕화 이 설 자 합장

제1장 인연(因緣)

우리절 관음전과의 인연

소리에 놀라지 않는 사자와 같이
그물에 걸리지 않는 바람과 같이
진흙에 물들지 않는 연꽃과 같이
고고히 살아갈지어다.

부지런히 계(戒), 정(定), 혜(慧)를 닦아
정진하여 위로는 삼보사중의 은혜를 갚고
밑으로는 한량없는 중생을 제도할지어다.

이와 같은 글을 읽으며 열심히 부처님 앞에 기도하던 중에 부처님 법을 바로 알고 행하고 싶다는 간절한 생각이 마음속에 피어나게 되었고, 그때 마침 도반이 남산에 있는 대원정사를 인도하여 일요법회에 6年간 우리집 거사와 함께 다니게 되었다. 큰스님, 법사님, 교수님들께서 법문을 하실 때마다 저는 어느새 마음속 깊은 곳이 뭉클하여 뜨거운 눈물 줄기가 두 뺨을 따라 흐르며…

'이렇게나 깊고 깊은 부처님 법을 모르고 이 세상을 떠났으면 어찌 되었을까?'

환희에 찬 안도감에 찬불가도 목청껏 부르고 천수경, 반야심경 독송 또한 소리 높여 염송하였고 이런 충실한 신앙생활 속에 신심은 샘솟듯 솟아나게 되었으며 그 당시 출생지가 경기도 광주였기에 자연스레 곤지암에 위치한 우리절과 인연이 생겨나 그곳의 관음전을 짓는 화주를 하게 되었다.

우리절 관음전 기공식과 인연을 맺으면서

우리절 법당 기공식 날은 1997年 10月 21日이었으며. 부처님의 인연으로 기공식에 참석하여 장미 한 송이 올리고 세 삽을 뜨고 석가모니 부처님 정근(精勤)을 하면서 도는데 한량없는 마음에 감격의 눈물이 흐르며…

'무슨 복으로 이렇게 법당 건립에 동참을 할 수 있게 되었을까?'

생각에 지심으로 부처님께 감사의 눈물을 흘리게 되었고, 그로부터 얼마 뒤에 관음전(觀音殿) 공사가 시작되었고, 탈없이 완공되길 발원하는 간절한 마음에 행당동 불자들을 갈 때마다 함께 모시게 되었다.
이런 인연으로 己卯年 4月에 주지 동봉스님께서 모연문 한 권을 써서 주셨는데, 기수급고독장자와 수다타장자의 원력을 모아 불사를 원만 성취하여 주기를 바라신다는 내용이었다. 그것을 보는 순간 나는 그 모연문을 들고 아이처럼 펄쩍 뛰면서 좋아하였고, 그 후로 행당동에서부터 김포까지의 인연으로 서까래, 기둥, 들보, 주기둥 받기를 시작하게 되었다.
부처님의 무량한 공덕에 보답하는 작은 마음에 집착과 미련 없이 관음전 하나 우리나라에 세워지는 것만이 그저 작은 기쁨이었던 나는 신심으로 만들어진 모연문을 불자모임(문수회)과 고등학교 동창회에 참석할 때도 꼭 지참하였다. 모든 일을 신심으로 행할 수 있는 믿음과 힘을 주심에 환희와 기쁨을 얻었지만, 여러 가지 사정으로 공사가 일시중단 되었다.

2002年 월드컵 범종과의 인연

관음전의 공사는 비록 일시 중단되었지만, 주지스님께서는 2002年 월드컵 때에는 2002관 범종을 주조하여 치셔야 된다고 말씀하셔서 범종 불사금을 모금하기 시작하였다. 그러나 시방으로 33천, 수직으로 28천에 울려퍼질 범종을 주조하는 일이란 결코 쉬운 일이 아니었다.
많은 동참자와 불사금을 모은다는 것이 정말로 힘들었지만 용기를 잃지 않고 행하던 중, 그 어려운 시기에 부처님께서는 아픈 사람의 상처를 만져서 치유할 수 있는 힘을 주시어, 이 한 몸 부서져라 열심히 치료를 행하며 많은 인연을 모아 2002年 6月 9日 고대하던 범종 타종식을 하게 되었다.

관음전 범종 권선을 하면서 얼굴은 환한 미소를 짓고 있었지만, 마음 속으로 울기도 많이 울었다.
어린 시절에는 돈의 소중함을 미처 모르고 살아왔고, 이 권선을 행하며 어려운 사람들에게 정성 어린 마음을 모을 수 있다는 것에 벅찬 감동을 느끼면서 또 한편으로는 몹시 가슴이 아파왔다.
돌이켜 생각하면 한 점 후회 없이 직접 행하며 깨우쳐야 한다는 부처님의 깊은 뜻으로 인연을 맺어주신 모든 분들에게 감사드리며, 그 마음을 변함 없이 소중히 간직할 수 있는 계기가 되었고, 관음전 공사 때는 저의 집 거사의 회사 경력을 아시게 된 주지스님의 요청으로 도감을 맡아 달라고 말씀하시어 5개월 동안 출퇴근을 하여 2002年 11月 24日에 드디어 고대하던 관음전 낙성식을 하게 되었다.
성전이 지어지는 동안 말로 다 표현하기 힘든 많은 어려움이 있었지만, 그 못지 않은 기쁨도 있었다. 무엇보다 관세음보살님의 무량공덕으로 무사히 성취할 수 있었던 것에 다시 한 번 감사드리게 된다.
관음전 낙성식이 있던 해의 11月 27日경쯤으로 기억한다. 일요일 아침마다 도선사 석불님에게 계속 기도를 올리던 중에 석불님의 오른쪽 귀와 얼굴의 나발에서 광명의 빛이 발하며 불가사의한 광명을 쏟아 내어 주시는 것을 체험하게 된다. 이 또한 석불님께서 무량공덕을 베풀어 주신 것이라고 생각하게 되어 마음속 깊이 다시 한 번 감사하게 된다.

우리절 관음전 낙성식의 기쁨

백의관음 무설설 (白衣觀音無說說)
남순동자 불문문 (南巡童子不聞聞)
병상녹양 삼재하 (甁上綠楊三際夏)
암전취죽 시방춘 (巖前翠竹十方春)

관세음 보살님은 설함이 없이 설하시고.
남순동자는 들음이 없이 듣는다네.
병속의 버드나무는 삼세의 여름을 나타내고.
바위 앞의 푸른 대나무는 시방의 봄을 알리는구나.

이 관음기도는 관세음보살님이 설함 없는 설법으로 중생제도를 하시는 위대한 대성자임을 우리에게 깨우쳐 주시는 대목이라 생각되며, 관음전 낙성식을 끝마친 후 모든 일련의 일들이 관세음보살님의 무량공덕임을 몸소 체험하고 마음속 깊이 와 닿는 계기가 되었다.

금강선원 한국불교통신대학과의 인연

불현듯 잠에서 깬 어느 날, 불교 공부를 좀더 체계적으로 배우고 싶다는 마음이 간절하였고, 금강선원 불교통신대학에 입학하게 되어 이곳과의 인연이 시작되었다. 불교통신대학 공부를 하기 위해서 금강선원의 사무실에 처음 방문하였는데 너무도 어질고 착하게 보이시는 한 과장님이라는 분께서

"한 번 공부해 보세요!"

권해 주시기에 망설임 없이 바로 입학원서를 제출하여 입학하였고, 방송으로 진행하는 1年 간의 대학과정이 얼마나 재미있던지 시간 가는 줄도 모르며 환희심 속에 열심히 공부하였다.

가평 상락향 법신탑과의 인연

상락향 수도원에 우리 대학교 대학원 수련장이었다는 것을 알게 되어 한 번 가보고 싶다는 생각 중에 도반들과 같이 가평 대성리에 있는 상락향을 방문하게 되었다.

상락향에는 아미타 부처님이 서쪽을 향하여 누워 계시고 53불이 쭉 도열해 계시는데 그 광경에 감개가 무량하였다.
그 즉시 남아 있는 탑 자리가 있는지 금강선원의 활안큰스님께 여쭙고 허락을 구하였고, 2004年(佛紀 2548年) 부처님 오신 날에 탑 기공식을 가지게 되었다.

탑의 명칭은 법신탑으로서 화엄경의 삼계 25류를 표현하고 탑 12m는 기단으로, 나머지 21m는 계단식 원형 탑으로 형성하기로 하였다.
자연석을 가능한 완전히 메우지 않고 최대한의 공간을 확보하면서 탑을 세우니 달마대사 소림면벽과 같은 작은 굴법당이 하나 2층에 형성되었고, 4층의 법당에는 태국 대장경과 근본불교*성전과 부처님의 사리, 그리고 승사리를 모셨다.
이같이 잘 조성된 9층탑의 웅장함에 탑 사진을 보고는 어디 대만에 있는 탑이냐고 물어보는 사람들이 지금도 종종 있다고 한다.

우리 행당동(행복회) 불자들만으로 큰스님께서 기공식을 장엄한 법회를 열어주신 것을 항상 감사드리며, 그 은혜로움은 아마도 영원히 잊지 못할 것이다.

큰스님께 이 자리를 빌어 다시 한 번 감사드립니다.

---

* 인도불교

53존불

선재동자가 남방으로 53선지식을 찾아다니며 구도하여 법계의 이치를 터득함을 상징한다.

般若心經
반야심경

般若波羅蜜多心經
마하반야바라밀다심경

觀自在菩薩 行深般若波羅蜜多 時照見五蘊皆空 度一切苦厄 舍利子 色不異空
관자재보살 행심반야바라밀다 시조견오온개공 도일체고액 사리자 색불이공

空不異色 色卽是空 空卽是色 受想行識 亦復如是 舍利子 是諸法空相 不生不滅
공불이색 색즉시공 공즉시색 수상행식 역부여시 사리자 시제법공상 불생불멸

不垢不淨 不增不減 是故 空中無色 無受想行識 無眼耳鼻舌身意 無色聲香味觸法
불구부정 부증불감 시고 공중무색 무수상행식 무안이비설신의 무색성향미촉법

無眼界 乃至 無意識界 無無明 亦無無明盡 乃至 無老死 亦無老死盡 無苦集滅道
무안계 내지 무의식계 무무명 역무무명진 내지 무노사 역무노사진 무고집멸도

無智亦無得 以無所得故 菩提薩 依般若波羅蜜多 故心無罣碍 無罣碍故 無有恐怖
무지역무득 이무소득고 보리살타 의반야바라밀다 고심무가애 무가애고 무유공포

遠離顚倒夢想 究竟涅槃 三世諸佛 依般若波羅蜜多 故得阿耨多羅三藐三菩提
원리전도몽상 구경열반 삼세제불 의반야바라밀다 고득아뇩다라삼약삼보리

故知般若波羅蜜多 是大神呪 是大明呪 是無上呪 是無等等呪 能除一切苦
고지반야바라밀다 시대신주 시대명주 시무상주 시무등등주 능제일체고

眞實不虛故說般若波羅蜜多 呪卽說呪曰
진실불허고설반야바라밀다 주즉설주왈

揭諦揭諦 波羅揭諦 波羅僧揭諦 菩提 薩婆訶
아제아제 바라아제 바라승아제 모지 사바하

揭諦揭諦 波羅揭諦 波羅僧揭諦 菩提 薩婆訶
아제아제 바라아제 바라승아제 모지 사바하

揭諦揭諦 波羅揭諦 波羅僧揭諦 菩提 薩婆訶
아제아제 바라아제 바라승아제 모지 사바하

제2장 공부(工夫)

정교재		참고서		단답형공부테스트
부처님의 생애와 교훈	불교금언성전 (진리의 말씀)	천수경	왕오천축국전	기초교리문답
고승법어	비교종교학	반야심경	삼국유사	중등교리문답
불교개설	기신론	법성게	비유의세계	고등교리문답
학습팔만대장경	삼론	선의성서	포교론	대학교리문답

불교통신대학에서의 공부

1학기는 초등과정으로 기초교리문답(객관식, 주관식)으로 되어있고 부처님의 생애와 교훈, 불교금언성전, 천수경 강의, 반야심경 강의, 왕오천축국전을 공부하였고, 2학기는 중등교리문답, 고승법어, 비교종교, 삼국유사, 법성게 강론, 비유의 세계, 3학기는 포교학과(전문과정) 불교개설, 선의성서, 기신론, 불교 포교론, 삼론, 이렇게 각 학기별로 순서적으로 공부를 하게 되었는데 부처님의 뜻이었던지 자연스럽게 머릿속에 되새기며 심취할 수 있었다.

마명보살

대승기신론의 3세6취란 마음의 수레

기신론 강의 때는 어떻게 그렇게 마음의 심리를 정확하고 세밀하게 마명 보살님께서 설명하여 놓으셨는지 정말로 감탄하고 또 감탄하였다. 대승(大乘)은 전체적으로 두 가지 면에서 말할 수 있는데 하나는 대승 그 자체가 무엇이냐 하는 것, 즉 법(法)이고 두 번째는 대승은 어떤 의미를 가지고 있느냐 하는, 즉 의(義)이다. 알기 쉽게 풀이하면 체(法)는 곧 사람의 마음이며, 이 마음으로 말미암아 이 세계의 사물(世間法)과 관념(出世間法) 등이 그 존재의미를 가짐으로써 우리는 그 마음으로 대승의 의미를 밝힐 수 있는 것이다. 또한 이 마음은 참되고 한결같은 모습을 진여(眞如)라 하고 이것이 즉 대승의 근본이 된다. 그런데 이 마음은 因果의 법칙을 통해 상대적이고 過度的인 양상을 나타내며 變化하고 있다. 그 변화하는 모습 속에서 대승의 본체(體)와 모양(相)과 작용(用)이 나타나기 때문이다.

대승의 의미(義) 세 가지

첫째는, 마음이란 큰 수레는 그 본체가 크다. 왜냐하면 참되고 한결같은 마음의 본체는 일체의 사물과 더불어 존재하며 그것은 순수하고 또 영원히 변하지 않으며 언제나 하나이고 늘어나는 일도 줄어드는 일도 없이 모든 차별을 끊고 있기 때문이다.

둘째는, 마음이란 큰 수레는 모양이 크다(相大). 그것은 헤아릴 수 없이 많은 속성들을 그 특징으로 지니고 있기 때문에 여래장(如來藏)이라 부르기도 한다.

셋째는, 마음이란 큰 수레는 그 능력이 크다(用大). 왜냐하면 그 마음이 이 세상의 물리적 정신적 온갖 훌륭한 일을 다 일으키는 까닭이다. 또한 이 마음은 모든 부처님들이 본래 타고 간 수레이고, 모든 보살님들이 다 이 수레를 타고 가면 틀림없이 부처님의 경지에 도달할 수 있기 때문이다.

소위 깨닫지 못한 마음(不覺)이라고 한 것은 그대로 진여가 하나라는 진리를 깨닫지 못하는 생각을 두고 말하는 것인데 망상을 떠났다고 가정한다면 이것이 참된 깨달음이 되는 것이다. 깨닫지 못한 불각을 의지하여 마음이 움직여서 3가지의 업상을 일으키는데,

① **무명업상(無明業相)**은 불각을 의지하여 마음이 동요하는 것을 어리석음이 일으키는 최초의 잠재적 충동이다. 이 마음은 부처님이 아니면 알 수가 없다. 이 무명업상을 끊는 방법은 근본업불상응염(根本業不相應染)이니 보살로서 수행이 다한 여래의 경지에 이르러 능히 떠나게 된다.

② **능견상(能見相)**은 나라는 의식이 주체가 되어 나타나는 상인데 동요함을 의지함으로써 생긴다. 없애는 방법은 주체로서 원초적인 생각, 능견불상응염(能見不相應染)이니 즉 자기 마음에 결박됨이 없는 경지, 즉 심자재지(心自在地)에 이르러서 버리게 된다.

③ **경계상(境界相)**은 능견상을 의지함으로써 경계의 망념이 나타나는 것인데 객관적 현상으로 나타나는 원초적인 생각, 즉 현색불상응염(現色不相不相應染)이다. 대상적인 사물로 말미암아 동요됨이 없는 색자재지(色自在地)에 이르러서 떠나게 된다. 다시 말하면 곧 나의 견해를 떠나야 곧 경계가 없어지는 것이다.

이 경계가 있으므로 다시 여섯 가지 마음이 누구나 알 수 있는 거친 마음이 일어나니 이것을 6추(麤)라고 한다.

① **지상(智相)**은 경계를 의지하여 마음이 일어나 사랑하고 미워하는 분별을 일으키는 것이고,

② **상속상(相續相)**은 지상을 의지하여 생긴 사랑하고 미워하는 마음이 계속되어 이것이 곧 고난이라는 생각이 끊임없이 계속되는 것이다.

③ **집취상(執取相)**은 상속상을 의지하여 인연 따라 경계를 생각하고 고통과 즐거움의 경계에 대한 집착을 일으키는 모습이다.

④ **기업상(起業相)**은 명자(名字)를 의지하여 생기므로 계명자상(計名字相)이라 한다. 말하자면 이름과 모양을 따라 말과 행동으로 선악업을 짓는 것이다.

⑤ **계명자상(計名字相)**은 집취상을 의지하여 허망한 집착의 생각이 더 커지면서 다시 그 위에, 헛된 명자어목(名字語目)을 내세우고 더욱 조잡한 아집을 일으키는 것이며,

⑥ **업계고상(業繫苦相)**은 기업상을 의지하여 업을 지으면 그것을 원인하여 결과를 초래하게 마련인데 그 결과가 우리로 하여금 고통 속에 속박하여 자유롭지 못하게 하므로 업계고상이라 하는 것이다.

그러므로 이런 번뇌의 마음은 맑은 허공과 같은 마음으로 지속적으로 살아가면서 그런 번뇌의 대상, 번뇌가 의지하는 허망한 세계는 그릇된 우리 마음가짐만 제거하면 자연히 사라지고 마는 것이니, 즉 잘못된 마음에 속지 않으면 되는 것이다.

이렇게 기신론에서 마명보살님께서 2000年 전에 우리 마음의 흐름을 정확하게 파악하여 설명하여 주신 것에 정말로 감사드리고, 부처님의 정법을 이어갈 수 있도록 우리 중생들의 마음의 도리를 일깨워 부처님의 혜안으로 논하신 것을 믿어 의심치 않았다. 또한 부처님의 생애와 교훈을 알게 되고 배워갈수록 감동으로 가슴이 벅차올랐고, 여러 경전 천수경(千手經), 반야심경(般若心經), 법성게강론(法性偈講論), 유식론(唯識論), 구사론(俱舍論)을 공부함에 모든 경전이 부처님께 진여심(眞如心) 하나를 일깨워 주시기 위해 3세시방제불이 이 사바세계에 출현하셨다는 말을 듣고 새삼스럽게 눈물이 쏟아졌다.

졸업논문 연기론

4학기의 과정을 다 마치고 졸업논문을 쓰게 되었는데, 논문 주제는 "연기론(緣起論)의 대의"에 대하여 논하는 것이었다.

"이것이 있으므로 저것이 있고,

이것이 일어나므로 저것이 일어난다.

이것이 멸하면 저것도 멸하고

저것이 멸하면 이것도 멸한다."

그러므로 연기를 보면 곧 법을 보고 법을 보면 연기를 본다 하였다. 이 연기론은 부처님께서 만드신 것도 아니고 다른 사람이 만든 것도 아니다. 또한 모든 법, 즉 존재는 인과 연이 합하여 만들어진 것이다. 일체의 현상을 시간적인 면에서 볼 때 연기론 또는 인생론이라고도 한다. 이러한 관념형성의 축적은 인간 자체가 지닌 성격에 의하여 결정된다. 연기론이 여러 가지로 발전된 이면에는 법의 生起에 있어 무엇이 연을 만들어내는가에 따라 달라진다.

대승을 상징하는 수레바퀴(法輪)

업감연기론(業感緣起論)에 대하여

업감연기론의 업은 범어로 카르마(Karma)*의 영향에 의해 나타나는 연기라는 뜻이다. 원인과 결과가 진행하는 데에는 법칙과 질서가 있다. 우리는 이 삶의 바퀴를 굴리는 주된 동력을 행위, 즉 業이라 하는데 이 업을, 몸으로 또는 입으로, 그리고 생각으로 짓기 때문에 신(身), 구(口), 의(意), 삼업(三業)이라 부르기도 한다.

우리 중생들은 신, 구, 의, 삼업에 의해서 느끼는 감정을 가지고 연을 만나서 살고 있는 것이 마치 씨앗이 밭에 떨어져 자라는 것과 같다. 삼업으로 짓는 업에는 10가지가 있는데, 악을 중심으로 지으면 10악업(十惡業), 선을 중심으로 짓으면 10선업(十善業)이라 한다. 그러면 몸과 입과 뜻으로 짓는 업에는 어떤 것이 있는가.

몸(身)으로 짓는 업에는

죽이는 것과 살리는 것, 빼앗는 것과 베푸는 것, 바른 사랑과 그른 사랑이 있으니

- 죽이는 것을 살생(殺生)이라 하고 살리는 것을 **방생**이라 한다.
- 빼앗는 것을 도둑질(偸盜), 베푸는 것을 **보시**라 하며
- 잘못된 사랑을 간음(姦淫)이라 하고, 바른 사랑을 **청정**이라 한다.

입(口)으로 짓는 업에는

거짓말, 꾸미는 말, 두 가지 말, 악담과 설욕 등이 있으니

- 거짓말(妄語) 대신 **참말**을 해야 하고
- 아첨하는 말(綺語) 대신 **진실된 말**을 해야 하고
- 이간질(兩舌) 대신 **화합하는 말**을 해야 하며
- 악담, 설욕(惡口) 대신 **칭찬하는 말**을 해야 한다.

---

* 행동, 행위

뜻(意)으로 짓는 업에는

탐욕, 분노, 어리석음 세 가지가 있으니

·**탐욕**(貪慾)은 희사심으로 돌려야 하고
·**진애**(賑埃)는 자비심으로 돌려야 하고
·**치암**(癩暗)은 지혜로 돌려야 한다 하였다.

– 이것이 업감연기론의 이치인데 이에 대해서는 구사론이라는 책에 구체적으로 적혀있으니 참고하시기 바랍니다.

신구의(身口意)의 삼업(三業)을 맑게 지어야 불도를 얻는다.

아뢰야식 연기론에 대하여

모든 존재는 식(識)이 있어 그 식이 바뀌면서 새로운 생명이 유래되는 것이다. 이 연기론은 업감연기론을 보충 발전시킨 것이다. 업감연기론에서 만유가 生起하는 주체를 업이라 하여 여러 가지로 나누어 설명하였는데 그 업이 과연 어느 곳에 저장되었다가 다음 생에 나타나는가 하는 문제는 모든 사람들의 의심덩어리였다. 그런데 세친(世親)보살이 유식학(唯識學)을 지어 이 업이 아뢰야식에 저장되었다가 다음 생에서까지 연장된다 하니 이것이 세상 사람들이 말하는 잠재의식인 것이다.

불교에서는 마음을 여덟 가지 기능으로 구분한다. 안, 이, 비, 설, 신(前五識)과 감각의 중심인 意식(제 6자의식), 제 7마나식, 그리고 관념형성이 축적되는 중심인 제 8아뢰야식이다. 이 아뢰야식에 업이 축적되는데 이것들이 밖으로 드러나지 않을 때는 종자라 불리고 활동할 때는 현상이라 불린다.

오래된 종자 현상, 그리고 새로운 종자, 이 모두는 동일한 과정을 영원히 반복하는 하나의 고리(圓)를 형성하여 서로 의존하고 있으며 이것은 관념 형성에 의한 연기의 사슬로 이어진다. 그러므로 제 8아뢰야식은 집착이란 의미도 있고, 자상, 인상, 과상 등 세 가지 특징이 있다. 제 8아뢰야식은 항상 살아 달리 익혀지는 이숙식(異熟識)이 되므로 소가 사람이 되기도 하고 개가 사람이 되기도 하는 것이다.

– 유식론 참조

진여연기란?

진여연기(眞如緣起)란, 아뢰야식에 저장된 업이 여러 연을 만나 만유를 만들어 낸다면 이 아뢰야식은 상주 불멸하는 것이어야 하며 참된 것이어야 하고 현상을 초월한 절대적인 불변의 본체라야 할 것이나, 인연 따라 이렇게도 저렇게도 변이상속할 수 있으므로 참되고 한결같은 마음이라 하여 진여연기라 부르는 것이다.

진여란, 우주 만유에 보편한 상주 불변의 본체를 말하는 것으로 영원히 실제 하여 파괴되거나 변하지 않는 한결 같은 마음이다. 진여는 본래 하나다. 그러나 사람의 마음을 어지럽게 하는 무명은 헤아릴 수 없이 많은 차별상을 띄우고 있어 처음부터 사람마다 같지가 않다. 그래서 갠지스강의 모래알보다 더 많은 여러 가지 심한 번뇌가 그 무명 때문에 생기는 것이며 그 무명의 정도가 한결같지 않기 때문에 많은 차별상을 갖게 되는데 이것은 범부가 능히 알 수 없는 바로서 오직 여래만이 알 수 있는 것이다.

진여는 내적인 원인과 외적인 계기가 갖추어져야 무슨 일이 성취된다는 하나의 통칙이 있다. 진여의 내적인 원인, 즉 훈습력을 갖추었어도 완전히 지혜로운 자, 진정한 구도자, 좋은 스승을 만나는 외적인 연이 없으면 번뇌를 끊고 열반에 들어갈 수 없다.

반대로 외적인 계기는 마련되어 있어도 안에서 깨끗한 마음이 아직 훈습력을 발휘하지 못한다면 열반의 행복을 찾을 수 없다. 내적인 원인과 외적인 계기가 다 갖추어진 자, 즉 훈습의 힘을 가지고 있고 밖으로 모든 불보살들의 자비로운 보호를 받게 된다면 선근을 닦아 불보살들을 만나 그 가르침에 접하고 열반에 이르게 되는 것이다.

그러므로 진여에는 심진여문과 심생멸문이 있는데

심진여문(心眞如門)은 깨끗한 부처님 마음 그대로이고 심생멸문(心生滅門)은 한마음이 동요함에 있어 삼세육추(三細六麤)*의 과정을 거치는 것이다.

– 기신론 참조

부처님 초전법륜상

* 삼세육추 : 3가지 세밀한 마음과 6가지 거친 마음이 나타나는 것

법계연기란?

우주 만유가 전개되어 있는 현상적인 모습을 직관할 땐 산하대지. 모든 것이 서로 끝없는 관계를 가지고 어떤 질서와 조화 속에서 연결되어 있음을 알 수 있다. 즉 모든 사물은 서로 방해하지 않으면서 의존하고 융합한다. 이 세상의 천지 만물은 서로 "인(因)"이 되고 "연(緣)"이 되고 "과(果)"가 되면서 끝없이 생성 변화하고 있기 때문이다.

법계(法界)란 일체의 모든 존재가 각자 그 영역을 지켜 서로 엇갈리거나 뒤섞임 없이 잡다한 가운데서도 질서있고 정연하게 조화를 유지해가면서 연기하고 있는 우주 만법은 어느 하나의 원인으로 연기된 것이 아니라 만법 그대로가 서로 인과관계를 유지하면서 존재하고 있다는 우주 그대로의 현상적인 모습에서 연기의 실상을 밝힌 것이다.

화엄경의 궁극적인 가르침인 법계연기는 우리 현실세계를 그 주체로 다루고 있기 때문에 중생의 현실과 생사를 떠나서는 법계연기를 논할 수가 없다.

법계연기가 문제로 하는 것은 현실 세계이고 현상 세계이다. 현실 세계란 바로 '여기'라는 특정한 장소와 '지금'이라는 특정한 시간에 존재하는 일체 사물의 존재 방식을 설명하려는 것인데, 이때 존재는 물리적인 존재만이 아니고 관념적인 존재 및 이념도 포함된다. 또한 현상세계란 법이 생하고 멸하는 세계를 말한다. 이러한 현실 세계를 설명하는 법계연기를 성립시키기 위한 기초로 현실의 모습의 의미하는 일(事)과 진리를 나타내는 이치(理)의 관계를 파악하고 어떻게 일과 이치가 연합하고 인과 일들이 관계를 가지는가에 대한 이사무애(理事無碍)* 법계와 사사무애(事事無碍)** 법계를 분명히 파악하여야 한다. 이 세상의 모든 존재는 마치 집이 서까래와 기둥, 기와가 연합하여 이루어지듯, 서로 상즉(相卽) 상입(相入)하여 이루어져 있기 때문이다.

---

* 이치와 사물에 걸림이 없으며

** 사물과 사물에 서로 걸림이 없다.

불교통신대학을 졸업하면서

연기론에 대한 졸업 논문(간추려서 중요한 요점만 추려서 썼음)은 통과되어서 불교통신대학을 2004年 8月 14日 졸업하게 되었다. 대학에서 공부하는 동안은 즐겁고 행복하고, 감동과 감격으로 가슴 벅찬 시간들이었고, 간절히 하고 싶었던 공부와 부처님의 공덕에 보답하는 삶을 살고자 하는 마음에서 시작하였기에 감회가 더욱 깊었다.

불교통신대학교 상락향수도원 전경

불교통신대학원 삼장학과를 입학하면서(經律論)

졸업과 함께 대학원에 진학하여 경율론(經律論) 삼장학과의 공부를 하게 되었다.

경학부에서는 아함경(阿含經), 방등경(方等經), 반야경(般若經), 금강경오가해(金剛經五家解), 법화경(法華經), 화엄경(華嚴經)을 순차적으로 공부하였고,

율학부에서는 겹치는 과목이 많아서 열반경(涅槃經)만 공부하였으며, 논학부에서는 기신론(起信論), 삼론(三論), 구사론(俱舍論), 화엄신장(華嚴神將), 불교정토사상, 보조국사와 보우국사연구, 천태 4교의를 공부하였고,

선학부에서는 대혜종고선사의 선사상과 간화선, 조주선과 임제선, 고봉스님의 선사상과 선요도서와 절요, 염송 이야기, 경덕전등록, 천강에 비친 달, 달마대사의 선정사상을 체계 있게 차례대로 공부하였다. 비록 눈이 침침하여 고생은 하였지만 즐거운 마음으로 약국을 운영중에도 틈틈이 시간 나는대로 테이프를 들으며 공부하게 되었다.

경학부의 반야경에서 "지혜라는 것은 얻고자 해서 얻어지는 것이 아니라 자기 마음속에 깨달음이 얻어 이 세상을 맑고 밝은 마음으로 살아가라는 부처님의 말씀"과 "지혜가 없으면 축생과 같다는 부처님의 말씀", 법화경에서는 이 사바 세계가 불난 집(火宅)과 같다 하였다. 그러나 중생들은 불 난 줄도 모르고 살고 있으니, '정말 우리 중생의 삶이 얼마나 가엾게 보이셨을까' 하는 안타까운 마음이 들게 되었다.

모든 방편과 비유를 들어서 소승에서는 12인연을 깨달으신 연각승(緣覺乘), 성문승(聲聞乘), 보살의 52위 계위를 거쳐서 깨달으신 보살승(菩薩乘)을 준비하여 인도하셔서 큰 수레(흰 소수레 : 大乘)에 태워서

일불승으로 이끄시는 경전이라 회삼귀일(會三歸一)이라고 한다. 그래서 일불제자라고 하는 것이다. 화엄경에서는 80권 화엄경으로 공부하였으며, 화엄경을 설한 장소는 7처 9회였다.

– 뒤에 경전을 대하면서 자세히 공부하였다.

도를 깨치면

첫째. 무량한 복이 생긴다.
둘째. 지혜가 생겨 옳고 그른 것을 판단하게 된다.(慧眼: 혜안)
셋째. 보기만 하면 깨닫는다.(佛眼: 불안)
넷째. 부처님과 같은 힘(十力)이 생겨 자리이타에 충만한 가장 훌륭한 일을 하게 된다.

부처님께서는 우리 중생들과 다른 18가지를 가지고 계신데

· 10력 (十力 : 부처님께서 갖추고 있는 열 가지 힘)

첫째. 처비처지력 (이치에 합당하심을 알고 있다)
둘째. 업이숙지력 (업이 어떻게 익혀 가는지 다 알고 있다)
셋째. 정려등지등지지력 (선정, 해탈, 지혜가 어느 정도인지 알고 있다)
넷째. 근상하지력 (근기가 어찌하여 뛰어난지 낮은지 다 알고 있다)
다섯째. 종종승해지력 (여러 가지를 다 잘 이해하고 있다)
여섯째. 종종계지력 (갖가지 세계가 어떻게 이루어졌는지 다 알고 있다)
일곱째. 변취행지력 (세계가 어떻게 변해가는지 전부 알고 있다)
여덟째. 사생지력 (죽고 사는 것을 다 알고 있다)
아홉째. 숙주수념지력 (전생의 일을 다 알고 있다)
열째. 누진지력 (번뇌가 다했는지 못했는지 훤히 알고 있다)

· 사무외심 (四無畏心 : 4가지 두려움 없는 마음)

첫째. 정등각무외 (최상의 깨달음을 얻으셔서 두려움이 없다)
둘째. 누영진무외 (번뇌가 다 하셔서 두려움이 없다)

셋째. 설장법무외 (법을 설하시는데 두려움이 없다)
넷째. 설출도무외 (출세간법을 설함에 두려움이 없다)

· 삼부동 (三不動 : 세 가지 움직임 없는 마음)

첫째. 찬부동 (칭찬하는 말에도 흔들리지 않는다)
둘째. 훼부동 (비방하는 말에도 흔들리지 않는다)
셋째. 반부동 (찬, 훼 중간에서도 흔들리지 않는다)

· 대자대비심

일체 중생을 적자와 같이 똑같이 사랑하고 어여삐 여기신다.

이렇게 경학부에서 특히 기억에 남는 것들 중, 내가 이해하였던 부분에서 설명하였다. 2학기 선학부에서는 "달마대사의 선정사상"에 대하여 공부하였다.

보드가야대탑 안에 모셔진 부처님

달마대사의 선정사상(禪定思想)

선은 부처님 마음이요, 교는 부처님의 말씀이라 마음을 떠나 말이 있을 수 없으므로 선밖에 교가 따로 있을 수 없고, 말에 의지하지 않고는 마음의 형태를 짐작할 수 없으므로 교를 여의고 선을 이야기할 수 없다.
우리들의 상념은 생각으로 따지고 말로서 규명하려는 것이 언제부터인지 상습되었고 그저 상식으로 따져서 알려고 하고 있기 때문에 해답이 어떻게 나왔건 그것은 다만 따져진 것이지 마음의 본체를 바로 이해한 것은 아니다.
마치 바닷물이 짜다는 말만 듣고 그 맛을 설명하기 위해 갖은 방법으로 따지고 입증하더라도 역시 바닷물의 짠맛은 아닌 것과 같다.

이렇게 철저히 스스로 체험하기를 요하는 절대적인 경지가 선이기 때문에 그 세계를 설명하기 위해 많은 선문의 어록(語錄)들이 나왔다.

달마는 보리달마의 약칭인데 남천축 향지왕의 셋째 아들로서 찰제리 종성이다. 반야다라가 왕궁에 와서 설법할 때에 달마가 처음 대변하고 발심하여 출가하였다. 40여 년간 조석으로 事師하였는데 반야 다라가 말기에 유언하기를 장차 동방(中國)에 가서 교화하되 내가 죽은지 60年이 지난 후 가라 하셨다. 그래서 중국 선종의 초조가 되었으며 능가경에 여래를 갈무리한 여래장을 개발하는 선을 전하게 된 것이다.

"불입문자 직지인심 견성성불(不立文字 直指人心 見性成佛)"

즉 문자를 세우지 않고 마음을 관하여 견성성불하는 것, 이것이 중국 선종의 초조인 달마대사가 제자 혜가에게 전한 법문이다(527年 12月 9日). 눈 속에서 왼팔을 잘라 달마의 앞에 바쳤던 혜가, 이를 본 달마는 혜가에게 이렇게 전법하고, 혜가는 승찬에게 전법하고, 승찬은 도신에게, 도신은 홍인에게 전법하였으며. 홍인은 혜능대사(6조)에게 전법하였다.

홍인대사가 전법을 하신 내용을 보면 혜능은 법을 구하고자 홍인대사를 만나러 황매산을 방문하였는데 그의 비속한 모양을 보고 대중들 가운데 두지 않고 후원일을 시켰다.
그런데 어느 날 홍인대사는 문하생들에게 득법의 경지를 시험하고자 각자 계송을 하나씩 가져오도록 하였다. 신수가 항상 모든 문하생 가운데서 뛰어났으므로 대중들이 신수를 추천하고 그래서 신수는 밤중에 다른 이를 시켜 자기가 지은 계송을 써서 벽에 붙이게 하였다.

신시보리수 (身是菩提樹)요
심여명경대 (心如明鏡臺)라
시시근불식 (時時勤拂拭)면
물사야진애 (勿使惹塵埃)하리라.

이 몸은 깨달은 나무요
마음은 밝은 거울 바닥
때때로 부지런히 털고 닦아서
먼지가 앉지 않게 하라.

신수대사의 북점(점점 닦아 깨달은 선)을 보고 다음날 아침에 칭찬하니 다른 대중도 모두 찬탄하였다. 혜능이 방앗간에서 이 계송 읽는 소리를 듣고 아직 미흡함을 느끼고 다음과 같은 계송(남돈)을 지었다.

보리본무수 (菩提本無樹)요
명경역비대 (明鏡亦非臺)라
본래무일물 (本來無一物)한데
하처야진애 (何處惹塵埃)리요

깨닫고 보면 본래 나무가 없고
또한 밝은 거울 바닥이 없으니
본래 한 물건도 없는데
어느 곳에 먼지가 앉으랴

1조 보리달마(菩提達磨)

2조 혜가(慧可, 487년~593년)

3조 승찬(僧璨, ?~606)

4조 도신(道信, 580~651)

5조 홍인(弘忍, 602~675)

6조 혜능(慧能, 638~713)

홍인대사께서 이 계송을 보고 인정하시고, 밤 되기를 기다려 가만히 혜능을 조실로 불러 들여 전법하고 달마께서 전해주신 가사를 부여함으로써 법신(法信)을 전하셨다.

방아 찧던 혜능은 홍인대사의 부름을 받고 법통을 잇는다.

즉시 혜능은 황매산을 비밀히 빠져 나와 남방으로 가서 수렵인의 집에 숨었다가 15年이 지난 후 676年 1月 15日 비구계를 받고 조계산을 본거지로 하여 선풍을 크게 떨치다가 선천 2年(713) 7月 1日에 문도를 모아 놓고 마지막으로 의심나는 것을 물으라 하니 제자가 묻기를,

"지금 가시면 언제 돌아오시렵니까?"

"낙엽이 지면 뿌리에 돌아간다."

"스님의 법을 누구에게 전하십니까?"

"도를 얻은 자와 마음이 트인 자니라."

이렇게 답하시니 그 얼마나 위대한 가르침이시던가. 그래서 법통은 6조에서 끝내라는 홍인스승님의 유언에 따라 혜능대사에서 법통은 끊어졌으며 혜능대사 이후의 선종은 혜능 문하에 남악 회향과 청원행사의 양철이 배출하여 양철의 법손 중에서 드디어 5가 7종[*]의 파벌이 생기게 되었다. 그 중에서도 운문종과 임제종만이 왕성하였다.

운문종

운문선사 문하에 많은 인재가 모여 인연 닿는대로 공양주 청소 등 체험을 해서 걸림 없이 하면 그대로가 선을 실천하는 것이었다.

– 옛 조사들의 화두를 점검하면서 널리 경험을 쌓았다.

임제종

임제스님께서는 할[**]을 사용하여 사람 마음을 잘 관찰하여 갈증을 풀어주시는 방법을 썼다. 직접 통쾌*** 이렇게 하여, 선 | 달마선서부터 중국 선종의 공부를 하고 자세히는 기록하지 않았지만 머리에 담겨 있는 것만 여기에다 설명한 것이고, 특히 선이라는 것도 체험에 의해서 자기 마음을 찾아가는 것이구나. 또한 모든 불교는 자기 체험이 제일 중요 하다는 것을 느꼈다. 이렇게 대학원 공부를 하던 중 활안큰스님께서 몽골국립공원에 세계불교 공원을 세우시는 원을 세우시고 이루게 되셨다. 그러나 불사는 그렇게 쉽게 이루어지는 것은 아니라는 것을 체험으로 느낀 나는 큰스님께 조금이라도 힘이 되어 드리기 위하여 노력하였다.

---

* 중국에 있어 선종 분파의 총칭

** 소리를 확 지르는 것

*** 여래가 설명하는 것이 아니라 할을 사용하고 매를 들었다.

몽골불교에 자비의 등을 밝힙시다

몽골세계불교공원 추진위원회에서 실행하는 1등에 10,000원씩 자비의 등 권선이 시작되었다. 약국을 오랫동안 운영하고 곤지암에 있는 우리절에서 관음전과 2002년 월드컵 범종 권선을 행하는 동안의 마음고생과 경험으로 무집착, 무주상 정신에 충실하기로 마음 먹었기에 자비의 등 1,000개를 무사히 받아 올릴 수 있게 되었다.
이 일로 몽골에서 초청이 왔으나 그다지 가고 싶은 마음이 들지 않았지만, 큰스님께서 전국병원불자연합회(의사, 약사, 한의사)의 몽골국립병원 자원봉사가 목적이라고 설명을 해주셔서 약사로서의 사명을 갖고 아픈 사람을 보살펴야겠다는 마음에 동행을 결정하게 되었다.

몽골국립병원 자원봉사

2005年 6月 23日 6시에 비행기가 출발한다고 하여, 간단한 물품을 챙겨 김포 비행장 G게이트에 모여서 대기하였지만, 비행기가 결항되어

확인해보니, 현지에서 아직 수리 중이라 하였다. 당황스러워서 웃음만 나왔다. 우리나라에서 구입한 비행기 한 대로 운영한다는 것이었다. 큰스님께서는 많이 다녀보신 경험으로 말씀하시길, "좌석에 앉아야, 비로소 이제 정말 출발하는구나!" 하는 거라고 웃으며 말씀하셨다. 6시에 출발한다는 비행기가 밤10시 출발하여 현지에 도착했을 때는 이미 밤 11시가 넘었고, 우리 일행들은 명색 뿐인 호텔에서 숙박을 해결할 수 있었다. 하지만 몽골에 초행인 나로서는 정말 설레고 기쁜 마음이 들었다.

우리 병원 불자들은 A, B조로 나누어 활동하기로 하였고, A조는 병원에서 의사들이 진료를 하고 약사들은 처방전에 따라 약을 조제해주는 활동을 하게 되었고, 큰스님의 인솔 하에 간단사 주지스님이신 다시 초링스님을 친견하게 되어 몽골 불교에 대하여 많은 것을 배울 수 있었다. 몽골 불교는 73년이라는 긴 시간 동안 소련의 지배와 억압으로 몰락하였지만, 조금씩 다시 새싹을 틔우는 중이라는 것이었다.

나는 도착한 다음날 어느 양로원을 방문하게 되었는데, 그 비참한 광경은 이루 말할 수가 없었다. 건물은 여기저기 빗물이 새고, 그곳의 노인들은 깊고 거친 얼굴의 주름과 아픈 몸에 신음들을 하고 있었다.

'세상에 이런 곳이 아직도 있구나'

노인들을 바라보니 가슴 한편이 미어지는 것 같았다. 동행한 조계종 현고 스님께서 한 사람씩 머리를 어루만지시며 "여기 있는 것만으로도 행복한 일입니다. 여기도 못 오는 불쌍한 분들도 많이 있습니다." 하고 말씀을 하셨을 때는 안타까운 마음에 만감이 교차하고 가슴이 한편이 아려왔다. 넓은 초원을 봉고차로 이동하며 차가 얼마나 흔들리던지 이를 악물어서 치아가 아플 정도였지만 '이 사람들에게 어떤 방법으로 도움을 줄 수 없을까.' 하는 생각이 더욱 간절하였다.

병원에서 무료진찰과 투약을 하면 한없이 환자들이 몰려들었지만, 삶에 순응하며 그 속에서도 열심히 살아가고자 하는 현지인들을 볼 때 지난날 우리에게도 찾아볼 수 있었던 순수함과 순박함이 이들에게는 아직까지 남아 있었고, 역시 불교의 뿌리가 깊은 곳이라 그런지 간단사에 도착하여보니 신심이 절로 생겨나 "옴마니반메훔"을 돌리고 돌던 일들은 아직까지도 잊을 수가 없다.

큰스님께서 세우신 고려사에서 기도 셋째 날이었던가? 우리는 병원에서 일을 끝마치고 고려사에 가서 저녁기도를 하게 되었다. 죽비에 맞추어서 절을 하게 되었는데, 고지라서 백팔배가 힘들 것 같다고 우려하셨지만, 몸이 날아갈듯이 가벼워 절도 잘 되었고 또한 고려사 부처님은 두 무릎에서 발광을 쏟아내시며 불가사의한 경계를 보여주셨다. 한량없는 공덕의 체험을 너무 많이 하였기에 모든 것을 말로 다 표현할 수 없을 정도였다.

4박 5일의 일정의 의료봉사를 모두 마치고 6月 27日 김포공항에 도착하였지만 몸은 날아갈듯 활력이 충만하였고 '이런 모든 일들이 몽골에서 부처님의 발자취를 더듬어 체험한 공덕 때문이 아닐까?' 하는 생각을 하게 되었다.

자이산국립공원에 세계불교공원이 원만성취되다

활안큰스님의 대원력으로 자이산국립공원에 부처님을 모셨다. 큰스님 말씀으로는 부처님을 모신 지하에 세계불교박물관을 조성하여 역대 큰스님들의 소지품을 보관하셨다는 말씀을 들었다. 아직 가본 적은 없지만 큰스님의 대원력으로 원만성취 하셨으니 인연이 닿으면 한 번 가보려고 한다.
이렇게 대학원 전 과정의 리포트를 제출할 수 있었고, 많이 부족했지만 서무선 대학원 원장님의 후한 점수 덕분에 전 과목을 이수하여 마침내 졸업 논문을 제출할 수 있게 되었다.

제목을 "궁극적 실제로서의 진여"로 정하고, 대승에서의 진여(대학원 논문), 대승기신론, 유식론 등 여러 가지 서적을 참조하며 졸업논문을 쓰게 되었다. 이제 그 논문을 간단히 정리해보면 다음과 같다.

몽골 자이산 부처님

대승에서의 진여(진여의 정의)

진여란?

"참되고 한결 같은 마음"을 말한다. 진여는 사람됨이 어떻든 간에 모든 인간에게 있어서 영원불변하여 줄어들거나 늘어나는 일이 없으며, 어느 때 시작되었다는 그 시점도 없으며 언제 끝나리라 하는 종점도 없고 철두철미하게 영원한 것이다. 본래부터 진여, 그 自體는 모든 福과 德이 갖추어져 있으며 그 자체는 지혜이고 光明이며 세상의 모든 대상 세계를 두루 남김없이 비춰주듯이 두루 모든 것을 다 알게 되는 것이며 있는 그대로 참되게 아는 힘을 가지고 있으며 반항함도 더럽힘도 없는 맑고 깨끗한 마음을 本性으로서 설하고 있으며 영원하고 자유자재하며 번뇌가 없어 깨끗하다. 그리고 진여(眞如)는 인과(因果)의 법칙(法則)에 따라 변동하는 것이 아니라 그 스스로 존재하는 것이라는 것을 깨달았다.

진여의 體

진여의 체는 부처님께서 사용하실 때는 순수 法身이며 원래 법신은 色이 없으며 어디든 변만해 있다. 부처님께서 본래 그들이 그렇게 되기 위해서 닦아가던 준비 과정에 있어서 크게 자비로운 마음을 일으키고 여러 가지 바라밀다를 실천하여 모든 중생의 세계를 한결같이 고통과 죄악에서 건져 영원무궁토록 큰 서원을 세워서 모든 중생 보기를 자기 몸과 같이 보므로 번뇌가 많은 중생과 자기 자신들이 참되고 한결같이 하나이고 별다름이 없다는 사실을 있는 그대로 잘 알기 때문에 이와 같은 방편력인 지혜가 있으므로 무명을 없애고 본래의 법신을 사용하시며 그 작용은 참되고 한결같아 어디나 다 비치는 것이며 법신(法身)은 무시무종(無始無終)*이다.

---

* 시작도 없고 끝도 없다.

진여의 相

보살들이 사용할 때는 상(相)을 그대로 쓰는데 처음 뜻을 발한 보살로부터 그 수도의 마지막 단계의 이른 모든 보살들이 그 마음의 모든 조잡한 양상을 다 없애고 다만 業識으로 본 眞理의 모습을 報身이라 하며 보살들이 업식에 의해 본 진여의 모습은 인간이 생각할 수 있고 인간이 나타낼 수 있는 모든 아름다운 형태와 육체적 기능과 특징이 다 갖추어져 있는 것이다.

그 佛身이 거처하는 국토에는 한량없는 여러 가지 장엄이 있다. 그 스스로 어디에나 보신은 무한하여 제약이 없고 그 대응하는 바에 따라 항상 위대한 지혜의 힘을 간직하여 조금도 손상하거나 상실함이 없다. 이와 같은 공덕은 모든 바라밀다 등 티없이 깨끗한 훈습과 진여 자체가 일으키는 신비로운 훈습을 통하여 성취되는 것이며 그래서 佛身은 한량없는 복덕의 속성을 다 갖추는 것이다. 그러나 처음 발심한 보살들은 깊이 진여의 法을 믿는 까닭에 그 진여의 모습을 조금씩 볼 수가 있다.
그들은 佛身을 볼 때에도 그 형태라든가 장엄이라 하는 것을 이승들이 석존을 보는 것과 같이 가비라 왕궁에 태어나셨다가 사라쌍수 밑에서 가셨다는 등 오셨다 가셨다 하는 相을 보지 않고 완전히 제약을 떠난 것으로 보며 오직 그런 사실들이 위에 나타난 것이며 그 형태와 장엄이 진여임을 보는 것이다. 그러나 처음 뜻을 발한 보살들과 아직 수행 단계에 있는 菩薩들은 여기에서 벗어나지 못하여 진리의 몸 그 자체가 되지 못하고 있는 까닭에 더 수행이 필요한 것이다. 만약 初地에서 마음의 온전한 淨化를 이룩하면 그의 보는 바가 미묘해지고 그의 행동도 더욱 훌륭해진다. 그래서 十地에 이르러 비로소 진여법신(眞如法身)을 볼 수 있게 되는 것이다.

만약 妙覺位에 달해 業識을 떠나면 전현이식(轉現二識)의 주객이 없으므로 볼 만한 現相이 있을 수 없는 것이며 모든 부처님들의 法身은 피차의 相이 없는 까닭이다. 즉 서방정토에 계신 미타 부처님 동방 만월세계 약사여래 부처님들은 相을 쓰며 보살로 있을 때부터 시작하여 부처가 되고 나서도 중생을 제도하기 위해서 끝없이 제도하시므로 유시무종(有始無終)*이 되는 것이다.

진여의 用

중생들이 사용할 때는 應身이라 하며 모든 부처님, 즉 여래는 오직 진리의 몸이고 지혜의 몸이며 궁극적 절대적 의미의 진리로서 세속적 상대의 眞理 마냥 어떤 형태가 보이는 것이 아닌 法身 자체이다. 다만 衆生이 그 마음의 눈으로 보고 귀로 듣고 하는데 따라서 좋은 영향을 받는 것이므로 작용이라 말하며 또한 應身이라 한다.

分別에 의해서 범부와 이승인이 볼 때 그들은 어떻든 마음의 見解에 따라서 달리 나타나는 응신이 자신의 마음속의 轉識이 動하여 나타나게 된 것임을 모르고 마치 밖으로 온 것처럼 생각하고 그 나타난 대상의 형태와 물질적인 요소가 있는 것이라고 생각하는 것인데 그것은 철저히 알지 못했기 때문이다. 범부나 이승인이 보았다고 하는 그 모습은 거친 형태로 매번 꼭 같은 형태는 아니고 이 세상의 중생이 겪어가는 여러 가지 생활양식에 따라 다른 모습을 띠는 것이므로 한결같이 안락한 생활의 양상을 누리지 못해 범부의 거치른 마음에 대응해서 거칠게 나타나는 모습을 응신이라 한다. 이 응신에는 두 가지가 있으니

첫째는, 타수용신(他受用身)이다. 이것은 남이 우리를 응용해서 쓸때 거친 면에서 사용하는 것을 말한다.
둘째는, 자수용신(自受用身)이다. 행, 주, 좌, 와, 어, 묵, 동, 정을 세밀하게 자기 자신이 사용하는 것을 말하며 이 응신은 유시유종(有始有終)**이다.

---

* 시작은 있어도 끝이 없다.
** 시작도 있고 끝도 있다.

불교 세계관에서의 진여의 위치

모든 부처님께서는 우리 중생들에게 마음의 도리를 깨우쳐 성불하는 과정을 가르친다. 이 진여는 부처님 마음, 즉 대승 보살로서의 길을 가르치신 대승기신론에 나오는데, 대승기신론과 유식思想은 모든 불교 연구가들이 찬탄을 금치 못하는 그야말로 대승논전의 꽃이라고 할 수 있다. 진여는 부처님의 참되고 한결 같은 마음을 말하며, 또한 이 우주는 부처님 마음 덩어리로 되어 있다는 사실을 인정하면 이 진여심은 불교의 세계관에서 가장 중요한 위치에 있다고 볼 수 있다.

진여의 당위성

참되고 한결같은 마음*에는 만물이 그 안에 포용되며 德이란 德은 갖추어져 있지 않은 것이 없고 상이란 상은 나타내지 않는 것이 없으므로 우리는 이와 같은 설명을 들으면서 만인의 가슴속에 간직된 이 眞如의 마음이 東, 西, 古, 今을 통하여 다를리 없다는 생각이다. 세계는 현대에 있어서 우리가 처한 마음이 무궁무진한 보배와 그 위에 나타난 千萬가지 현상을 看過할 수가 없다.

우리는 우리 時代에 우리에 의해서 나타내어야 할 眞理의 모습이 무엇이며 기능이 무엇인가를 잘 알고 우리의 본 마음자리를 알아내고 또한 알려 주어야만 하는 책임을 지니고 있다. 그렇게 하는 것이 바로 목숨을 바쳐 부처님의 가르침인 眞理의 源泉(원천)으로 돌아가게 하는 것이니 마땅히 각자 眞如한 마음으로 되어야만 세계평화를 마침내 이루게 될 것입니다.

기신론에서의 여래장

청정무구하고 한결 같은 마음의 씨앗을 여래장이라 하는데 여래장의 體性으로 보면 清淨法이라 하며 能히 의지할 功德으로서 性은 항상 染汚(더러움)를 떠나 있기 때문에 能依와 所依의 法을 合取하여 여

---

* 마음의 큰 바다

래장 이라 하며 곧 여래장 體를 청정법이 染汚를 여윈 性으로 본 것이므로 道理를 나타나되 住하는 데가 없고 無性의 마음으로 항상 적멸하고 出沒이 없어서 본래 생하고 멸하는 것이 없는 것이다. 그리고 始入과 出入이 없으므로 本覺 여래장이라 한다.

여래장의 性相

여래장을 性相으로 볼 때는 여래장의 무량한 成功德相을 相大, 用大는 생멸문을 뜻하는바 여래장에 무량공덕을 구족하였다는 것은 空如來藏과 不空如來藏中 不空如來藏의 功德性을 뜻한다고 하였으며 不空은 一切의 功德이 체성과 더불어 상응하여 그 체와 경계가 허망하지 않고 진실함을 뜻하며 여래의 性이 갈무리 되었다 하더라도 이탈하지 않고 常住함을 不空이라 한다. 즉 여래장은 순수하고 또 영원히 변하지 않으며 언제나 하나이고 늘어나거나 줄어드는 일 없이 모든 차별을 끊고 헤아릴 수 없이 많은 공덕을 지니고 있다.

수행을 통한 진여의 발견

마음의 생멸은 여래장을 근거로 하여 존재하며 항구 불변한 마음이 생멸하는 마음과 더불어 있지만 그들이 각각 딴 것도 아니고 하나인 것도 아니니 이것을 일컬어 아뢰야識(제8식)이라 한다. 이 아뢰야식에 두 가지 의미가 있어 이 세계의 모든 것을 하나로 포용하고 또 이 세계의 모든 사물의 다양성을 나타내기도 하는데 그 둘이란 하나는 깨달은 마음 覺이고 다른 하나는 어리석은 마음이 不覺이다.

본각(本覺)이란?

우리 인간의 마음 본체가 그릇된 생각들을 떠난 것을 의미하는 말이며 그릇된 이 생각 저 생각이 없는 것이 마치 허공계와 같다. 모든 곳에 미치지 않는 바 없고 그 마음에는 차별적인 세계가 평등한 하나의 모습으로 이해되며 여래, 즉 '붓다'의 그 본체 법신이 바로 그것이다. 그 진리의 몸을 法身이라고 하는데 이렇듯 세계를 그 진리 자체로 삼는 마음이기 때문에 이를 本覺*이라 부른다. 그것은 각이란 말이나 마찬가지 이지만 우리의 마음이 覺 그 자체이기만 하지 못하고 불각이어서 각을 향한 움직임을 일으키고 그것을 향해 완수케 하는 것이기도 하므로 상대적으로 말해서 한 면을 비로소 깨달았다 하는 것을 始覺이라 한다.

시각(始覺)이란?

우리 마음의 각과 불각의 두 가지로서 보는 면이 있으나 참 인간 본연의 마음은 각이다. 이 각은 불각이 극복되는 관점에서 볼 때 시각이라 할 수 있으며 평범한 인간의 마음이 그 인간적 조건하에서 다시 말하면 그 복잡하고 다단한 인과 관계 속에서 본연의 자리로 되돌아가는 마음의 몸부림이라고 할 수 있다. 그 마음의 몸부림은 사람이 처해 있는 환경과 그 소질에 따라, 그리고 그 마음가짐과 노력에 따라 상이하며 언제나 획일적이며 동질적일 수가 없다. 말하자면 비로소 깨닫기 시작하였다 하는 말이 곧 시각인 것이다.

불각(不覺)이란?

깨닫지 못하고 어리석은 마음을 불각이라 하는데 영원한 相과 轉變하는 相이 뒤범벅 되어 있는 사람의 마음을 일컬어 아뢰야식이라 하였고 藏識의 포괄적인 삶의 根本이란 말이다. 그 영원성을 각이라 했고 그 轉變하는 性을 불각이라 한다. 불각이란 경우에도 우리의 동요전변하는 마음은 불각이라는 한 낱말 속에 한 가지 모습으로만 규정될 수 없는 여러 가지 복잡한 양상을 띄운다, 그와 같은 차별만은 轉變하는 마음, 不覺의 양상을 둘로 나누어 근본이 되는 마음을 근본불각이라 하고 그로부터 파생되어 더욱 헝클어져 가지가 되는 마음을 지말불각이라 한다. 枝末不覺에는 또 단순한 모습과 복잡한 모습의 둘이 있고 그 단순한 모습에 세 가지 복잡한 모습에 여섯 가지 양상이 나타난다.

---

* 근본이 되는 각

단순하고 기본적인 세 가지 양상을 三細라 부르고 복잡다단해진 거친 양상을 육추라고 하는데, 이 6추는 거칠어 남의 눈에 띄게 나타난다. 근본불각이란 있는 그대로 진여가 하나라는 眞理를 깨닫지 못하는 생각을 두고 하는 말이며 있는 그대로 알지 못하는 혼미 때문에 그릇된 여러 가지 생각들이 나타나 망념이 지속되는 것이다. 그런 망념은 스스로 존재하는 것이 아니며 불각을 떠나서는 있을 수 없다. 그래서 수행하여 진여심에 들어가려면 훈습을 하여야 한다.

훈습(薰習)과 진여

훈습이란 세상 사람들이 입는 의복에는 본래 향기가 없는데 만일 사람이 향을 가지고 냄새를 풍겨 스며들게 하면 향기가 있게 되는 것이다. 그와 마찬가지로 眞如한 맑고 깨끗한 마음에는 사실 더러움에 의한 물듦이 없다. 그러나 무명이 그 냄새를 스며들게 하는 까닭에 물든 모습이 있게 되며, 또 無明으로 물든 생각에는 맑고 깨끗한 작용이 있게 되는 것이다. 진여가 일으키는 훈습에는 자체상(自體相)훈습과 用훈습 두 가지가 있다.

첫 번째, 자체상 훈습

진여한 마음에는 두 가지 성격이 있는데 하나는 영원한 그때부터 참되고 한결같은 진여 마음은 조금도 하자가 없는 완전성을 지니고 있고 우리 범융한 사람들의 識見으로는 능히 알 수 없는 초인적 능력을 지니고 있다.

그 뿐만 아니라 그 참되고 한결같은 마음은 修道의 결과로서 마지막 목적이 할 수 있는 本性이 있는 것이다. 이러한 두 가지 성격이 있는 까닭에 항상 훈습을 일으키는 것이며 그 훈습력 때문에 아직 번민하는 마음을 지닌 중생으로 하여금 욕심과 無智로 인하여 생기는 고통을 버리고 그런 욕심과 무지가 사라진 참된 행복을 누리게끔 하는 것이다. 그리고 이러한 소원을 가진 중생이 스스로 自己의 全人格 속에 참되고 한결같은 本性이 있음을 확신하고 결심을 발하여 구체적으로 실천하면서 행하게 하는 것이다.

두 번째, 用훈습

眞如의 마음이 중생의 自覺을 위한 외적 계기가 되어 훈습하는 것을 말한다. 우리는 중생이 깨달아가는데 있어서 그 근본 원인이 되는 것은 그 진여한 마음 그 자체이고 그 의적 계기가 되는 것에 諸佛 보살들이 있는데 그 외적 계기 즉 외연의 형식으로 훈습하는 것을 用훈습이라 한다.

우리는 원인과 계기를 각각 內的, 外的이라 했는데 사실은 그 원인과 계기는 하나인 마음, 순수하고 영원한 마음(自體相)과 作用인 것이지 절대적으로 무관한 두 개의 책임, 즉 內的인 것과 外的인 것과의 차별적 실재가 있는 것이 아니다. 따라서 우리가 불보살이라고 말하는 객관적인 실체가 아닌 것이며 眞如 用훈습은 중생이 깨닫도록 하는 외적 계기가 되는 힘이다. 이와 같은 외적 계기에는 무한한 뜻이 있는데 크게 차별연과 평등연, 두 가지로 나눌 수 있다. 하나는 개별적인 계기인 차별연인데, 이는 중생의 자각을 돕는 외적 계기 중에서 개별적인 계기를 말하며 자신의 내면적 준비, 내적 수용 자세에 따라 결정되는 계기이다. 또한 평등연이란 사람들 자신의 아직 불완전한 정신자세 여하에 따라서 차별적인 모습을 나타내는 것이 아니라, 위대하고 완전한 능력의 주인공 진여의 마음 지혜이자 진여의 마음 청정이자 대자비인 각 그 자체가 만인에게 평등하게 선의의 배려를 하기 때문에 생기는 계기를 평등연이라 한다.

진여와 일승사상

진여는 대승(큰수레)이 바로 다름 아닌 중생의 마음임을 밝히고 우리의 마음이 참되고 한결같은 본래의 모습을 지니고 있지만 지혜롭지 못한 까닭으로 동요의 모습을 띄우고 있음을 보아 왔다. 그래서 우리의 마음이 지혜롭지 못한 양상은 어떠한 것이며 어떻게 하면 그 본래의 지혜를 회복할 수 있는가에 관하여 설명하였으며 또한 불타의 본질이라고 할 수 있는 진여한 마음(자기의 本性)에 돌아가 불과에 이르게 하는 것이다. 그래서 세계 중에 法으로서 조작되지 않음이 없으며 마음과 같이 부처도 그러하고 부처와 같이 중생도 그러하며 心과 佛과 衆生의 三性이 차별이 없다.

일체 만법이 一心에서 나온다는 것과 같이 인연과 인과와 마음을 깨달으면 부처가 되는 것이다. 이와 같이 一切의 환경과 사건은 人間의 마음에 의하여 창조되며 조작된다고 하였다. 이는 불교의 핵심사상이며 우리 인간의 존엄성을 긍정하고 무한한 가능성의 존재임을 교시한 것으로 화엄사상과 법화 思想 그리고 진여심은 모든 대승의 경론에서 一불승 사상으로서 일치한다.

진여보살

진여보살이란 初地에서 보살구경지 十地에 이르는 지위에 있는 보살을 이른바 법신보살이라 하며 이 보살들의 마음을 성취한 보살을 진여보살이라 하며 진여한 마음은 경계, 즉 대상이 아니고 아직 업식에 전식이 움직여 나타난 것이기 때문에 경계라고 불렀던 것이지만 사실, 진여한 마음을 증득한 자는 眞如한 마음 자체를 실현시켜 한계를 없앤 것이지 따로 어떠한 한계적 상황 속에 들어갔다는 이야기가 아닌 것이다. 그러니까 그것은 곧 영원 불굴의 지혜 자체인 마음을 말한다.

진여보살은 한 찰나의 생각에 능히 시방의 온 세계에 남김없이 도달하여 諸佛을 받들어 섬기고 그들에게 眞理를 나타내게 해줄 것을 청하는 보살이며 그것은 오직 중생의 어리석은 마음을 깨우쳐 그들을 인도하고 도움을 주기 위해서는 문자에 의하지 않고 수도의 점차적 계위를 넘어서서 속히 깨닫는 일을 성취해보이고 또 게으르고 교만한 중생을 위해서는 내가 헤아릴 수 없이 오랜 수도 기간을 거쳐 성불하겠노라고 이야기 해주기도 하는 것이기에, 제불여래의 법신은 결국 나와 대립된 객체가 아니며 다만 중생의 마음이 티 없이 맑은 거울과 같이 맑아야 나타나는 것이며 결국 우리 앞에 法身을 볼 수 있는 보살을 진여보살이라 하는 것이다.

궁극적 실제로서의 진여

우리의 마음을 8가지로 분류하는데 안, 이, 비, 설, 신은 前五識이고, 의식(제6식), 마나식(제7식), 그리고 제8아뢰야식으로 구분한다. 前五識(안, 이, 비, 설, 신)의 관문을 통해서 모든 사물에 대한 영상이 동경의 의식에 하나하나 나타나면 그것을 낱낱이 알아내어 인식하는 것이 제6식이고, 제7식 마나식은 사량, 分別을 하여 이기심으로 집착하므로 변화하여 제8아뢰야식(染淨) 근본의(根本依)에 보관시키는데 우리가 중생으로 사는 한 제8아뢰야식을 자기의 본마음으로 착각하여 전도 몽상의 생각 속에서 살아가는 것이다. 수도의 결과 모든 불보살님의 가피력으로 자신의 본마음, 眞如(참되고 한결 같은 마음)를 찾게 되는 것이다.

궁극적 실제로서의 진여는 인연을 깨닫고 인과를 깨닫고 또한 마음을 깨달아 부처님 마음 (진여)이 되면 제 8아뢰야식이 한결같고 청정하고 참된 마음으로 바뀌어 우리의 청정무구한 본마음(眞如心)으로 되어야만 한마음이 청정해짐으로서 국토가 청정하여지고 또한 이 세계가 정화되며 일체 중생이 진여보살이 되면 사바세계가 그대로 불국정토가 되며 화장연화계가 이루게 되는 것이며 자타일시 성불도가 실현되는 것이다.

이렇게 대학원 논문 "대승에서의 진여*"를 주제로 하여 논문을 제출한 결과 무난히 통과하여 2005年 8月 22日 경기도 가평군 상락향에서 3박 4일의 수련회를 마치고 졸업식을 하게 되었다.

---

* 중요한 요점만 추려서 논한함

나이를 잊고 부처님을 흠모함에 무량공덕을 받아, 그 공덕에 작은 보답을 하겠다는 생각에 시작한 공부였기에 더욱 감개가 무량하였다. 너무 기쁜 마음에 그저 마냥 마음이 충만하였으며, 한편으로 금강선원에서는 인정받는 법사였지만, 그런 것에 연연함 없이 단지 '현재 위치에서 최선을 다하는 삶을 살아가는 것이 부처님께 보답할 수 있는 길이며, 무주무착의 마음으로 인생의 아름다운 꽃을 피우자.' 하는 다짐을 하게 되었다.

부처님께서 금강경에서 말씀하시길

"나 없는 도리를 깨달으면 참 보살이라 하네.
일체 유위법은 꿈과 같고 아지랑이 같고,
이슬과 같고, 번갯불과 같다."

하셨으니 그 어디에 집착할 곳이 있겠는가….

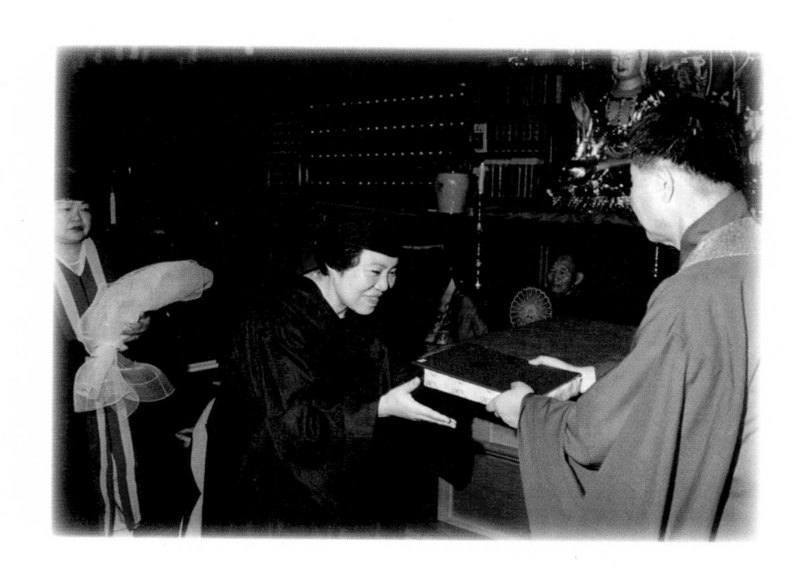

밀교의 진언

진언(眞言, mandala)은 범어 mandala를 음역하여 만다라라고도 하고, 번역하여 총지, 지, 능지라고 하며, 진실한 언어라 하여 진언으로 통하고 있다.

만다라는 모든 불보살의 집합도다.

만다라에는 대일여래를 중심으로 하여 등장하지 않는 부처가 없고 등장 하지 않는 보살이 없다. 그 수많은 불보살들도 집약하면 법신불인 대일여래 한 분으로 표현되고 펼치면 수많은 불보살로 전개되는 것이 만다라다. 그래서 만다라는 종합과 분석의 예술이며 통일과 전개의 진리이다.

만다라는 바로 우리 삶의 현장을 총체적으로 표현한 것이다. 이 광활한 우주 속에는 수를 헤아릴 수 없는 숱한 생명들이 살고 있다. 그런 숱한 생명체들도 결국은 하나의 법성과 하나의 불성으로 집약되지만 이를 펼쳐 놓으면 팔만 사천 뿐 아니라 즉 팔만사천자승으로도 헤아릴 수 없는 생명들의 종류와 현실과 개성과 삶의 모습과 행동과 언어와 표현들이 있다. 그런 현상들이 바로 이 우주 내에서 이루어지고 있다는 것은 참으로 불가사의한 일이다. 이 광활한 우주 그대로가 바로 만다라다. 이 우주를 떠나 만다라를 찾는다는 것은 무의미하다.

또한 밀교에서는 우주가 그대로 지, 수, 화, 풍, 공, 식 6대 법신의 활동이라 보고 철학적 본체들을 종교적 실체인 부처로 인정하고 또 인격적 실제론을 주장하면서 일체가 법신여래불인 대일여래에 귀의되므로 이는 모든 생명의 근원임과 동시에 생명은 대일여래에 의해서만 존재하고 대일여래를 떠나서는 아무것도 있을 수 없는 것이다. 그러므로 현교와 밀교는 말과 뜻의 차이, 즉 법신여래와 교주 석가세존을 구분하는 데서 나뉘어진 것이다.

현교를 공부하다보니 각종파(법화종, 화엄종, 본원종, 조계종) 등 헤아릴 수 없는 종파가 생겨나 그것도 종파 싸움의 원인이 되었기 때문에 현교 세존 입멸후 몇 백 년이 지나서 '꼭 말을 해야만 아느냐' 마음과 마음으로 전해주는 '이심전심' 밀교가 등장한 것이다. 그래서 진언다라니는 거의 해석을 하지 않고 있다. 그러므로 밀교에 있어서 만다라의 뜻을 정확히 이해하는 것을 강조하고 싶다.

금강계 만다라(Vajradhatu Mandala)가 그려져 있는 티베트 불교의 탕카(걸개그림)

여래 10호

1. 여래 : 진리로부터 이 세상에 오신 분
2. 응공 : 중생들의 공양에 응할만한 자격이 있는 분
3. 정변지 : 모든 일을 바르게 잘 두루두루 아시는 분
4. 명행족 : 행동이 눈서리와 같이 맑고 깨끗한 분
5. 선서 : 때에 맞추어 이 세상에 잘 왔다가 잘 가시는 분
6. 세간해 : 세간에서 일어난 일들을 잘 알고 해석해주시는 분
7. 무상사 : 최고의 스승. 일체의 모든 것을 스승 삼아 공부하신 분
8. 조어장부 : 사람 조절을 잘 하시는 분
9. 천인사 : 인천을 스승 삼아 공부하면서도 그들의 훌륭한 스승이 되시는 분
10. 불세존 : 일체 모든 것을 깨달아 세상 사람들이 존경할만한 분.

한편 반야심경에 "아뇩다라삼약삼보리"(阿耨多羅三藐三菩提)라는 말이 나오는데 이는 곧 부처님의 다른 두 가지 이름 즉 무상사와 정변지를 말하는 것으로 부처님이 얻은 최상의 절대적인 깨달음을 의미한다. 또한 부처님을 "아뇩다라삼약삼보리타타카타"라고도 하는데 이것은 최상의 절대적인 깨달음을 얻은 부처님에 대한 최고의 존경을 나타낸 말이다.

불교 경전을 대하면서(부처님의 성전)

화엄경(華嚴經)

시간과 공간 일체를 깨달으신 부처님께서는 깨달으신 도리 그대로를 설하셨는데 그것은 모든 것은 마음 하나에 달려 있다. 그러니 일체유심조의 도리인 것이다. 그래서 이 우주도 마음에 의해서 건설되었고 마음의 꽃으로 장엄되어 있다. 이렇게 3·7日 간을 설하셨는데 한 사람도 알아듣는 사람이 없었다.
그도 그럴 것이 시간과 공간 일체지에 들어가신 부처님의 경계는 불가사의하여 오직 부처님 밖에 알 수 없었기 때문이다. 그래서는 안 되겠다 해서 수준을 180°로 쑥 내려가지고는 아함경을 설하시게 된다.

아함경(阿含經) 12年을 설하심

그 마음의 작용을 구체적으로 설명한 것이 아함경 법문이다. 아함은 교훈이라는 말이며, 교훈이라 하는 것은 학교에 가면 교훈이 있듯이 해야 할 일과 해서는 안 될 일을 두 가지로 구분해 놓았다.

즉 '천당에 가려면 좋은 일 해라. 지옥에 가려면 나쁜 일 해도 좋다.'는 내용이 담긴 기독교의 성경이 아함경과 같은 법문이다. 아함경 법문은 해야 할 일과 해서는 안 될 일을 구분해 놓은 인과 법문이 중심이 된다. '착한 일을 하면 착한 결과가 오고 악한 일을 하면 괴로운 결과가 온다.' 이렇게 말을 하니 화엄경을 이해하지 못했던 모든 수준 낮은 대중들이

"아, 이것이 불교로구나. 콩 심은 데 콩 나고 팥 심은 데 팥 난다. 심지 않고는 거둘 수 없다.'

이렇게 해서 분명히 인과를 알게 되었는데 '12年을 부처님 따라다니면서 좋은 일만 했는데도 불구하고 죽을 고비를 당하는 사람도 있으니 이 부처님 교리가 잘못된 것이 아니냐' 하고 부처님께 여쭈어 보았

더니 부처님께서는 한 발자국 더 올라가서 방등경을 설하시게 된다.

방등경(方等經)

부처님께서 설하신 인과 법문은 시간적으로 볼 때에 삼세에 평등하시고 공간적인 입장에서 시방세계 사람들이 다 동등한 입장에서 받고 있는 것이지만, 단지 지은 바 인연이 때를 잘 만나느냐 만나지 못하느냐 하는 차이점이 있게 되기 때문에 차별이 생긴다는 내용이다. 이 세상 모든 사람이 마음 하나 가지고 살면서 여러 가지 신·구·의 삼업의 씨앗을 키워 그 열매를 거두어들인다. 모였다 흩어졌다 하는 것이 중심인데, 모여서는 주고 받는 것이 중심이 된다. 즉 주는 마음과 받는 마음이 어떤 마음인가에 따라 결과적으로 차이점이 있게 되는 것이다. 그래서 방등경은 주로 인연법을 설하신 것이다. (8年을 설하심)

아무리 씨앗을 심더라도 잘 가꾸지 않으면 좋은 결실을 얻을 수 없고 또 인연을 금생에 지어서 금생에 받는 사람도 있고, 내생에 받는 사람도 있고, 언제 받을지 모르는 사람도 있다. 문제는 상대방이 나타나야 되는데 시간과 공간이 맞지 않으면 주고받을 수 없게 된다. 이런 원리를 잘 모르는 사람들이 좋은 일을 하고 좋은 곳에 가서 태어나겠다고 때때로 장기를 기증하고 자살하는 사람들이 생겨났기 때문에 부처님께서 방등경을 설하신 다음에 반야경을 설하시게 된 것이다.

불교를 믿는 목적은 다 귀하게 되고 천상천하유아독존의 훌륭한 인품이 되기 위해서 믿는 것인데 자기를 죽이고 자기를 업신여기는 사람이 귀하게 되겠느냐, 인연을 짓고 인과를 짓대 맹목적으로 지으면 안 되고 지혜로운 마음으로 지어야 한다 가르치신 것이 곧 반야경이다.

반야경(般若經)

반야는 지혜이다. 인과 인연을 지을 때 지혜(슬기로운) 마음으로 지어야 과보를 받기 때문에 생 자체가 되어서 아상, 인상, 중생상, 수자상을 가지고 복을 짓고 덕을 쌓으면 장차 업신여기는 고생만 더해 나가게 되는 것이다. 그러므로 반야경에서는 상을 탁 털어버리고 무상(無常)무아(無我)로서 지혜를 닦으면 저절로 항상 즐겁고 자유롭고 깨끗한 경계가 나타난다 하였다. (21年 설하심)

법화경(法華經)

법화경의 대의를 간단히 말한다면 다음 세 가지로 요약할 수 있다.

첫째는, 제법의 실상 도리(모든 법은 분별할 아무 것이 없다)이다. 마음의 꽃으로 이 우주가 형성되었기 때문에 법화의 '화'자와 화엄의 '화'자가 똑같다. 모든 것이 그대로 부처님 아닌 것이 없으므로 처처불상(處處佛像)이요 사사불공(事事佛供)이다.

둘째는, 회삼귀일(會三歸一)의 정신이다. 12인연을 깨달으신 연각승 사성제를 깨달으신 성문승 보살승의 52계위를 거쳐서 성불하신 보살승이 모두 일불승으로 모여들기 때문이다.

셋째는, 묘법연화경의 대의총판이다. 연꽃은 아무리 더러운 물에서 피어도 물 하나 들지 않아서 처염상정(處染常淨)하고, 꽃과 열매가 동시에 이루어져 불성의 원리를 나타내고 있다. (8年을 설하심)

화엄경(華嚴經)

대방광불화엄경 경전의 뜻

대는, 광대무변이니 시작과 끝이 없다.
방은, 바른 법을 스스로 가르치는 것(방정하다는 뜻).
광은, 마음의 체가 두루 하지 않는 곳이 없다(심체).
불은, 대방광을 깨닫는 것이다.

그러므로 대방광불은 우리 마음의 체(體), 상(相), 용(用)을 확실히 깨달은 사람이다. 육바라밀을 주로 가르쳤는데 화엄경에서는 10바라밀을 닦아서 만행(萬行)이 이루어 아름다운 깨달음의 꽃의 세계를 장엄(莊嚴)*하기 때문에 화엄경이라고 부른 것이다.

10바라밀

보시, 지계, 인욕, 정진, 선정, 지혜, 방편, 원, 력, 지(後得智)인데 앞의 여섯 가지가 6바라밀이고 뒤에 후득지(後得智) 넷를 보태 10바라밀이 된 것이다. 다시 말하면 이것이 화엄의 공덕만행(功德萬行)이다.
10바라밀을 닦아서 마음의 꽃으로 온 우주를 장엄한다. 경은 무갈용천(無渴涌泉), 진리의 샘을 끊임없이 솟아내서 일체 중생의 목마름을 없애주는 것이다.

대방광불화엄경의 전체의 뜻

그러니 다시 한 번 대방광불화엄경의 전체의 뜻을 말한다면 끝없이 바르고 한량없는 마음 도리를 깨달아서 아름다운 세계를 장엄하여 목마른 사람에게 목을 축여주는 것이 곧 화엄경이다. 그래서 화엄세계를 연화장세계 또는 원융무애한 세계라 하는 것이다.
다시 말하면 꽃으로 장식된 세계, 또는 꽃에서 솟아나온 세계, 그리고 서로 걸림이 없는 세계를 뜻한다. 화엄세계는 중생이 그릴 수 있는 가장 이상적인 세계이다. 또한 끝으로 사사무애 법계를 화엄세계라 말하며 모든 실재하는 존재들이 완전한 조화 속에서 뒤섞여 짜이거나 일치된 세계를 합하여 말하는 것이며 이것이 바로 현상원융세계, 연화장세계(蓮華藏世界)라 하는 것이다.

80권 화엄경을 설한 장소를 따라 7처 9회, 법문으로는 39품으로 설하셨다.

1회는 보리도량 (깨달은 진리의 과를 설하심)

2회는 보광법당(천당)에서는 10신(信)법문을 설하심

* 법으로서 사람됨을 잘 꾸민다.

3회는 도리천에서 10주법문을 설하심
4회는 야마천에서 10행법문을 설하심
5회는 도솔천에서 10회양법문을 설하심
6회는 타화자재천에서 10지법문을 설하심
7회는 보광법당(중회)에서 흔들림 없는 부동을 위해서 다시 설하심

서다림 본말

신앙이 퇴전하는 것을 염려하여 다시 한 번 보광법당에 내려오셔서 10지법문이 확고부동하게 되면 '나도 부처 된다'하고 부처가 되면 모두가 평등하게 되므로 등각법문이 된다.
이렇게 자타가 평등한 도리를 알아 보살도를 실천하면 그것이 곧 묘각법문이 되는 것이다. 시각은 비로소 깨달은 것이고, 본각*은 깨닫고 보니 본래 부처였다는 말이니, 시각, 본각을 완전히 깨달은 사람이 부처인 것이다.

등각, 묘각 52계단을 거쳐서 본래 성불하면 52위에서 모두가 부처가 된다. 이 과정을 통하여 부처가 되어가는 것을 설명하는 것이 7처9회 52위법문인 것이다.

화엄경의 전체 내용

통만법명일심(通萬法明一心, 만법이 한마음에서 나온다.)

일체유심조의 도리(모든 것은 마음먹기에 달려 있다.)

화엄경은 5주 인과로 되어 있다

1. 소신인과 (1~6품까지 확고한 믿음을 가짐)
2. 차별인과 (7~35품까지)
3. 평등인과 (36~37품까지)

---

* 묘한 깨달음을 말함

4. 출세간인과 (38품)세간에 살면서 세간을 초월함
5. 현신증인과 선재동자가 53선지식을 친견함으로써 일생에 성불하는 과정을 밝힘

여기까지 대방광불화엄경의 중요한 요점을 추려 정리해보았다.

부처님께서 말씀하셨듯이 확고한 믿음을 통해서 일체 중생이 불성을 가지고 있으니 자기 마음 안의 부처를 찾아서 생사의 고통에서 벗어나라고 그렇게 간절히 설하셨던 것이다. 그래서 길에서 태어나셔서 45年간을 중생을 교화하시고 열반에 드신 것이다.

우리는 그런 부처님의 무량공덕 속에서 살고 있다. 여기서 우리가 다시 한 번 생각해 볼 점은, 부처님께서는 분명히 중생을 교화하시기 위하여 팔만사천법문을 설하셨지만, 그것을 한 마디로 말한다면 통만법명일심(通萬法明一心)의 도리를 설하신 것이다.

원만하고 가득찬 화엄의 숫자 '10'을 표현한 석굴암

반야심경 해설

반야경 (般若經)

반야경의 종류

600부 반야경 : 600부 반야경 가운데 577번째 해당되는 것이 금강경이다.

방광 반야경 : 지혜가 개발되면 누구든지 몸에서 방광을 할 수 있다. (20권)

광찬 반야경 : 빛에 의해서 찬탄받는 세상을 살 수 있는 반야경. (10권)

마하 반야경 : 마음을 쓰려면 크게 써야 한다. (27권)

도행 반야경 : 도 닦아가는 길을 설명한 방법. (10권)

대품 반야경 : 품수에 따라서 6백권이 있다.

승천 반야경 : 하늘에 있는 승천이 반야에 대해서 질문을 한다. (7권)

호국 반야경 : 나라를 어떻게 보호할 것인가. 그 보호하는 방법이 나온다.

인왕 반야경 : 대통령(임금)이 되려면 어떻게 해야 하는가를 설하심.

600부 반야경 중에서 금강경 한 번 읽는 것에도 30분 이상 걸리기 때문에 당나라 현장법사님께서 가장 중요하고 핵심적인 요점을 260자로 축약해 놓으신 경전이 "마하반야바라밀다심경"이다.

인도 말로는 마하(큰), 푸라(밝다), 쥬나(지혜), 파라밀타(건너가다), 흐리디야(마음), 슈트라(경)이다.

"마하반야 바라밀다심경" (摩訶般若 波羅密多心經)

마하(摩訶)	크고 위대한 마음을 나타냄
반야(般若)	지혜이니 내외 표리가 없는 밝은 빛
바라밀(波羅密)	건너가다
다(多)	도착하다
심(心)	핵심적인 뜻
경(經)	길

제목을 해석하면 가장 위대한 지혜로서 생사의 바다를 건너가는 가장 핵심적인 경전이다. 이것을 알아듣기 쉽게 설명하면 이 언덕(차안), 즉 생사의 강 또는 번뇌의 강을 건너 피안(보리, 깨달음)의 저 언덕에 이르게 되는 방법을 설한 경전이다.

어리석은 사람은 사람이 죽으면 어디론가 가는지 알고 있지만 한 생각 깨달으면 곧 그 자리가 곧 보리의 자리요 열반의 자리이기 때문에 따로 가고 올 것이 없다는 것을 가르친 경전이다. 즉 위대한 지혜를 가지면 생사와 열반을 초월할 수 있다. 그러면 생사의 바다를 건너간 증인이 있어야 되는데 그 증인이 바로 관세음보살이기 때문에 본문에 관자재보살이 나온다.

본문

"관자재보살행심반야바라밀다조견오온개공도일체고액"

(觀自在菩薩行心般若波羅蜜多照見五蘊皆空度一切苦厄)

관자재보살님께서 대 지혜로서 생사 고통의 바다를 건너갈 때에 오온이 다 공(空)한 이치를 비추어보시고 일체의 고통과 액난을 벗어났다. 여기서 중요한 것은 오온(五蘊)이다. 우리 몸뚱이는 육체와 정신으로 이루어졌는데 육체는 우리 눈에 보이니까 "색", 지수화풍(地水火風)이며, 정신은 "수상행식"(受想行識)이다. 그러므로 오온(五蘊)은 곧 "색수상행식"(色受想行識)으로 우리의 몸을 말한다. 지수화풍 4대의 인연 가화합(假和合)으로 만들어진 이 몸을 우리는 참 나라고 착각하고 사는 것이다. 인연이 다하면 다시 흩어지게 되어 있는 것인데 말이다.

정신

수* (受)는 감수작용을 말한다.

---

* 보았다, 들었다, 코로 냄새를 맡았다, 깨달았다, 알았다.

상　(想)은 없는 것까지도 상상해낸다.
행　(行)은 자기가 상상했던 대로 행동이 나타난다.
식* (識)은 행동이 나타나서 생각대로 따라가는 것이다.

공을 이해하고 들어가면 본문을 공부하는데 많은 도움이 될 것이다.

공(空)이란

1. 원소가 모였다 흩어졌다 하는 것으로 볼 때는 인연법이 된다.
2. 텅텅 빈 상태로 볼 때는 모든 존재가 그대로 공이다.
3. 깨달음으로 비추어 볼 때는 곧 마음이다.
4. 텅텅 비어 있으면서도 묘하게 존재하고 있기 때문에 진공묘유(眞空妙有)라 설명하기도 한다.

– 진실로 비어 있지만 묘하게 살아가고 있기 때문이다.

"사리자 색불이공 공불이색 색즉시공 공즉시색 수상행식역부여시"

"舍利子 色不異空 空不異色 色卽是空 空卽是色 受想行識亦復如是"

사리자야, 이 몸이 마음과 다르지 아니하고 또 마음이 이 몸과 다르지 아니하므로 이 몸이 곧 마음이고 마음이 곧 이 몸이니라. 그래서 정신 또한 마음이니라.

"사리자 시제법공상 불생불멸 불구부정 부증불감"

"舍利子 是諸法空相 不生不滅 不垢不淨 不增不減"

사리자야, 이 빈 마음 법은 나지도 않고 멸하지도 않으며(마음의 영원성을 나타냄), 더럽지도 않고 깨끗하지도 않으며(마음의 청정성을 나타냄), 또 마음은 늘어나거나 줄어들지도 않는다(마음의 복덕성을 나타냄).

---

* 즉 식이라는 것은 분별한다는 것이다.

마음이 청정하다는 것은 본 마음은 깨끗하고 더러움에 좌우되지 않고 진짜 깨끗하다는 말이고, 또한 마음의 복덕성이란 마음은 원래 불어나고 줄어드는 것이 아니지만, 그 마음을 늘어나게 쓰면 잘 살 것이고 마음을 줄어들게 쓰면 박복해서 가난하게 산다는 것이다.

"시고공중 무색 무수상행식"

"是故空中 無色 無受想行識"

그래서 오온도 마음 하나에 달려 있다(정신도 마음이고 육체도 마음이다).

"무안이비설신의 무색성향미촉법 무안계 내지 무의식계"

"無眼耳鼻舌身意 無色聲香味觸法 無眼界 乃至 無意識界"

안, 이, 비, 설, 신, 의는 4대의 몸뚱이에 뿌리를 뻗고 있으므로 6근이라 한다. 이것이 밖을 향해서 경계하는 것을 6경(색, 성, 향, 미, 촉, 법)이라 하고 그래서 6근이 6경을 바라보면서 지식과 상식을 형성하기 때문에 이를 6식이라 한다.

이 세 가지를 가지고 온 세계를 만들어 내고 있기 때문에 이를 합해서 18계라 한다. 그렇다면 18계가 그대로 모두 마음이다.

"무무명 역무무명진 내지무노사 역무노사진"

"無無明 亦無無明盡 乃至無老死 亦無老死盡"

이것은 열두 가지 인연을 말한다. 12인연은 무명, 행(전생의 2인), 식, 명색(오온), 육입, 촉, 수(이생의 5과), 애, 취, 유(내생의 3인), 생, 노사(내생의 2과), 결국 12인연도 마음이라는 뜻이다.

"무고집멸도"

"無苦集滅道"

생, 노, 병, 사는 고통이다. 이 고통의 원인은 번뇌 망상의 집기에서 이루어졌다. 그러면 번뇌 망상을 멸하려면 팔정도의 바른 길을 걸어가면 반드시 멸하여 열반을 증득하는 것이다.
그래서 고통을 느끼는 것도 마음이요, 번뇌의 집기도 마음이요, 도를 닦는 것도 마음이요, 열반을 증득하는 것도 마음이니, 사성제 또한 마음이다.

"무지역무득"

"無智亦無得"

지혜도 없고 또한 지혜는 얻을 것도 아니다. 이것은 보시, 지계, 인욕, 정진, 선정, 지혜 6바라밀을 의미하는 것인데 대승에서는 육바라밀을 닦는다고 말하지만, 지혜는 얻는다고 얻어지는 것이 아니고 자기 마음 안에서 터져야 하는 것이며 본래 밝은 것인데, 탐, 진, 치의 구름에 덮여서 어둡게 보인 것일 뿐, 탐, 진, 치의 구름만 없어지면 밝아진다. 그러므로 육바라밀도 마음 하나에 달려있다는 말이다.

"이무소득고 보리살타 의반야바라밀다고 심무가애 심무가애고 무유공포 원리전도몽상 구경열반"

"以無所得故 菩提薩埵 依般若波羅密多故 心無罣碍 心無罣碍故 無有恐怖 遠離顚倒夢想 究竟涅槃"

보리살타는 이렇게 얻을래야 얻을 수 없는 지혜를 깨달았다. 그래서 보살은 지혜로운 마음을 의지해서 살아 마음에 걸림(障礙)이 없는 까닭에 두려운 것이 없으므로 거꾸러진 생각(꿈속에서 헤매는 생각)을 벗어나서 마침내 구경열반에 이르는 것이다. 열반을 인도에서는 니르바나*라 한다.

---

* 니르라는 말은 밀어로 버린다는 뜻이다. 즉 바나의 불을 밀어서 꺼버린다는 뜻.

열반의 4덕 (상, 락, 아, 정)

열반을 증득하면 다음 네 가지 공덕을 형성한다.

1. 상(常)은* 변해가는 세상 속에서 변하지 않는 마음을 깨닫고 산다.
2. 락(樂)은 고통 속에서도 즐겁게 산다.
3. 아(我)는 얽혀 있는 인연 속에서도 자유를 얻어 산다.
4. 정(淨)은 더러운 세상 속에서도 깨끗하게 산다.

"삼세제불 의반야바라밀다 고득아뇩다라 삼약삼보리"

"三世諸佛 依般若波羅蜜多 故得阿耨多羅 三藐三菩提"

과거 현재 미래 모든 부처님께서 이 반야 바라밀다를 의지하여 아뇩다라 삼약삼보리를 얻었다. 아뇩보리는 마음을 깨달으신 분, 삼보리는 인과법을 깨달으신 분(삼약보리는 인연법을 깨달으신분), 삼세의 모든 부처님들이 무엇을 깨달았느냐 하면 인과, 인연 마음 법을 깨달았다.

"고지반야바라밀다 시대신주 시대명주 시무상주 시무등등주 능제 일체고 진실불허"

"故知般若波羅蜜多 是大神呪 是大明呪 是無上呪 是無等等呪 能除一切苦 眞實不虛"

그러므로 알라. 이 반야심경은 가장 신통한 주문이며 아주 밝은 주문이요 최상의 주문이며 누구도 비교할 수 없는 최고의 주문이다. 그러기 때문에 반야바라밀다 대로만 살면 일체의 고통을 없애고 진실해서 헛되지 않게 된다.

"고설 반야바라밀다주 즉설주왈"

"故說般若波羅蜜多呪 卽說呪曰"

---

* 무상 속에서 영원한 마음을 가지고 산다.

"아제아제 바라아제 바라승 아제 모지사바하"

"揭諦揭諦 波羅揭諦 波羅僧揭諦 菩提薩婆訶"

즉설주왈 곧 주문을 말해보면 다음과 같다.

"아제"는 가세 가세, "바라아제"는 어서 가세, "바라승아제"는 합하세(목적지에 도착하세), "모지사바하"는 깨달음을 성취하세(모지는 깨달음을 말함)이니, 어서 가세 어서 가서 열반평화의 삶을 성취해 사세.

불교에서 '사바하'라는 말은 끝까지 원만성취해서 살겠다는 뜻을 가지고 있다. 그러니까 번뇌망상을 싹 털어버렸으면 부처님한테 '무엇무엇을 해주십시오' 하는 기도를 드리지 않고 '부처님, 제가 그전에는 무명 속에서 몰랐는데 이제 제가 알았습니다. 이제 내가 이웃을 위해서 살 것이며, 가족과 나라를 위해서 살 것입니다.' 이러한 마음가짐을 갖게 되면 소극적인 사람이 적극적인 사람으로 바뀔 수가 있다.

그래서 '마하반야바라밀 다심경'을 종합적으로 한 말로 표현하면 지혜의 마음으로 세상을 살아가는 길을 밝혀주는 경전이라 할 수 있다.

법성계 해설

법성계

법성계는 불자들이 널이 염송하는 게(偈, 詩句 : gatha) 중의 하나이다. 특히 새벽 도량석을 도는 스님들이 즐겨 법성계를 염송하는데 이는 그 글 속에 화엄사상의 정수가 들어 있기 때문이다.
화엄사상을 원융사상(圓融思想)이라고도 하는데 원융에 관해서는 아래에 다시 설명하기로 하고 법성계를 저술한 의상스님(625~702)은 많은 설화를 비롯하여 전국 곳곳에 도량을 여시어 한국 불교 발전에 커다란 발자국을 남기셨다.

법계와 법계연기

법성계와 함께 화엄사상에 접근하기 위해서는 〈법계〉의 정의를 확실하게 이해하여야 한다. 화엄의 궁극적인 가르침인 법계연기는 우리 현실 세계의 문제를 그 주제로 다루고 있기 때문이다. 중생의 현실과 생사를 떠나서는 법계연기를 논할 수가 없다. 법계연기가 문제로 하는 것은 현실 세계이고 현상 세계이다. 현실 세계란 바로 〈여기〉라는 특정한 장소와 〈지금〉이라는 특정한 시간에 존재하는 일체 사물의 존재 방식을 설명하려는 것이다. 이때 존재는 물리적인 존재만이 아니고 관념적인 존재 및 이념도 포함한다. 또한 현상 세계란 법이 생하고 멸하는 세계를 말한다.

이러한 현실 세계를 설명하는 법계연기를 성립시키기 위한 기초로 현실의 모습을 의미하는 사(事)*와 진리를 나타내는 이(理)의 관계를 파악하고 이로부터 원융사상**과 무애사상***을 도출해내는 것이 화엄철학의 접근 방법이다.

---

* 일어남, 현상.

** 둥글다, 감싸안는다.

*** 어디에도 걸림이 없다.

원융과 무애는 모두 서로 걸림이 없는 것을 뜻한다. 원리(原理)와 현상(事)이 또는 현상과 현상이 상호간의 작용에 장애가 되지 않기 위해서는 서로 상즉(相卽) 상입(相入)하여야 한다. 이것이 바로 화엄의 이상 세계인 원융세계이며 법계연기관이다.

상즉(相卽)

존재가 서로 자기의 존재만을 주장하면 대립의 세계 투쟁의 세계만이 있게 된다. 이러한 세계에서 서로 융통하기 위해서는 갑(甲)이 유(有)라면 을(乙)은 공(空)이어야 하며 을(乙)이 유(有)라면 갑(甲)은 공(空)이어야 한다. 이렇게 하면 갑(甲)과 을(乙)은 서로 병존하게 되며 이 두 존재는 요철이 합하듯 서로 계합된다. 이것이 일즉다 다즉일(一卽多 多卽一)이며 상즉(相卽)의 원리이다.

자비 : ~자기 자리를 비워 놓고 사랑한다.

사랑 : ~기독교의 사랑은 자기 자리를 지키면서 사랑한다.

상입(相入)

상입을 설명하기 위해서 십전의 비유를 든다. 자연수를 설명할 때 보통 상식으로는 하나에 하나를 더하면 둘이 된다고 생각하지만 그것은 잘못된 것이고 그런 일은 있을 수 없다.
하나에 하나를 더하면 둘이 모인데 지나지 않으며 하나가 증가했을 뿐이지 둘이라는 자연수로는 되지 않는다는 것이다.
둘이라는 자연수는 하나라는 자연수와의 관계에서만이 이루어진다. 이는 법의 연기성을 잘 말해주고 있다. 더구나 하나라고 할 때는 하나 속에 다른 자연수* 전체가 내포되어 있다.
이것이 一中多, 多中一이며 相入이다.

* 상대적 세계

이 법성계는 보살이 자기실현을 위한 방법과 과정을 설명하고 있다. 이때 '자기실현'이란 중생이 깨달음의 근원인 진실의 고향 본제(本際)로 돌아가는 것을 말한다.

증지 : ~체험을 통해서 확인하는 것

본제 : ~깨달음의 세계 근원인 진실의 고향

우리가 존재를 생각할 때는 존재란 時空 안에서 체가 없다는 진리를 알고 법성계를 이해하여야 한다. 법성계는 다음 내용에 중점을 두고 학습해야 한다.

1. 법성의 이해이다.
   (법성이란 법이 가지고 있는 보편적인 본질을 말한다.)
2. 법성계는 자기실현을 위한 과정과 방법을 설하고 있다.
   (이때 자기실현이란 자기 안에 감추어져 있는 불성을 발견하고 참된 보살이 되는 것이며 보살로서의 자기실현은 자리이타에 충만한 보살행을 통해서 이룰 수 있다.)
3. 법성계는 7언 30구로 된 계송이다.
   (거대한 화엄 세계의 사상을 단 210자로 나타냈으므로 이를 정확히 이해하기 위해서는 화엄사상에 관한 지식을 필요로 한다.)
4. 불교 공부는 참구이다.
   (참구란 학습자의 적극적인 태도를 필요로 한다. 문제의식을 가지고 공부에 임하여야 한다.)

끝으로 법성계를 학습하는 공덕으로 다음과 같은 심오한 내용을 정확히 이해하게 되며 이로서 보살로서의 자기실현을 이루는 것이다.

법성(法性)

불교의 시간관, 원융무애의 법계, 자기 안에서의 불성 발견, 더불어 사는 사회의 의미를 알게 된다.

1. 법성원융무이상(法性圓融無二相)

법성은 이원론적 생각(차별심, 분별심)을 떠나 걸림 없이 화합하는 것이라네. 원융(圓融) 아무것에도 걸림이 없는(무애), 어느 것에도 편벽됨이 없는(무차별), 무엇이든 만족하게 하는(체포섭), 아무것도 방해하지 않는(무장애), 모든 행(현상)이 서로 予値됨이 없는 것이다.

법성 : 모든 법이 가지고 있는 본질

법상 : 모습을 가지고 구분하는 것

2. 제법부동본래적(諸法不動本來寂)

모든 법이 처음 생했을 때는 조용하고 비었으며 일체의 세상사는 서로 다툼이 없었다네.

3. 무명무상절일체(無名無相絶一切)

이름도 없고 형상도 없고 이러한 범주를 이미 벗어났다네.

– 공은 상이 없음. 이름도 없고 모양도 없다.

4. 증지소지비여경(證智所知非餘境)

법성이란 중생의 지혜로는 이해되는 것이 아니며 그것은 오직 깨달은 반야지로만 이해된다.

– 법성 즉 空은 중생의 인식대상이 될 수 있는 것이 아니라 말로서 표현될 수 있는 것이 아니라는 뜻이다.

5. 진성심심극미묘(眞性甚深極微妙)

이 세상사의 진면목(本質)은 너무나 깊고 신비스럽네.

연기 : ~인과 연이 만나서 만들어낸 것

체 : ~어떤 존재에서 없어지지 않는 것

6. 불수자성수연성(不守自性隨緣成)

법성은 체를 가지고 있지 않으며 오직 인연에 의해서 만들어진다.

– 개별적인 법이 체가 없는 것은 이것들이 인연에 의해서 만들어졌기 때문이다. 이때 법계란 자연 그 자체이다. 자연은 단지 자리를 비워 놓을 뿐이다. 그 속에서 인은 연을 만나 법이 생기고 이때 연에 따라 법의 性(理)이 결정 된다. 이것을 성기론이라 한다. 법이 生함에 있어 이(理)의 측면에서 설명하는 것이 성기설이고 일(事)의 측면에서 설명하는 것이 연기설이다.

7. 일중일체다중일(一中一切多中一)

모든 것 속에 하나 있고 하나 속에 모든 것이 있다.

– 공속에 들어 있다. 모든 것이 하나 속에 있고 하나 속에 모든 것이 있기 위해서 법성은 평등하고 원융하며 서로 무애하여야 한다. 법성은 나눌 수 없으므로 하나이고 법은 연에 따라 生함으로 즉 상입(相入)의 관계이다.

8. 일즉일체다즉일(一卽一切多卽一)

하나가 모든 것이고 모든 것이 하나이다.

– 만유의 하나 하나는 개별적인 존재(法)지만 그 性은 차별적인 것이 아니다. 그 性은 따로 있는 것이 아니고 하나이다. 그래서 모든 것(法)은 원융이다. 서로 융통한다. 예로서 한 방울의 바닷물에서 우리는 광대한 바다의 짠맛을 맛볼 수 있다. 이것이 곧 상즉(相卽)의 원리이다.

9. 일미진중함시방(一微塵中含十方)

하나의 작은 먼지 속에 온 세상이 들어 있네.

– 우리는 한없이 크고 넓은 우주를 한눈에 볼 수 는 없다. 그러나 하나의 작은 먼지 속에서 이 큰 우주를 보게 된다. 이것은 모두 법성을 통해

서 만들어져 있기 때문이다.

10. 일체진중역여시(一切塵中亦如是)

그래서 하나의 먼지 속마다 우주의 참 본질 법성이 들어있다네.

– 법계연기는 바퀴(法輪)처럼 밖과 안이 쉬지 않고 돌아가는데 이 우주의 움직임이 혼돈에 쌓여 있는 것처럼 보이지만 실은 우리 마음의 청정한 생명력으로 질서를 유지하면서 돌아간다. 연기의 입장에서 본다면 모든 존재는 크고 작고 간에 모두가 인과 연의 거짓화합(假合)으로 生한 것이다. 그래서 우리는 작은 먼지 속에서도 크고 광대한 시방 세계 안에서도 연기에 의해 생한 존재를 볼 수 있는 것이다.

11. 무량원겁즉일념(無量遠劫卽一念)

천만 겁이란 긴 세월이 마음이 흘긋 돌아보는 사이에 지나네.

– 화엄은 특이한 시간관을 내세우고 있다. 화엄에서는 삼세로서 과거, 현재, 미래를 상정하지 않고 오직(지금, 여기)라는 時空 에서 현상을 이해한다. 삼세는 서로 상즉(일치)하여 과거와 현재는 시간상 하나이다. 그래서 무량한 지난 시간도 지금의 시간과 조금도 다르지 않다.

12. 일념즉시무량겁(一念卽是無量劫)

마음이 흘긋 돌아본 일순간 끝없이 긴 겁 세월이라네.

13. 구세십세호상즉(九世十世互相卽)

시간의 길이를 구세 십세로 하더라도 시간은 영원하고 영원한 것이 시간이라네.

– 九世 : 삼세, 즉 과거에도 과거, 현재, 미래, 현재에도 과거, 현재, 미래,미래에도 과거, 현재, 미래가 있어 九世가 되며 여기에서 시간적 측면에서 하나의 본체를 合하여 10世가 된다. 이러한 구세, 십세는 각각 다르지만은 서로 관통하여 있으므로 전체 속에 하나(一卽一切多卽一)

라는 원리가 완성된다. 고로 이생을 보면 전생을 알 수 있고 또 이생을 봄으로 내생을 알 수 있다는 것이다. 마음 알기에 따라 차별적인 시간과 영원은 하나이다.

14. 잉불잡란격별성(仍不雜亂隔別成)

그러나 세상사(法)는 자기 자리를 지키며 다른 것과 섞이거나 혼돈하지 않는다네.

– 이것은 화엄의 네 법계 중 하나인 사사무애법계(事事無碍法界) 하나의 法(事)은 다른 법과 섞이지 않고 따로 떨어져 존재한다. (仍 : 잉)* 화엄에서 법계를 넷(사종법계)으로 나누는데, 이법계(理法界), 사법계(事法界), 이사법계(理事法界), 사사법계(事事法界)가 그것이다. 흔히 理는 본체이고 事는 현상이라고 이해하나 理는 평등의 진여이고 사는 마음과 마음의 대상인 객관 세계를 말한다. 그러나 사는 일로 따로 존재하지 않고 이치를 갖추고 있으므로 事라 한다. 理와 事는 손바닥과 손등처럼 하나이며 서로 나눌 수 없다. 법계연기의 이상적 세계인 사사무애 법계란 우리에게 보여지는 物(現象)의 개체의 개체 사이가 원융 무애한 관계로 존재하는 세계이다. 모든 존재하는 것은 시간적으로 그리고 공간적으로 자기 자리를 지키면서 서로 융즉(融卽)하고 있다.

15. 초발심시변정각(初發心時便正覺)

내 마음의 믿음의 씨앗이 싹틀 때는 그것은 각을 얻은 자의 마음일세.

– 부처님 마음과 깨달음을 얻은 사람의 마음은 하나이다. 그러나 믿음의 마음을 내는 중생의 마음은 여럿이다. 보조국사의 초발심이란 내 안에 불성은 가지고 있으므로 나도 부처가 될 수 있는 가능성을 가지고 있다는 확신을 갖게 되는 때가 “초발심”이며 이 진리는 움직일 수 없는 것으로 이 진리를 깨달았을 때 바로 “내가 부처가 된다.” 이러한 초발심은 성불이 이루어질 때까지 변해서는 안 된다. 이렇게 (자신 안에서

* 그대로 따른다

부처를 발견하는 것)을 돈각(頓覺), 돈오(頓悟), 또는 일시에 깨달음이라 한다.

16. 생사열반상공화(生死涅槃相共和)

생사와 열반이 따로 있는 것이 아니고 둘이 항상 함께 한 곳에 있는 것이라네.

– 이러한 진리는 오직 空의 진리를 깨달은 사람에만 증지(인식)된다. 중생이 집착을 여의고 번뇌를 버리면 그것이 바로 열반이다. 열반은 생사가 있는 곳에만 있다. 생사가 없다면 열반의 존재가치도 소용없기 때문이다. 이를 생사즉열반(生死卽涅槃)이라 한다.

17. 이사명연무분별(理事冥然無分別)

보이는 법(事 : 현상)과 보이지 않는 법(理 : 원리, 우주의 질서가 흩어지지 않도록 묶어놓은 것)은 서로 신비스럽게 융합해서 분별되지 않네.

– 보이지 않는 법은 창조의 기본인 법 즉 원리 (原理)를 말하며 이 법은 숨겨져서 나타나지 않는 법으로 이를 理라 하며 이법계와 사법계는 서로 원융무애하여 이 두 법계를 구분할 수 없다. 한 알의 씨앗을 쪼개보면 그 안에는 이렇다 할 아무 것도 없다. 단지 습기를 담은 그 무엇이라 지칭할 수 없는 물질이 있는데 오늘날 과학은 이 물질의 요소를 충분히 분리할 수 있다. 그러나 이렇게 분리된 화학적 물질을 종합해 모아놓는다고 해서 그것이 씨앗으로서의 역할을 할 수 있는 것은 아니다. 분명히 이 씨앗에는 오늘날 과학으로 감지할 수 없는 즉 理, 원리(原理)가 담겨 있어 이 씨를 땅에 심으면 싹이 트게 마련이다. 이 안에서 우리는 이법계와 사법계를 함께 볼 수 있다.

18. 십불보현대인경(十佛普賢大人境)

부처님과 보현보살의 마음은 위대한 분의 마음일세.

– 보살의 마음과 부처의 마음은 그 청정에서 분별된다. 깨끗하지 못한

마음은 두 가지 장애로 가리어져 있는데 하나는 소지장(所知障) 이고 다른 하나는 번뇌장(煩惱障 : 감정에 의한 장애)이다. 이 두 장애는 선정 삼매를 통해서만이 하나가 될 수 있다.

19. 능인해인삼매중(能人海印三昧中)

전능한 분이 定에 들면 三昧는 바다와 같다네.

– 부처님께서 화엄경을 설하실 때 해인 삼매에 드셔서 과거. 현재. 미래의 모든 법을 비추어 보셨다. 화엄경에서 법신 비로자나불의 두 협시보살은 문수보살과 보현보살이다.

20. 번출여의부사의(繁出如意不思議)

삼매에서 깨어나신 부처님께서는 상상을 초월할 수 없이 많은 신비스러운 보배와 함께 기적을 보여주셨다네.

21. 우보익생만허공(雨寶益生滿虛空)

이 보배가 하늘에서 쏟아질 때는 마치 비구름처럼 허공을 채우네.

– 이것이 부처님의 차별 없는 자비심이다.

22. 중생수기득이익(衆生隨器得利益)

그러나 중생은 각자의 그릇(근기)의 크기만큼 덕을 입네.

23. 시고행자환본제(是故行者還本際)

그래서 부처의 가르침을 따르는 사람(보살)은 마음의 고향(근원)으로 돌아가네.

– 본제(本際)란 진리의 고향을 뜻한다. 즉 깨달음을 얻은 세계, 적정(寂靜)의 세계, 융화의 세계, 이상적인 세계를 말한다.

24. 파식망상필부득(叵息妄想必不得)

이러한 부처님의 공덕도 허망된 생각을 쉬지 않으면 얻을 수 없네.

– 無明은 모든 번뇌의 근원이다. 무명을 제거하면 중생이 자유로워지고 부처님의 수없이 많은 공덕을 얻게 된다, 무명과 무식은 다르다. 무식은 지식이 없는 것을 뜻하지만 무명은 옳은 지식이 없음을 뜻한다. 이때 明이란 바른 지식을 의미한다. 중생의 무명과 분별심은 성불의 인(因)이 된다. 그러기에 무명과 분별심이 없으면 성불은 불가능하다. 약간은 괴이한 논리 같지만 이것이 바로 불교 논리의 특성이다. 우리는 무명과 분별심을 버리는 것이 아니고 이것을 통해서 뒤에 자리잡고 있는 불성을 발견하는 것이다. 다시 말하면 불성은 오직 무명과 분별 심을 통해서만이 볼 수 있는 것이다. 반야지도 분별지를 통해서만 깨닫게 되는 것이다.

25. 무연선교착여의(無緣善教捉如意)

보살이 남을 위해서 아낌없이 노력하면

– 무연선교란 아무런 조건 없이 부처님의 바른 가르침을 중생에게 펴는 것을 말한다.

26. 귀가수분득자량(歸家隨分得資量)

보살은 고향으로 돌아가는데 필요한 모든 준비를 갖추게 되네.

– 고향으로 돌아간다는 말은 깨달음의 세계, 진리의 고향(本際)을 뜻한다. 보살이 깨달음을 얻기 위해서는 여러 가지 준비 자량(資糧)이 필요하다.

27. 이다라니무진보(以多羅尼無盡寶)

그리고 보살은 무진장한 보배인 다라니(법성계)로서

– 다라니를 염송하는 공덕은 이루 헤아릴 수 없이 많다. 다라니 그 자

체가 보배이기 때문이다. 다라니 안에는 부처님의 가르침이 가득 담겨 있다. 법성계가 화엄철학의 정수를 담고 있으므로 법성계가 그대로 다라니가 되는 것이다.

28. 장엄법계실보전(莊嚴法界實寶殿)

법계를 반야지로 장엄하게 되면

– 보살이 진리의 고향으로 돌아갈 준비가 되면 부처님의 가르침으로 법계를 장엄하여야 한다, 또한 깨달음을 얻기 위해서는 마음을 반야지로 장엄하여야 하기 때문이다.

29. 궁좌실제중도상(窮坐實際中道床)

보살은 마침내 진실의 세계에 있는 중도* 자리에 앉는다네.

– 실제(實際)란 법이 성립되는 근거, 또는 法性또는 空과 같은 뜻이며 세법실상의 다른 이름으로 진실의 세계를 말한다. 중도 자리는 空을 증득한 사람만이 앉을 수 있는 자리이다. 이 자리에 앉으면 중생은 진정한 의미에서 자유로워지고 기쁨을 느낀다. 이때 자유는 모든 대상에서 떠난 또는 인식의 대상을 여읜 것을 말하며 기쁨은 이러한 자유를 즐김으로써 얻어지는 기쁨, 즉 대상이 없이 얻어지는 기쁨을 말한다.

30. 구래부동명위불(舊來不動名爲佛)

그러면 이 보살을 부처라 이름한다. 그러나 그는 조금도 움직이지 않았고 처음부터 그 자리에 있어 왔다네.

– 깨달은 자(부처)가 앉는 중도상(中度床) 은 다른 곳에 있는 것이 아니다 그것은 조금도 움직이지 않았고 본래부터 중생의 마음 가운데 자리하고 있었다. 중도상은 부처의 자리 즉 깨달은 자의 자리이다. 모든 중생이 지니고 있는 불성이 있는 그 자리이다.

---

* 모든 것을 여읜 자리.

결론

위에서 우리는 법성계에 설해진 화엄사상의 면모를 볼 수 있었다. 법성의 원융함을 비롯해서 법계 안에서 모든 존재의 공존을 위해 평등심을 가지고 이웃과 더불어 살아야 하는 지혜를 길러야 한다고 설하고 있다.
어느 법도 독존할 수 없다. 법으로서의 인간도 혼자서는 존재할 수 없다. 모든 법은 법계 안에서 서로 의존하면서 존재한다. 이것을 우리는 공존 또는 相關相依라는 낱말을 들어 설명한다.

일체의 존재가 하나의 법계 안에서 함께 존재하기 위해서는 서로의 존재를 장애하지 않고 공존하여야 한다. 그래서 부처님께서 해인삼매에 들어 보여주신 세계가 원융법계이다. 그래서 화엄경에서 중요시하는 것이 육상원융이다.

6상의 원리에 의하여 완성된 다보탑

육상원융(六相圓融)

사사무애 법계에서 각각의 법은 여러 가지 특별한 相을 지니고 있는데 이를 六相이라 한다. 원융 세계가 이루어지기 위해 법계의 모든 법은 낱낱이 여섯 가지 특수한 성질을 지니고 있다.

1. 총상(總相): 보편성

· 모든 인간은 다섯 가지 요소, 즉 오온(五蘊)으로 구성되어 있다.
· 건축물 전체를 말한다.

– 보편성이란 특수한 부분들을 총합한 것이다.

2. 동상(同相): 유사성

· 인간 신체의 여러 기관은 하나의 유기체를 구성하기 위해 상호 연관되어 있다.
· 구성물인 자재들이 서로 충돌 하지 않고 함께 어우러져 건물 전체를 구성한다.

– 특수한 기능을 지닌 모든 것들이 하나의 전체를 구성하기 위해 동등하게 조화를 이루는 능력을 지닌 것을 뜻한다.

3. 별상(別相): 성격 자체에 대한 특수성

· 중생 각자의 감각 기관은 성격이나 능력이 특이하다는 점에서 특수성을 가지고 있다.
· 하나의 건물은 여러 자재들로 구성되어 있다.

– 특수한 부분들이 전체를 구성하고 있다.

4. 이상(異相): 구성 요소의 다양성

· 인간 신체의 경우 각 기관은 독자적인 기능을 지니고 있다.
· 건물의 자재는 비록 하나의 건물을 건축하기 위해 사용되었지만, 각

자체는 그 특수성을 잃지 않고 있다.

– 각 구성 요소의 다양성을 말하며 여러 요소가 조화를 이루고 있음에도 불구하고 각 요소의 특수한 양상을 간직하고 있다.

5. 성상(成相): 통합성

·각 기관은 다른 기관과 조화를 이루기 위해 동시에 작용한다.
·여러 자재는 서로 완전히 결합됨으로써 하나의 건축물을 이룬다.

– 통합성이란 특수한 것들이 각각 독특하기는 하지만 스스로 다른 요소와 통합함으로서 보편성을 이룬다는 뜻이다.

6. 괴상(壞相): 차별상

·인간 신체의 경우 각 기관은 독자적인 특수한 입장에 있으므로 다른 것과 구별되는 기능을 수행한다.
·모든 자재는 각각 고유한 위치에 있어서 하나의 건축을 이루고 있지만 자기의 특성을 잃지 않고 있다.

– 각 요소들이 모여 보편성을 이루기는 하지만 각 요소의 특수한 양상을 잃지 않는다.

화엄경에서는 이 육상원융(六相圓融)을 중요시하고 있으며 원융무애 사상의 위대성은 타협을 앞세워 어디까지나 개체의 독자성을 살려가면서 동시에 서로 간의 융화를 지향할 것을 내세우는데 있다.

왕사성에 대하여

왕사성은

지금 뱅갈만 파트나시 남방 삐할 지방에 있는 옛 도시다. 판다바(白善山), 기쟈쿠우타(靈鷲山), 뱀바라(負重山), 이시기라(仙人堀山), 비뿌라(廣普山), 다섯 산이 둘려서 있는 곳, 한때는 불이나 한림(寒林)이 되었으나 이웃 베살리의 침입을 막기 위해 빔비사라왕이 친히 상모산에 큰 성을 쌓으므로 그 이름이 왕사성이 되었다.

사리불과 목건련의 고향으로 그의 삼촌 디카나아가 발심 출가한 곳이며 데바닷다가 새 교단을 만들어 부처님을 배반했다가 산채로 화탕지옥에 떨어진 곳이다. 부처님이 이곳 영축산에서 법화경을 설해 염화미소의 설화를 남기시고 기바 의사는 이곳 망고동산에서 세계 최초로 의료 봉사를 펼쳤다. 수보리는 선정 속에서 천계에서 내려오시는 부처님을 알았고 바쿨라 존자는 최고령 장로로서 자신 있게 선종(善終)의 꿈을 보여주신 곳이다.

영축산의 해 뜰 무렵

부처님께서는 성도후 거의 반생을 이곳에서 보내면서 위제희 부인에게 정토 삼부경을 설해 극락왕생의 길을 열어 보이신 곳이다. 그래서 왕사성은 저 코살라국의 사위성과 함께 불교역사가 가장 많이 배어있는 곳이다. 지금 이곳 비뿌라산에는 일본의 후지 스님이 세계평화 불사의 탑을 세워 하루에도 수천만 명이 찾아 묘법연화경을 봉창하고 있다.

·한국불교 금강선원 총재 한정섭

법화의 세계

부처님께서 처음 성불하시고 깨달은 바 내용을 있는 그대로 설하신 것이 대방광불화엄경이라면, 중생들이 알아듣지 못하므로 수준을 훨씬 낮추어 아함. 방등, 반야를 설하고 마지막으로 설한 경전이 법화경이다. 그래서 대방광불화엄경을 선법화(先法華)라 하고 묘법연화경은 후대방광불(後大方廣佛)이라 한다.

이 두 가지 경전은 천경의 본종(本宗)이고 만경의 관해로써 일심의 원감(圓監)이 되고 실상의 묘문(妙門)이 되는 것이다. 그래서 법화경 약찬계에 "일승묘법 연화경은 화장 세계의 깊은 뜻을 밝힌 경전으로 왕사성중 기사굴산 중에 계시면서 영원불멸의 석가존과 시방일체 모든 부처님. 그리고 갖가지 인연과 방편으로 항상 일승묘법과 법륜을 굴리시는 스님들께 귀의한다."한 것이다.

원래 이 경전을 설할 때는 번뇌를 다하고 자재를 얻어 대 아라한과를 얻은 1만 2천인과 비구니 6천명 그리고 아라한 공부를 하고 있는 2천명 하여 스님들만 2만 명이 모였었고 보살 8만명 천룡팔부와 위제희 부인, 아사세왕등 백천인들이 함께 참석하였다.
비구스님들 1만 2천인의 대표로서는 아야 교진여, 대가섭, 우루빈나가섭, 가야가섭, 나제가섭, 사리불 대목건련, 가전연, 아니룻다, 겁빈나, 교범바제, 이바다, 필릉가바차, 바구라, 마하구치라, 난타, 손타라 난다, 부루나, 수보리, 아난, 라후라등 20대 제자가 왔으며. 비구니 대표는 마하 파사파제와 야수다라, 그리고 보살로서는 문수 관음 대세지보살, 상정진보살, 미륵, 보적, 도사보살 등 18대 보살이 대표자가 되어왔다.

또 석제환인 등 천중은 월천자, 보향천자, 보광천자, 4천왕, 자재천자, 대자제, 사바계주 대범천왕 시기대범, 광명대범등이 왔으며. 용왕의 무리로서는 난다용왕, 발란다용왕, 사가라, 화수길, 덕차가, 아나바달라, 마나사, 우발라등 8대 용왕이 왔고 긴나라는 법긴나라, 묘법긴나라, 대법긴나라, 지법긴나라 등 4대 긴나라가 참석하였으며 건달바는 악건달바, 악음건달바, 미건달바, 미음건달바 등 4대 건달바가 왔다. 또 아수라는 바치, 가라, 비마질다, 라후 등 4대 아수라, 가루라는 대위덕 가루라왕과 대신가루라왕, 대만, 여의가루라왕 등 4대 가루라왕 등 8부 신중이 모두 참석하였다.
일반 사람들로서는 빔비사라 왕의 부인 위제희와 그의 아들 아사세왕, 그리고 각기 다른 권속 백천 인이 함께 모여 있었다.

부처님께서는 이들을 위해서 한량없는 법의 뜻을 설하여

1. 발심하지 못한 자들을 발심하게 하고
2. 인자함이 없는 이에게 어진 마음을 일으키게 하며
3. 살생하기 좋아하는 사람들에게 대비심을 일으키고
4. 애착이 있는 자들에게 애착을 끊게 하며
5. 간탐하는 자들에게 보리심을 일으키고
6. 교만한 자에게 지계심을 가지게 하며
7. 게으른 자에게 정진심을 일으키게 하고
8. 산란한 자에게 선정심을 일으키게 하며
9. 어리석은 자에게 지혜를 일으키게 하고
10. 아직 제도되지 않는 자에게 제도할 마음을 일으키게 하였다.

그리고 석가모니 부처님께서 여섯 가지 상서로운 일을 보이셨으니

1. 먼저 무량의 경을 설하고 (說經瑞)
2. 무량의처 삼매에 들자 (三昧瑞)
3. 하늘에서는 꽃비가 내리고 (雨花瑞)
4. 천지가 6종으로 진동하였으며 (震動瑞)
5. 모든 대중이 기뻐하게 (衆喜瑞)
6. 상서로운 빛을 놓은 것 (放光瑞)

이 그것이다.

이렇게 빛 속에서 동방 만팔천 세계를 두루 비춰 아비지옥으로부터 아가니타천에 이르기까지 6도 10계 중생들의 생활상이 원만하게 드러나자 미륵보살과 대중들은 의심하였다.

"장차 무슨 일이 일어나려고 이런 현상이 나타나는가?"

문수보살께서 과거의 경험을 배경으로 예언하셨다.

"법화경을 설하실 것이다. 과거에도 일월등명 부처님이 이와 같은 상서를 보이고 묘법연화경을 설하셨는데 석가모니 부처님도 4제, 12인연, 6바라밀로 처음과 중간 끝의 방편을 잘 보였으니 이제 마지막으로 순일 무잡한 일승 묘법 연화경을 설하여 모든 중생들로 하여금 여래의 지견을 열어 보여 깨달음에 들게 함으로써 아뇩다라 삼약 삼보리를 얻게 할 것이다."

증언하였다. 그래서 덕장, 견만, 대요설, 지적, 상행, 무변행, 정행, 안립, 상불경, 숙왕화, 희견, 묘음, 상행, 장엄왕, 화덕, 무진의, 지지, 약왕, 약상, 보현보살 등이 3세 시방을 따라다니며 교화하는 모습을 보여주었다.

또 일월등명불과 연등불, 대통지승불, 아촉불, 수미정불, 사자음불, 사자상불, 허공주불, 상명불, 재생불, 범상불, 아미타불, 도일세간 고

뇌불, 다마라발전당향신통불, 수미상불, 운자재불, 자재왕불, 괴일체세간포외불, 다보불, 위음왕불, 운자재등명불, 정명덕불, 정화수왕불, 운뇌음불, 운뇌음수왕화지불, 보위덕불, 상광여래, 3세시방여래 등 500억 나유타 세계에 있는 돈점의 무리들이 구름처럼 모여 상, 중, 하, 근기로 항상 따라다니며 묘법 연화경을 설하니 이를 증명하는 다보불이 다보탑을 허공 가운데 나타내 보였다.

7권28품의 법화경은 서품, 방편품, 비유품, 신해품, 약초유품, 수기품, 화성유품, 5백제자 수기품, 수학무학, 인기품, 법사품, 견보탑품, 제바달다품, 지품, 안탁행품, 종지용출품, 여래수량품, 분별공덕품, 수희공덕품, 법사공덕품, 상불경보살품, 여래신력품, 촉루품, 약왕보살 본사품, 묘음보살품, 관세음보살 보문품, 다라니품, 묘장엄왕 본사품, 보현보살권발품 등이 그것이다.

이 가운데 서품으로부터 제14 안락행품까지는 역사적인 석가불의 적문불교(迹門佛教)를 설명한 것이고 종지용출품으로부터 제28 보현보살권발품까지는 본문불교(本門佛教)를 설한 것이다.

사실 불법은 석가여래가 이 세상에 태어나든 그렇지 않든 영원한 진리로서 3세 시방에 꽉 차있는 것인데 그것을 잘 모르는 사람들이 있으므로 방편으로써 석가세존이 이 세상에 나타나 이 같은 원리를 설명해주신 것이다.

그래서 만일 누구나 이 법화경을 읽고 쓰고 외우고 해설하며 또 읽고 쓰고 외우고 해설하는 사람들을 찬탄 공양하면 부처님의 입으로부터 태어나 부처님의 옷을 입고 부처님의 자리에 앉아 보현보살의 수호를 받아 모든 마귀들을 항복 받고 세간을 탐내지 않고 마음과 뜻이 곧아 바른 생각을 가져 한량없는 복덕을 이룩할 것이라고 하였다.

> "설사 한 글귀나 계송을 읽더라도 그 가피로서 통달하고 오래지 않아 보리도량에 나아가 성불하고 법륜을 굴린다."

그러니 이 경을 본 자는 누구나 부처님과 같이 공경 예배하고 찬탄 공양해야 한다 하였다.

묘음보살은 가수로써 이 경을 읽고 7응신을 나타내 중생들을 구제하였으며 관세음보살은 32응신 14무외력, 8만4천 삭가라수(머리), 8만4천 모다라비(팔), 8만4천 청정보목(눈)으로 일체 중생을 구제하고 있다.

"모든 부처님의 지혜는 깊고 깊어 헤아릴 수 없다. 오직 부처님만이 알 수 있고 2승과 3승은 알 수 없다."

왜냐하면 모든 법에는 그와 같은 모습과 성품, 체력, 작용이 있고 그것이 그렇게 되지 아니하면 아니 될 인연, 과보, 본말구경이 있기 때문이다.

내가 이 세상에 태어난 것은 오직 일체 중생들에게 여래의 지견을 열어 보여 깨달아 들게 하기 위해서이다. 그러니 어떤 중생이고 부처님의 가르침을 만나 법답게 보시하고 계를 지키고 인욕 정진하여 선정과 지혜를 갖추면 누구나 불도를 이룰 수 있다.

"사리불은 이미 2만억 부처님 계신 곳에서 무상도를 위해 공부하였으므로 장차 천만억 부처님을 공양하고 정법을 받들어 행하면 보살도를 구족하여 화광여래가 될 것이다. 3계는 온통 불난 집과 같다."(비유품)

"하늘에서 내리는 비는 똑같다. 단지 크고 작은 나무에 따라서 다르나 차별이 없다, 잃어버린 자식이 본 고향에 돌아와 부모를 찾아 상속받듯, 수보리, 가전연, 가섭, 목건련은 장차 성불하여 광명여래, 명상여래, 염부나제 금광다마라발전단향여래가 될 것이다. 그리고 5백제자는 보명여래가 되고 아난은 산해해자재통왕여래, 라훌라는 칠보화여래가 될 것이며 학무학 2천인은 보상여래가 되고 이 경을 서사, 수지, 독송, 해설하는 자는 모두 법사가 되어 성불할 것이다." (신해, 약초, 수기품)

"나는 이미 진묵겁전에 성불하였으나 사바세계 중생들을 제도하기 위하여 마치 의사와 같이 갖가지 약방문을 만들어 설법하고 있다. 그 동안 내가 설한 열반은 화성이다." (여래 수량품, 화성유품)

이렇게 법화경의 세계를 공부하면서 대방광불화엄경은 선법화(先法華)이고 묘법연화경은 후대방광불(後大方廣佛)이라는 새로운 지식을 알고나서 두 경전을 대하니 그 의미가 더욱 잘 이해되었다.

뿐만 아니라 법화경은
첫째, 제법실상(諸法實相)을 설하고
둘째, 회삼귀일(會三歸一)을 설하고
셋째, 처렴상정(處染常淨)의 불성을
확실하게 열어보여준 경전임을 알게 되었다.

妙法蓮華經卷第一
姚秦三藏法師鳩摩羅什奉 詔譯
妙法蓮華經序品第一
如是我聞一時佛住王舍城耆闍崛山中與
大比丘衆萬二千人俱皆是阿羅漢諸漏已
盡無復煩惱逮得己利盡諸有結心得自在
其名曰阿若憍陳如摩訶迦葉優樓頻螺迦
葉伽耶迦葉那提迦葉舍利弗大目揵連摩
訶迦旃延阿㝹樓馱劫賓那憍梵波提離婆
多畢陵伽婆蹉薄拘羅摩訶拘絺羅難陀孫
陀羅難陀富樓那彌多羅尼子須菩提阿難
羅睺羅如是衆所知識大阿羅漢等復有學
無學二千人摩訶波闍波提比丘尼與眷屬
六千人俱羅睺羅母耶輸陀羅比丘尼亦與
眷屬俱菩薩摩訶薩八萬人皆於阿耨多羅
三藐三菩提不退轉皆得陀羅尼樂說辯才
轉不退轉法輪供養無量百千諸佛於諸佛
所殖衆德本常為諸佛之所稱歎以慈修身
善入佛慧通達大智到於彼岸名稱普聞無
量世界能度無數百千衆生其名曰文殊師
利菩薩觀世音菩薩得大勢菩薩常精進菩
薩不休息菩薩寶掌菩薩藥王菩薩勇施菩
薩寶月菩薩月光菩薩滿月菩薩大力菩薩
無量力菩薩越三界菩薩跋陀婆羅菩薩彌

묘법연화경 사경

경률의 결집

부처님의 입멸 소식이 전해지자 사방에서 모여든 수천만 비구들은 모두 비탄에 빠져 슬퍼하고 있는데 그 가운데서 오직 선현(善現)이라는 비구가 홀로 태연하게 말했다.

> "여러분, 여러분은 무엇을 그렇게 걱정하는가? 부처님께서 계실 때는 이것은 해야 한다, 이것은 해서는 안 된다고 하여 번거로운 제제를 받았다. 그러나 부처님께서 돌아가셨으니 이제 하고 싶은 것은 하고, 하고 싶지 않는 것은 아니하면 되지 않겠는가. 오직 이것은 각자에게 있으니 걱정하지 말라."

이 말을 들은 대카사파와 아니룻다는 크게 놀라 기강을 바로잡아 교단을 유지하는 데는 비법, 비율이 세력을 얻기 전에 법률을 결정하지 아니하면 안 된다 생각하고 곧 아사세왕의 후원을 얻어 5백 나한의 대표자들을 죽림정사 서남쪽 칠엽굴 석실에 모으고 토론하여 경률을 결집하였다.

제1상좌에는 카사파 존자가 좌정하고 그 옆에는 계율을 가장 잘 지킨 우팔리 존자가 율의 송출자가 되고 가장 불법을 많이 들은 아난다 존자가 경의 송출자가 되어 들은대로 때와 장소, 들은 사람들과 들은 법문을 낱낱이 들은대로 외우면 나머지 장로들이 그것을 인증하여 차례로 결집하였다.

그러나 이렇게 결집된 경률은 문자의 기록이 아니고 오직 입과 입을 통해서 구구전전(口口傳傳) 되었으므로 때로는 문장에 착오가 생기고 때로는 그 해석을 달리 하는 사람들이 생기게 되어 불멸후 1백 년경부터 7백 년 사이에는 제 2, 3, 4결집을 하게 되었고 그 외에도 많은 논서가 나와서 경과 율을 해석하게 되었으니 이것이 3장 '經. 律. 論'이 나오게 된 동기이다.

그래서 3장 중 '경'과 '율'은 부처님의 말씀이고 그것을 해석한 '논'은 후세 불자들의 논리이다.

이것으로서 우리는 부처님의 경전이나 율, 논전이 어떻게 어떤 동기로 이루어졌다는 것을 알게 되었다.

제 1 결집처 영축산 칠엽굴

准提功德聚寂靜心常誦
준제공덕취적정심상송
一切諸大難無能侵是人
일체제대난무능침시인
天上及人間受福如佛等
천상급인간수복여불등
遇此如意珠定獲無等等
우차여의주정획무등등

준제보살님의 크신 공덕 일념으로 지송하면
그 어떠한 어려움도 침노하지 못하나니
하늘이나 사람이나 세존처럼 복 받으며
이 여의주 얻은 이는 최상의 깨달음을 이루리라

〈본문 - 준제보살님의 공덕 중에서…〉

제3장 법어(法語)

법구경(주옥같은 부처님의 말씀)

불교원시경전 속에서 찾아낸 하나의 환하게 빛나는 진주, 법구경은 팔리어로 쓰인 경전인데 원명은 Dhamma Pada이다. Dhamma를 중국 역경가들은 법이라 의역하였고 Pada를 길(道)이라 번역하였으므로 이를 종합해서 말한다면 '법의 길' 또는 '법의 완성'을 뜻한다. 법이란 어휘는 불교 교리에서 가장 심오한 진리를 뜻하고 가장 많이 쓰이는 글귀(語句)이기도 하다.

봄이 오면 나무에 싹이 트고 여름 동안에 자라서 가을에 열매를 맺고 그리고 겨울이 다가오면 잎이 떨어지고 나무는 겨울 준비를 한다. 이것이 나무의 생활 질서인데 우리는 이를 자연 질서라 부르고 불교에서는 이를 法이라 칭한다. 또한 절친한 친구를 멀리 떠나보낸 사람이 갑자기 외로워지고 떠난 친구가 절실히 보고 싶다면 이러한 감정을 인지상정(人之常情)이라 하는데 이 또한 불교에서는 法이라 부른다. 이와 같이 法이란 자연 질서를 포함해서 이 우주에서 일어나는 물질적, 그리고 인간의 정신적 현상을 지배하는 모든 질서를 통틀어 말한다.

법구경은 이러한 마음 뿐 아니라 자연 질서에 관한 법을 설하고 있다. 그래서 법구경을 통해서 우리의 마음이 무엇인가를 알 수 있을 뿐 아니라 자연 질서를 돌아보면서 이에 순응하는 생활태도를 배울 수 있다. 그래서 원효스님께서는 중생이 "한 마음을 일으키면 이 마음은 삼라만상을 만들어낸다." 하셨다. 이것이 우리가 흔히 인용하는 '일체유심조'라는 말이다. 일체유심조(一切唯心造)란 이 세상 삼라만상을 오직 마음이 만들어낸다는 뜻이며, 이 때의 일체란 모든 물체와 정신 뿐 아니라 우리의 감정을 포함한 느낌까지도 말하고 있다.

법구경에 대하여

1. 오늘의 나는 어제의 생각에서 비롯되었고 지금의 생각은 내일의 나를 만들어내네. 마음은 우리의 삶을 창조하고 깨끗하지 못한 마음으로 말하고 행동한다면, 마치 마차가 말의 뒤를 따르듯 어김없이 고통이 따르게 되네.

2. 인간의 윤회는 마음속에서 일어나고 나는 내 마음이 만들어내는 것이니 항상 깨끗한 마음을 가져라. 이것은 영원의 신비라네.

3. 그 사람이 나를 모함했다, 그 사람이 나를 해쳤다, 그 사람이 나를 배반했다, 그 사람이 내 것을 훔쳐갔다, 이런 생각 멈추지 않는 사람 증오심으로부터 헤어날 수 없다네.

4. 몸의 안락 추구하지 않는 사람, 자기 조화 이루는 사람, 알맞게 먹고 절식하는 사람, 덕을 쌓고 믿음의 힘 기르는 사람, 이러한 사람 바위가 바람에 흔들리지 않듯 유혹에 빠지지 않네.

5. 잘못 이은 지붕에 비 새듯이 번뇌 허술한 마음 틈타 스며든다네.

6. 어떤 사람 이 세상에서 행복 누리고, 어떤 사람 저 세상에서 행복 누리지만, 착한 일 행한 사람 이 세상 저 세상 모두에서 행복 누리고 자기 선행 보고 큰 즐거움 맛본다네.

7. 부처님 가르침 말로만 외우고 행으로 옮기지 않는 생각 없는 사람 성스러운 생활의 즐거움 맛볼 수 없네. 이런 사람 주인 소만 세고 있는 목동 같네.

8. 깨끗한 마음 가진 사람이 진실 알고, 지혜로서 자기 돌아보는 사람 부처님 길에 들어서서 기쁨 맛보네.

9. 깊은 믿음 가진 사람, 인생의 높은 목적 잊지 않는 사람, 행위가 순수한 사람, 자기를 조심스레 돌아보는 사람, 지혜 완성에 온 마음 기울이는 사람, 항상 깨어 있는 마음 지닌 사람, 이러한 사람들 큰 영광 얻게 되리.

10. 현명한 사람 깊은 믿음 갖고 항상 이웃을 보살피고 매사에 있는 힘 다하고 자기 조화 이룸으로써 어떤 홍수에도 휩쓸리지 않는 마음의 성 이룩한다네.

11. 방심하는 사람 가운데 주의 깊은 사람, 잠자는 사람 가운데 깨어 있는 사람, 마치 발 빠른 말 타고 느린 말 가운데 달려가는 것 같네.

12. 파도처럼 흔들리고 쉬지 않고 움직이는 마음, 이 마음 잡아두기란 힘든 일이니 화살 만드는 장인 곧은 화살 만들듯이 지혜 있는 사람으로 이 마음 바로 잡게 하라.

13. 보이지도 않으며 다루기도 힘든 것이 마음이니 마음은 쉬지 않고 허황한 것 좇아 헤맨다. 지혜 있는 사람 이러한 마음 잘 보호하면 커다란 기쁨 원천 되리.

14. 흔들리는 마음으로는 진리의 길 찾지 못하고 믿음과 평안 쉬지 않고 흔들리네. 이러한 사람 진리 완성 이루지 못하네.

15. 고요하게 마음 자제하는 사람 모든 탐욕에서 벗어나고 선과 악을 넘어 항상 깨어 있어 두려움 모른다네.

16. 얼마나 슬픈 일인가, 머지않아 생명 잃을 이 몸 쓸모없는 나무토막처럼 땅 위에 버려질 것이니.

17. 우리 육체 파도의 거품 같고 신기루 그림자 같다는 것 아는 사람 죽음의 왕도 보지 못한 육욕과 먼지 속에 숨어 있는 날카로운 화살 꺾고 해탈 길로 나아가네.

18. 벌이 꽃에서 꿀 따가나 꽃향기 아름다움 해치지 않듯이 현명한 사람 이 세상 남아 탁발하게 하라.

19. 말을 행동으로 옮기는 사람 언사는 아름답고 고운 색깔 지닌 꽃이 향기 함께 품은 것 같네.

20. 꽃더미로 화한 꽃바구니 만들듯이 세상 살아 있는 동안 많은 선행할 수 있네.

21. 꽃향기 바람 밀고 퍼져가지 못하고 백단향, 장미향, 자스민향까지도 바람 거슬러 날아가지 못하나 덕향(德香)은 바람 거슬러 세상 끝까지 퍼져가네.

22. 험난한 인생길에서 자기보다 한결 나은 사람 혹은 적어도 자기만큼 착한 사람 만나지 못할 때는 차라리 홀로 인생길 걸어가는 것이 현명한 일이네. 우매한 사람 인생길 조금도 도움 되지 못하리.

23. 선한 행위 후회가 필요 없고 바른 행위 진정 기쁜 마음으로 감미로운 열매 거둘 수 있네.

24. 이 세상 두 갈래길 하나는 속세에서 부귀 찾는 길이고 다른 길은 열반에 이르는 길이네. 부처님 따르는 사람 이 두 갈래길 생각하고 명예욕 탐내지 말고 해탈의 자유 갖도록 하라.

25. 보물 묻힌 장소 알려주듯 너의 잘못 알려주는 사람 우러러 보라. 현명한 사람 네 위험 일러주니 이러한 사람 따르면 사악 아닌 선만 볼 수 있다네.

26. 착한 사람 집착 모두 진리로 조복하고 현명한 사람 욕구 때문에 쓸데없는 말하지 않네. 지혜 있는 사람 즐거움이나 고통 찾아오면 이 모두를 초월한다네.

27. 아들을 위해 재산을 늘리기 위해 집착에 빠지지 않는 사람, 자기 성공을 앞세우지 않는 정직한 사람, 이러한 사람 덕 있고 정직하고 지혜 있는 사람이네.

28. 건강보다 귀중한 자산 없고 만족보다 더 큰 보물 없고 신용보다 더 좋은 친구 없고 열반보다 더 기쁨 없다네.

29. 침묵의 의로움 아는 사람은 평온의 기쁨 맛보게 되네. 두려움과 죄악에서 벗어나 부처님 가르침의 기쁨 알게 되네.

30. 마음에 흔들림 없는 사람, 내재하는 빛으로 깨달음을 얻은 사람, 학식이 있는 사람, 오랜 고통을 겪은 사람, 헌신적인 사람, 고결한 사람, 이렇게 선하고 위대한 사람 만나면 달이 별길 가듯 따라가리네.

31. 덕망 있고 통찰력 있는 사람, 부처님 말씀 완성의 길 다르마를 따르는 사람, 언행이 진실한 사람, 의무를 수행하는 사람, 이러한 사람 세상이 사랑한다네.

32. 결심으로 차있는 마음 가진 사람, 영원한 열반 구하는 사람, 육욕 탐하지 않는 사람, 이러한 사람을 우담소(거슬러 올라가는 사람)라 부르네. 번뇌와 세속 물결 거슬러서 영원한 기쁨 맛보게 되네.

33. 진실을 말하고 노여움에 굴복하지 말고 원하는 사람에게 줄 수 있는 만큼 주어라. 이 세 가지 행동은 천상으로 통하는 길이라네.

34. 항상 자기 행위 돌아보는 사람, 밤낮으로 공부하는 사람, 열반을 위해 쉬지 않고 노력하는 사람, 이러한 사람에게 모든 번뇌 떠난다네.

35. 너만을 위한 성을 만들어라, 서둘러 노력하라, 지혜롭게 행동하라. 불순한 것들은 모두 불어 날려버리고 최악의 번뇌에서 벗어나면 광명이 비치는 부처님 나라에 가리라.

36. 그래서 너만을 위한 성을 만들어라, 서둘러 노력하라, 지혜롭게 행동하라, 불순한 것은 모두 불어 날려보내고 죄악의 번뇌에서 벗어나라. 그러면 늙음과 죽음이 있는 이 생에는 다시 태어나지 않으리.

37. 죄 중에서 가장 큰 죄는 무명이니, 중생들이여 무명에서 벗어나라.

38. 하늘에 길이 없으니 승려는 자기 안에 있는 길을 찾아야 하리. 세상의 쾌락은 수행의 장애가 될 뿐 "그렇게 오고 가신" 여래는 시간의 강을 건너 세상의 모든 것을 초월했다네.

39. 하늘에 길이 없으니 승려는 자기 안에 있는 길을 찾아야 하리. 모든 것은 지나가 버리는 것 그러나 부처님은 영원 속에 계시네.

40. 머리카락 희다 해서 존경할 사람 없네, 해가 지나서 나이만 들었다 하면 이런 사람 진정으로 잘못 늙은 것이네.

41. 삭발만 했다 해서 사미가 될 수 없네, 진실을 말하지 않고 계를 지키지 못하고 욕망과 탐욕이 남아있는 사람 어찌 사미승이라 부를 수 있을까.

42. 단순한 도덕이나 의식만으로 학식이나 집중심만으로 혹은 고독한 잠자리를 지킨다 해서 세속 사람이 가질 수 없는 자유의 기쁨 맛볼 수 없네. 탁발승이여 자기만족에 빠지지 말라, 아직 승리를 얻은 자는 아니리라.

43. 길 가운데서 가장 수승한 길은 팔정도이고, 진리 가운데 가장 수승한 진리는 사정제이고, 마음 자세 중 가장 수승한 자세는 번뇌에서 벗어나는 것이고, 사람 가운데 가장 수승한 사람은 이러한 진리를 보는 사람이라네.

44. 노력하여야 할 사람 바로 너이니 지난날 부처님은 단지 길을 보여 주었을 뿐, 이 길을 생각하고 따르는 사람 악의 신 마라의 굴레로부터 벗어난다네.

45. 모든 것은 잠깐 지나가는 것, 이러한 진리 아는 사람은 모든 슬픔에서 벗어난다네. 이것이 밝은 길이네.

46. 말과 마음을 잘 간수하고 남을 해치지 않는 사람 이러한 사람은 청정하니 현자의 길에 나간다네.

47. 자신의 행복을 위해 남을 불행하게 만드는 사람 증오의 사슬에 얽매이게 되고 불행한 사람으로부터 멀어질 수 없다네.

48. 믿음과 덕이 있는 사람 진정으로 영광과 보물 지닌 것이라네. 이러한 사람 가는 곳 마다 명예로운 대접 받는다네.

49. 날카로운 갈대잎 잘못 잡으면 손에 상처 내듯 승려생활 계에서 벗어나면 지옥으로 이끄네.

50. 뿌리까지 뽑지 않은 나무 다시 살아나듯 욕망의 뿌리 완전히 뽑지 못하면 슬픔 반복해 돌아온다네.

51. 말을 조심하고 화평하고 현명하고 겸손하고 성스러운 경전에 말과 글에 빛을 비쳐주는 사람, 이러한 스님의 말 감미롭네.

52. 탁발하는 스님 비록 젊을지라도 믿음으로 부처님길 걸으면 구름 없는 밤 달빛처럼 밝은 빛으로 세상을 밝히네.

53. 해는 낮에 빛나고 달은 밤에 빛나고 전사는 갑옷 속에서 빛나고 브라만 승려는 선정 안에서 빛나지만, 부처님은 낮에도 밤에도 빛나고 영광의 밝은 빛은 모든 사람을 깨우네.

54. 머리를 짧게 깎았다고 해서 브라만의 가정에서 태어났다고 해서 브라만이 되는 것이 아니고, 진리 안에서 사는 사람과 성스러운 사람과 기쁨 안에서 생활하는 사람, 이러한 사람이 브라만이라네.

55. 모든 굴레를 벗어나려고 두려운 마음 없고 속박을 벗어난 무한한 자유를 누리는 사람, 이러한 사람을 브라만이라 부르네.

56. 깊은 통찰력으로 모든 의심 여의고 아무것도 원하지 않으며 영원한 열반에 든 사람, 이러한 사람을 브라만이라 부르네.

법구경에 담긴 진리의 말씀

건강은 최상의 이익, 만족은 최상이 재산 신뢰는 최상의 인연이다. 그러나 마음의 평안보다 더 행복한 것 없다. 마음은 용감하게 생각은 신중히. 행동은 깨끗하고 조심스럽게 하고 스스로 자제하며 진실에 따라서 살며 부지런히 정진하는 사람은 영원히 깨어 있는 사람이다.

꽃은 바람을 거역해서 향기를 낼 수 없지만 선하고 어진 사람이 풍기는 향기는 바람을 거역하여 사방으로 번진다. 거짓말을 하지 않고 도리에 맞는 진실한 말만 하며 사람들을 성내게 하지 않는 사람은 성자이다.

무엇을 웃고 기뻐하랴, 세상은 쉴 새 없이 타고 있는데 너희들은 어둠 속에 덮여있구나. 어찌하여 등불을 찾지 않느냐. 이른바 지혜로운 사람이란 반드시 말하는 것만이 아니다. 두려움도 없고 미움도 없으며 착함을 지키는 것이 지혜로운 사람이다.

사랑에 겨워하지 않고 집착하는 바 없이 나를 버려 바르게 다스리면 그만큼 괴로움은 없어진다. 승리는 원한을 가져오고 패배는 스스로를 비하하게 한다. 이기고 지는 마음 모두 떠나 다투지 않으면 저절로 편해진다.

악한 일은 자기를 괴롭히나 행하기 쉬우며 착한 일은 자기를 편안하게 해 주지만 행하기 어렵다. 이 세상 모든 것은 헛된 것이니 구태여 가지려 허덕이지 말며 잃었다 하여 번민하지 말라.

잠 못 이루는 사람에게는 밤이 길고 피곤한 사람에게는 길이 멀다. 바른 법을 모르는 어리석은 자에게는 삶과 죽음의 길 또한 길고 멀다. 참으로 마음에서 우러나오는 보시는 이름이나 칭찬을 바라지 않는다.

이렇게 부처님의 한 말씀 한 말씀이 참 진리요, 그래서 우리 불자들은 석가모니 부처님 불교 교주로서 또한 일체 중생이 태양보다 더 밝은 등불로서 예배, 찬탄, 공양하며 그 삶의 발자취를 따라 살아가려고 노력하고 있다.

부처님 입멸 전에 아난다가 부처님께 아뢰었다.

"부처님께서 열반에 드시면 우리는 누구를 의지하여 살아야 합니까?"

그러자 부처님께서 다음과 같이 말씀하셨다.

"법을 등불로 삼고 너 자신을 등불로 삼고 살아가라."

이것이 유명한 자등명(自燈明), 법등명(法燈明)인 것이다.

스리랑카 갈 비하라 사원의 입불과 와불(열반상).
입불은 부처님의 입멸을 슬퍼하고 있는 아난다상이라는 설도 있다.

인생은 찰라… 오로지 참나 찾는 수행해야

바른 정신으로 지혜롭게 물질을 다룰 때 전도된 현대사회 병폐 극복할 수 있어

"정해년 한 해가 가고 무자년 새해가 다가옵니다. 국민들과 불자들에 게 덕담 한 마디 해주십시오."

"욕심을 비우고 온갖 시비(是非)에 집착(執着)하지 말며 참으로 자신에게 솔직해야 합니다. 마음을 솔직하게 쓰면 자연히 모두가 화목하고 바르게 사는 보편적인 길이 보입니다. 어느덧 한 해가 다가고 새해를 맞이하게 되었습니다. 세월은 이렇게 무상합니다. 인생 100년이라고 해야 눈 깜짝할 사이에 흘러갑니다. 자기의 '참나(眞我)'를 모르고 100년을 살아야 아무 값어치가 없습니다. 그래서 부처님의 가르침을 믿고 의지하는 불자라면 더더욱 자기 '참나'를 찾는 참선수행에 게으르지 말아야 합니다."

"한 해를 보내고 한 해를 맞는다고 하는데 원래 오고 감이 있는 것인가요?"

"본래 오고감이 따로 있지 아니한데 공연히 마음을 일으켜 집착하기 때문입니다. 모든 것이 꿈속 일이란 것을 알면 집착하고 아쉬워할 것이 아무것도 없습니다. 오로지 '참나'를 찾아야 할 뿐이지요.

· 진제스님(원로의원) – [불교신문 2390호/ 2008. 1. 1. 중에서]

한마음(一心)

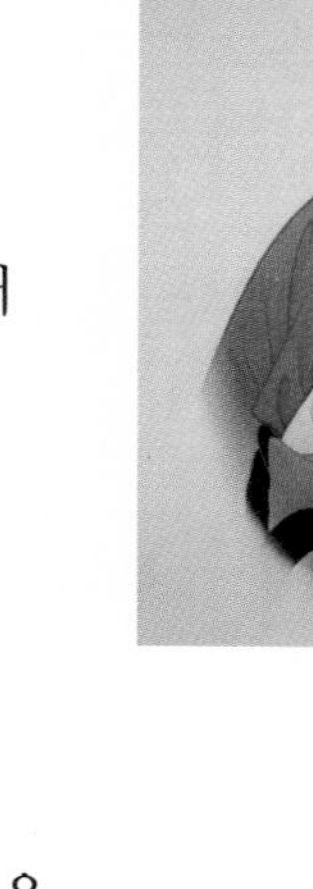

우리는 모든 사물의 맑음과 더러움을
가리지만
그 본성이 둘이 아니며
또 참된 (眞)과 거짓됨(妄)의 두 門을
세우지만
그것이 따로 별개의 것이 아니며 그러
므로 하나라고 하네.

둘이 아닌 이 자리에서
모든 사물은 알찬 것이 되며
그것은 조금도 헛되지 않아
그 스스로 모든 것을 아는
까닭에 이를 불러 '마음'이라 하는 것을
그러나 이미 둘이 없는데 어떻게 하나가 있으랴

'하나'란 가짐이 없단 말이니
어찌 마음을 누구의 것이라고 하랴.
이러한 마음의 道理는
말과 생각이 끊어진 것이므로
무엇이라 指目(지목)할 바를 몰라
구태여 '一心'이라고 부르네.

· 원효큰스님

깨끗한 마음

봄에는 꽃이 피자
여름에는 시원한 바람
가을에는 달이 빛나고
겨울에는 은빛 산하

마음에 번뇌만 없으면
사시사철 언제나 좋은 계절이다.
공기도 물도 다 오염되어 있지만
그러나 마음만은 더럽히고 싶지 않다.

세상에는
난초와 국화를 가꾸는 일에
기쁨을 느끼는 사람은 많지만
자신의 몸이나 마음을 가꾸는 일에 기쁨을 갖는
사람은 드물다.

나누면 적어진다.
이것이 물건이다.
나누어도 적어지지 않는다.
이것이 마음이다.
물건은 싸움의 원인이 되고
마음은 평화의 씨앗이 된다.

·청담큰스님

다음은 큰스님께서 대학원 졸업식 때 나누어 주신 “행복경”에 담겨 있는 시구입니다.

공덕경

사랑스러운 마음 가까이 하고
계속 지녀 수레를 만들고
바탕삼아 몸에 익히고
쌓아 나아가며 잘 성취시켜 해탈한 자는
열한 가지 공덕 성취하나니

행복하게 잠자고
행복하게 깨어나서
악몽을 꾸지 않고
사람들 뿐만 아니라
귀신들에게까지도 사랑받고
천신의 보호 받으며
불이나 독약 무기가 해치지 못하고
마음을 빨리 집중하여
얼굴 표정도 평온하고
한없는 삶을 누리나니

설사 최상의 열반 얻지 못한다 하더라도
청정하고 성스러운 세계에 태어날 것이다.

사랑스런 복밭에

마치 하늘 높이 솟아있는 달빛이
초하루, 보름, 그믐에 관계없이 빛나듯
믿음과 소망 사랑이 있는 사람은
언제나 세상을 보름달과 같이 비춰주리.

마치 큰용이 구름과 우뢰를 일으켜
메마른 땅에 단비를 내리듯이
보시와 인욕, 정진 있는 사람은
세상을 더욱 풍요롭게 하여 주리.

슬기 속에 끝없이 나타난 복밭이여
기름진 땅에 꽃과 열매 같도다.
풍족한 재물 사랑스러운 권력이 어디에서 나오는가?
넉넉한 사람 가슴속에서 솟는다네.

성불(成佛)

중생이 부처되고
번뇌가 보리를 이룬다.
탐, 진, 치가 계, 정, 혜이고
죽고 사는 것 때문에 열반이 생겼다.

그러므로 이 몸과 마음은
그대 팔만대장경
아뇩다라삼약삼보리
털끝만큼도 손해됨이 없이 하여야 할 것이다.

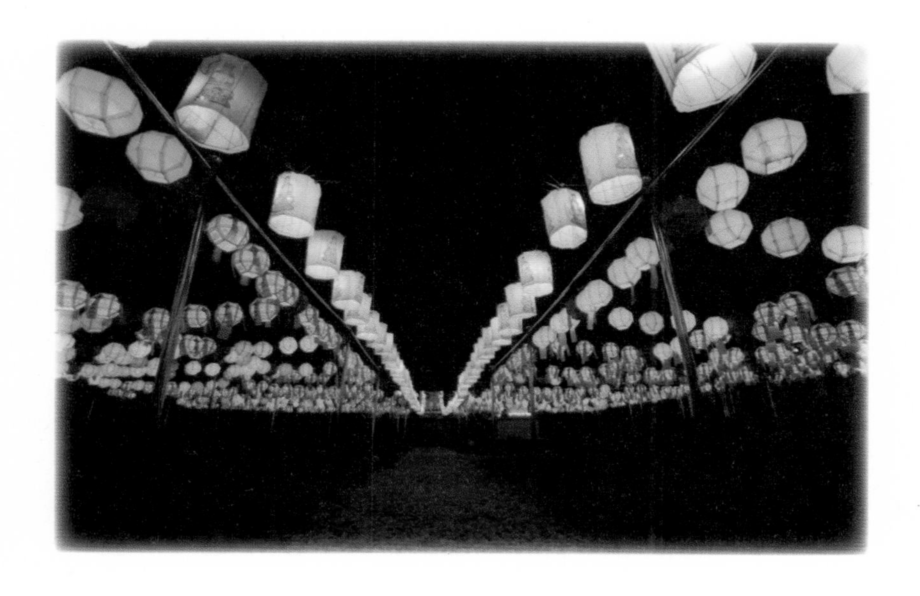

회향(回向)

하늘과 땅 허공 가운데 존재하는
모든 위대한 신들께서는
부처님의 공덕을 함께 기뻐하니
영원토록 그 가르침이 이 세상에 머물게 하소서.

이미 세상을 화현한
나의 부모 형제 친지들과
유주, 무주 고혼들께서도
이 공덕을 함께 나누기 바랍니다.

이 공덕으로 어리석은 사람과 사귀지 말고
좋은 친구 만나 죽을 때까지 이 마음
변하지 않기 바라나이다.

때때로 비가 내리어
수확이 풍부해지고
세상이 번영하며
지도자들은 정의로워지기 바랍니다.

괴로운 사람들 고통이 없어지고
두려운 사람들 안심하게 하며
슬픈 사람들 슬픔 없어져
모든 사람이 평화롭게 되기를 바라나이다.

운명개조

적선지가에 경사 있고
적악지가에 흉사 있다.
모든 일은 착하게
이치에 따라 바르게 하라.

그 모습 어질고 착하고 충성스럽게 하면
경박한 마음 없어지고
그 마음 평온하고 상서롭게 쓰면
탐원(貪怨) 성색(聲色)이 없어진다.

사람은 속여도 천지 귀신은 속이지 못하고
천지 귀신은 속여도 자신은 속이지 못한다.
그러므로 마음씨 좋고 행동이 바른 사람은
죽을 때까지 부귀하고
운명은 좋으나 마음씨가 좋지 않은 사람은
복이 변해서 화가 된다.

마음씨는 좋으나 운명이 좋지 않은 사람은
화를 변해 복을 이루나니
마음과 운명이 다 같이 좋지 않은 사람은
만나는 일마다 재앙이라 가난해진다.

요사한 마음 고쳐 바르고 참되게 쓰는 사람은
어진 도를 중히 여겨 운명을 개척하는 사람이다.

운명을 믿으나 마음을 닦지 않는 사람은
세월을 허망하게 공포 속에 보내고
마음을 닦아 행을 바르게 하는 사람은
어진 사람들이 보호함으로 행복을 얻게 된다.

불국정토

산도 신령스럽고
땅도 신령스럽고
사람도 마음도 신령스러우면
능히 그 마음 곧
큰부처를 이루리라.

물도 깨끗하고
공기도 깨끗하고
땅도 깨끗하면
이 세상 그대로가
불국정토 이룩한다.

참된 깨달음

참된 깨달음은 한두 사람의 평화만으로 이루어질 수 없다. 세계가 평화롭고 인류가 행복해야 하기 때문이다. 그래서 4성제 8정도를 통해 12인연의 사슬을 끊고 열반을 증득한 자를 아라한이라 하고 그 아라한을 소승이라고 한다. 중생과 세계에 관계 없이 홀로 만족한 삶을 하기 때문이다. 그래서 부처님은 불도를 닦는 사람들에게 보리심을 발하라고 강조했다.

보리심은 하루아침에 이루어지는 것이 아니다. 동체 대비의 참 사랑이 싹틀 때 이루어지는 것이다. 우리 인류는 태초 이래 수 없는 생을 살아 왔다. 하루살이로부터 천년만년을 사는 동식물에 이르기까지 태어날 때마다 우리는 부모님을 의지했고 부모님 가운데서도 어머님의 태에 들어 생을 열었다.

한 번 태어나고 두 번 태어나고 백 번 천 번 만 번…, 생을 거듭할 때마다 어머니가 있으니 이 세상 모든 부모가 나의 부모 아닌 자가 있겠는가. 그래서 부처님께서 마른 뼈에 예배 드리며 "전생의 내 부모님 뼈다." 하신 것이다. 그렇다면 우리가 부모님 은혜를 생각하지 아니할 수 없다. 그런데 그 모든 부모님들이 육도 윤회 속에서 고생하고 있으며 애타게 해탈을 찾고 있는데 어찌 우리가 두 눈 멀쩡히 뜨고 쳐다보고만 있어서야 되겠는가.

은혜를 보답하기 위해서도 확고한 신념을 가지고 그들을 구하지 아니하면 안 된다, 자타가 둘이 아니기 때문이다. 평등한 마음으로 이기심을 버리고 구제에 나서야 할 것이다, 이것이 보리심이다. 만일 생각이 이쯤 되면 견해가 바뀌게 될 것이다.

악이 선이 되고 우치가 지혜가 되며 화내던 마음이 대자 대비한 마음으로 바뀔 것이다. 마치 어머니가 무지한 자식을 보고 한없이 불쌍히 여기듯이 살아서는 기필코 도를 깨쳐 선행의 종자를 이끌어내고 선것은 익게 하고 익은 것은 깨닫게 하는 마음을 낼 것이다. 그리고 자타가 함께 성불하기를 발원하게 될 것이다.

설사 죽음에 이르렀을 때도 똑같이 생각한다. 중음 신으로 있으면서도 도심을 버리지 않고 선행 종자를 심고 불사 업 파괴 익숙한 것을 버리고 선 것을 익게 하며 똑같이 깨달음을 얻도록 발원한다.

부처님 8만 대장경이 종횡으로 다 다른 말이 나오더라도 모두 그것은 마음을 깨닫게 하기 위한 방법이고 선행을 실천하는 방법이며 모든 것들에게 행복과 평화를 주는 도구라는 것을 인식해야 한다. 한 가지도 집착할 것은 없지만 한 가지라도 버릴 것도 없다. 모두가 고기 잡는 그물코이고 통발이다. 산란 속에서 흔들림 없이 공부해야 하고 부귀영화 고통 속에서도 도를 닦아야 한다.

항상 즐거운 마음으로 다행한 마음으로 슬프지 않게 인욕 정진하며 이타심으로 보현행을 실천해야 한다. 그런데 도를 닦는다고 하는 사람이 마음속에 다짐해 놓고 약속을 지키지 않는다든지 핑계 삼아 시간을 빼먹고 거친 마음으로 다른 사람의 경전이나 보고 독한 마음으로 보상이나 바라고 앙심 품고 심술을 부린다든지 남의 약점을 보고 자기 짐을 남에게 지우게 한다든지 경쟁심으로 배신한다든지 자신의 승리를 위해 남에게 슬픔을 준다든지 해서야 되겠는가.

먹고 말하고 자고 걸을 때 언제 어디서나 모든 것은 도심 하나로 모으고 시종일관 장애를 파하되 상황판단을 잘해 목숨을 지키고 스승의 보호를 받아 번뇌를 끊고 치우침 없이 깊은 방편으로 특히 가까운 관계에 있는 사람들이나 좋은 환경에 연연하지 말고 바로 지금 온 힘을 다해 앞뒤가 바뀌지 않도록 해야 한다.

허풍 떨지 말고 산란하게 하지 말고 자신의 능력을 과소하게 평가하지도 말고 앙갚음해서도 안 되고 변덕 부려도 안 되며 자유스럽게 관찰하여 항상 감사한 마음을 버리지 말아야 한다. 그렇게 되면 깨달음이 점점 크고 넓어져 가게 될 것이다.

· 활안대법사

부처님의 설법을 듣고 5비구가 귀의한 인도 사르나트의 녹야원

도를 닦는 사람

도를 공부하는 사람은 먼저 법문을 듣고 깨달음을 얻은 뒤 옳고 그름을 판단하여 바른 스승을 만나 바른 제자 노릇 해야 한다.

스승은 어느 누구에게 국한되어 있는 것이 아니고 자기 자신이 진정한 제자가 되었을 때 이 세상 모든 것이 스승으로 보이게 된다. 그렇게 되면 비로소 공부의 자세가 이루어져 해탈의 길에 나가게 된다.

그러나 때로는 해탈도 병이 될 수 있으니 참된 깨달음을 통해서 바라밀다의 행을 하면 부처님께 가까이 간 사람이 될 것이다. 그렇게 하면 나도 깨닫고 남도 깨닫고 나도 이롭고 남도 이롭게 되어 이 세상 전체가 깨달음으로 꽉 차 구하지 않아도 안락과 평화 풍요가 절로 이루어지리라.

· 활안대법사

내 마음은 수정알

해는 낮을 비추고
달은 밤을 비추고
등불은 속을 비추나
세상은 온통 암흑 속에 갇혀 있다.

누가 이 세상을 밝힐 것인가?
해는 낮을 비춰도 밤을 모르고
달은 밤을 비춰도 낮을 모른다.
안팎이 없는 것은 오직 내 마음
장차 이 세상은
내 마음에 의해 밝아지리라.

내 마음은 수정알
안도 없고 밖도 없고
과거, 현재, 미래 3세도 없고
동, 서, 남, 북 시방세계도 없다.

장차 이 세상은
내 마음에 의해 밝혀지리니
마음이여
나는 네 모습을 보고
안팎 표리(表裏)가 없는 세상을 살아가리.

· 활안대법사

우러러 바라보며

활안큰스님께서 제자들을 많이 길러내시고 그들이 깨닫도록 많은 방편을 쓰면서도 스스로 동분서주 하시면서 불국정토를 이루시고 온 인류를 구제한다는 원으로 생활하시는 모습을 볼 때 하나도 힘이 되어 드리지 못한 것을 죄송스럽게 생각합니다.

부처님을 사랑하고 보살핌을 받으며 살아가며 비가 오나 바람이 부나 도선사 석불전에 기도 드리러 한결같이 계속 다니던 중, 2005年 11月 11日 우연히 중앙일보 신문을 보다가 불교계 최고의 성물인 불지사리가 한국으로 이운된 것을 알게 되었습니다.

불지사리는 중국 당국이 1987年 과거 당나라 황실사찰이던 서안 법문사의 진신보탑을 철거하고 지하궁을 발굴하던 중 나온 국보급 유물로 기원전 4세기 부처님께서 열반에 드신 뒤 7일 간의 다비식을 거쳐 나온 길이 4cm의 손가락뼈입니다.

이날 오전 5시 특별기편으로 인천공항에 도착한 불지사리는 공항 참배식을 한 뒤에 서울올림픽공원 펜싱경기장으로 옮겨졌으며 다음달 3일까지 일반 공개된다는 신문 내용을 읽고 당장 보고 싶은 마음은 간절하였으나 여의치 못한 사정으로 친견을 못하게 되어 서운한 마음만 가득하였습니다.

부처님 진신사리 道詵寺에 나투시다

불지사리를 친견하지 못하여 안타까웠던 차에 도선사로 모시게 되었다는 기사가 도선사 법보신문에 실렸다. 나는 너무나 감개가 무량하였다.

정확하게 2005年 12月 4日 첫눈이 내려서 온 산하가 백색은빛으로 수놓은 새벽4시에 펜싱경기장에서 모시고 들어오는데 그 장엄함은 이루 말로 표현할 수 없었고 우리 불자들은 환희심에 차 계속 석가모니불 정근을 하면서 맞이하였다.

"살아 생전에 부처님의 진신사리를 친견할 수 있다니."

석가모니 부처님을 직접 보는 마음과 조금도 다름 없었으며 환희의 눈물이 흘러내렸다. 12月 4日부터 ~ 8日까지 5日간의 철야 정진기도를 열었지만 두 번 밖에는 참석할 수 없었고, 다시 생각해봐도 실로 가슴 벅찬 일이 아닐 수 없었지만, 한편으로는 몹시 아쉬웠다. 하지만 도선사 주지스님이신 선묵혜자 큰스님께서 기쁜소식을 알려주셨다.

"부처님 진신사리가 전국 사찰 중에서 도선사에 오시게 되었고, 여러 조건을 다 조사한 끝에 모시게 되었다."

하시면서 기뻐하셨으며, 그것을 계기로 중국 법문사와 자매결연을 하여 108명이 서로 방문을 하게 되었고, 시간이 허락되지 않았던 나는 아쉽게도 참석할 수 없었다.

이슬 같은 정성 모아 바다 같은 봉양

"액수가 크다고 정성까지 크다는 건 아니에요. 마음이 담긴 작은 정성들이야 말로 진짜 정성이라 할 수 있지요. 만약 큰 돈이 하늘에서 그렇게 떨어진다면 작은 정성이 모여 큰 힘이 된다는 것을 어떻게 알 수 있겠습니까!"

한 일본인이 70년 전 가난한 이들을 위한 종합병원을 짓는데 써달라며 미화 2천만 달러를 내놓자 증엄스님는 이렇게 말하며 거절했다.
세계 각국에 4백만 명 회원을 둔 대만 최대의 자선단체 자제공덕회(慈濟功德會) 대표인 그녀는 지금도 틈만 나면 헌금용 스웨터를 짠다. 작은 정성에 대한 신념 때문이다.

증엄스님이 66年 설립한 자제공덕회는 에티오피아, 르완다 등 아프리카에서부터 체첸, 캄보디아, 네팔, 페루 등에 구호의 손길을 내밀고 있다. 주로 진료시설, 대학, 연구소 설립과 교육, 문화프로그램 개발을 돕고 있는데, 기금으로 충당되는 운영비만도 수십 억 달러다. 그러나 틈틈이 양초 등 생활필수품을 직접 만드는 그녀의 삶은 40여 년 전 불교 입문 때와 다름이 없다.

대만 중서부 타이증한에서 태어난 증엄스님이 불교를 처음 접한 것은 15세 때 어려서 고아가 된 그녀를 친딸처럼 키워주던 숙모가 심한 위병에 걸렸다. 그녀는 대자대비의 상징인 관세음보살을 향해 숙모를 낫게 해주시면 내 삶의 일부를 바치겠다고 간절히 기도했다.
병은 기적적으로 나았고, 그녀는 그 약속을 지켰다. 23세 처녀는 대만 동부의 화련시 외곽 작은 절에서 정식으로 비구니 스님이 되었다.

증엄은 가난한 신도들로부터 기부금을 받는 것조차 가슴 아파했다. 특히 화련시에서 병원비가 없어 핏덩이를 흘리며 쫓겨난 임산부를 본 뒤로 그녀는 돈 때문에 고통 받는 중생을 위해서 뭔가 해야겠다고 결심하게 되고, 동시에 불도들이 자신의 복만 기원하며 신도들의 헌금을 절을 짓는데만 사용하더라는 비난을 접하고 사회 봉사활동의 필요성을 느꼈다.

관세음보살은 도움이 필요한 사람들을 보기 위한 1천 개의 눈, 그리고 사랑과 자비를 베풀 1천 개의 손을 가지셨으니, 내가 그 눈과 손이 되어 불도들도 소극적이지 않다는 것을 보여주겠다고 다짐한 증엄스님은 또 직접 깎아 만든 대나무 저금통을 나누어 주며 매일 2센트 동전을 저금하여 한 달에 50센트 모으기 운동을 장려했다.

"한 달치를 한꺼번에 저축하면 안 되나요?"

신도들의 이런 질문들에 그러면 한 달에 한 번씩만 선행을 생각하는 셈이라고 타일렀다. 그렇게 모은 돈으로 몇 년 후, 방 한 칸의 무료 진료소를 열 수 있었고, 1986年에는 750개의 병상을 가진 대만 동부지역 최대의 종합병원 "자제불교병원"을 건립하였는데, 기존 병원과 달리 수술, 입원시 보증금을 받지 않았다. 증엄스님은 손수 입원 환자들을 돌보며 그들에게 항상 말해주었다.

"인생은 언제 어느 순간에도 다시 시작할 수 있고, 인간의 힘은 스스로 원하는 만큼 강해진다. 부처나 다른 사람이 아니라 스스로 자신에게 의지해야 한다."

그녀의 말은 무엇보다 훌륭한 치료제이다.

아시아의 테레사 수녀로 불리는 증엄스님은 1991년 막사이사이상을 받았고 1993년엔 노벨평화상 후보에 올랐다. 10여 년 전에 올려놓은 이 글을 옮겨 쓰면서 많은 생각을 하게 되었다.

"이슬 같은 정성 모아 바다 같은 봉양 이루어지이다."

어느 절 짓는 곳에 가서 그 어려운 사람들의 돈을 모아 부처님께 올리며 가슴 아파하던 지난 날을 되새길 수 있었고, 또한 진정한 불사의 의미를 다시 한 번 생각보게 되는 시간이 되었다.

"부처님께서는 분명히 네가 부처가 되고 네가 관세음보살이 되라고 하신 것이다."

증엄스님의 거룩한 삶에 다시 한 번 머리 숙여 감사드리며, 모든 부처님의 뜻은 다 같은 것이라 본다.

틱낫한 스님의 신간

우리의 삶을 바꿀 수 있는 진정한 힘은 내 안에 있다.

부와 명예로 되는 세상의 힘은 우리의 삶을 안정되고 평화롭게 만들기 보다는 일과 시간에 쫓기는 노예로 만든다.

만족할 줄 모르는 욕망에 쫓겨 삶을 허비하느라 아이의 미소, 푸른 하늘같은 눈 앞의 기적을 알아보지 못하는 것이다.

진정한 행복이 아닌 것들은 이젠 그만 벗어 버리자, 그리고 마음을 열고 내 안에 잠들어 있는 힘을 깨우자.

우리의 마음은 한량없는 에너지를 내포하고 있다, 그것을 얼마만큼 잘 활용하여 쓸 수 있는지의 여부는 오직 자신에게 달려 있는 것이라 본다.

부처님의 가르침 중에서

선다일미란 (禪茶一味)

컵에 차 한 잔이 있는데 그 차맛을 백천 가지로 예를 들어 설명한다 해도 그 차맛은 먹어본 사람만이 알 수 있다는 뜻이다. 그렇다 자신이 부딪혀 보고 깨져도 보고 아픔을 겪어야만 남의 아픔도 헤아릴 수 있는 것이라 생각한다.
원효스님께서 무애박을 두드리면서 일체중생 속에 뛰어들어 그들과 아픔을 같이 나누면서 제도하지 않으셨던가.

정말로 일체유심조의 도리로서 참교화를 하셨다는 생각에 항상 원효스님의 사상을 존경하고 또한 찬탄하며 다시 한 번 감사드린다.

본립도생 (本立道生)

뜻을 세우면 길은 저절로 열린다. 그러나 이것은 바른 뜻이어야 하고 또한 진정한 노력이 있어야 되는 것이라 믿는다.
제일 중요한 것은 자신에게 부끄럽지 않은 삶을 사는 것이라 믿는다.

108 번뇌란?

눈, 귀, 코, 혀, 몸, 뜻(안, 이, 비, 설, 신, 의)이 몸에 뿌리를 박아서 우리는 이것을 육근이라 하며 이것이 상대방을 바라보는 색, 성, 향, 미, 촉, 법을 6경이라 하며 이것이 또한 식을 형성하여 6식이라 하는데 이것을 18계라 하는 것인데 마음 안, 밖으로서 36심을 내는 것이다. 그러면 여기다 과거, 현재, 미래 삼세를 곱하면 108번뇌가 되는 것이다.

실상론이란?

이세상의 모든 존재는 부처님의 마음 그대로가 나타나 있다는 것을 관찰 연구하는 것이다.

삼세 실유론 : 구사론 참조
무상 개공론 : 삼론 참조
유공 중도론 : 반야경 참조
제법 실상론 : 법화경 참조

팔정도란?

혜(慧) 바로 보고 (正見)
바로 생각하고 (正思)

계(戒) 바로 말하고 (正語)
바로 행하고 (正業)
바로 생명을 유지하고 (正命)

정(定) 바로 노력하고 (正精進)
바로 생각을 이끌어가고 (正念)
바로 마음을 안정하면 (正定)

불교통신대학원에서 공부하면서 우리 불자들이 알아야 하고 좀 더 부처님의 정법을 누구나 읽어도 쉽게 바로 이해할 수 있도록 하기 위해서 부처님께서 설하신 내용이나, 큰스님들의 법어를 중심으로 하여 쓰게 되었다. 우리가 가장 쉬운 것도 바로 이해하지 못하는 면이 있으므로 구체적으로 불자라면 꼭 알아야 할 법문(부처님께서 설하신 내용)을 설명하기로 한다.

삼법인 (三法印)

이것은 모두 부처님께서 깨달으신 내용이며 확인한 진리다. 이것을 도장에 비유하여 진리의 도장이라 하여 법인(法印)이라 불렀다.

제행무상 (諸行無常印)

인연 화합으로 만들어진 모든 것은 쉬지 않고 변한다. 이때(行)는 현상을 뜻하고 무상(無常)이란 시간적으로 항상 (영원함)이 없다는 뜻이다.

제법무아 (諸法無我印)

아(我)란 체(體)를 뜻한다. 인연가합화(因緣假和合)로 만들어진 모든 사물, 즉 법(法)은 그 안에 변하지 않는 부분 즉 (체)을 지니고 있지 않다. 그래서 법이 멸하면 아무것도 남지 않고 이러한 상태를 공(空)이라 한다. 그런데 많은 중생들은 '나'라는 실체가 있다고 생각하고 이 '나'에 집착하여 끝내는 이로 인해 번뇌를 일으키고 고통을 당하게 되는 것이다.

열반적정 (涅槃寂靜印)

열반이란 범어로 '니르바나(Nirvana)'라 하며 바나의 불을 밀어서 끄다의 뜻으로 寂靜, 滅度 또는 圓寂이라 하며 타는 불이 꺼져 온 세계가 고요함으로 기쁨이 가득하게 된다는 뜻으로 마음에서 번뇌가 다 사라진 상태를 말한다.
여기서 참고적으로 인간이 일으키는 10사번뇌란 탐, 진, 치, 만, 의 이 다섯 가지를 전생으로부터 가지고 나온 번뇌라 하며, 신견, 변견, 사견, 견취견, 계금취견, 이 다섯 가지는 우리가 살면서 생긴 번뇌라고 한다. 배운 바로는 선천적 번뇌보다 후천적 번뇌가 오히려 끊기 쉽다고 하였다.

사성제 (四聖諦)

부처님께서 깨달으신 진리 가운데 가장 중요한 위치를 차지하고 있다. 즉 고(苦), 집(集), 멸(滅), 도(道)를 사성제라 하는데 설명한다면

고성제 (苦聖諦)

생, 노, 병, 사가 고통이며 또한 여기에다
애별리고 (愛別離苦 : 사랑하는 사람과 헤어지는 것)
원증회고 (怨憎會苦 : 미운사람과 만나는 고통)
오음성고 (五蔭盛苦 : 번뇌를 일으키는 고통)
구부득고 (求不得苦 : 원하는 것을 갖지 못하는 고통)

이런 8가지를 우리는 팔고라 한다. 고성제는 12연기설의 順觀 (미혹의 유래를 설명하는 것) 무명이란 결국 무상, 무아의 도리, 즉 중도를 여실히 알지 못하는데서 오는 것이다.

집성제 (集聖諦)

인생이 苦라고 결론 내려진 뒤에는 그 원인을 정확히 캐내야 하는데 십이연기설로 본다면 (順觀) 미혹의 유래를 설명한 것에 해당하고 삼법인설로 본다면 제행무상과 제법무아의 도리를 여실히 깨닫게 가르친 진리다.

멸성제 (滅聖諦)

그릇된 주관의 작용에서 생긴 무명, 애욕, 집착 등을 끊어버린다면 苦는 자동적으로 소멸되어 사라지고 苦가 사라지면 곧 열반이므로 이를 멸성제라 한다.

도성제 (道聖諦)

苦로 차 있는 중생계에서 열반적정의 세계로 가려면 그곳에 이를 수 있는 바른 길이 있어야 되는데 그 길이 바로 팔정도를 닦아서 열반에 이르는 길이 된다.(팔정도는 앞에서 설한 바 있어 여기에서는 생략함)

제주도의 불탑사

12인연법에 대하여

12연기설(緣起)을 정리하면 다음과 같다.

1. 무명(無明), 행(行) – 무명에 의해서 행을 하였기 때문에 식이 남는데, 이것이 전생의 2인이 된다.

2. 식(識), 명색 (名色：오온), 육입, 촉(觸), 수 – 식이 남아서 생을 받게 되는데, 이런 다섯 가지를 이생의 5과라 한다.

3. 애(愛, 욕심), 취(집착), 유(존재의 형성, 삶의 목적을 깨달음) – 내생의 3인이 된다.

4. 생(生), 노사(老死) – 출생하여 늙고 죽는 것인데 현세와 같은 순서로 생을 반복하게 되는데 미래의 2과가 된다.

그러면 여기서 무명, 행만 없어지면, 바로 열반에 이르러 생사의 윤회에서 벗어나게 된다. 그래서 부처님께서 집착을 끊으라고 말씀하심을 다시 한 번 생각하게 된다.

준제보살님을 찬탄하면서

천수경에는 '나무칠구지불모대준제보살'이라는 대목이 나온다. 준제보살님은 과거, 현재 미래의 칠십칠억 부처님의 어머니이시다. 그 당시 인도에서는 4성계급이 뚜렷하여 여자들이 하도 천대를 받아 여자 몸 받기를 모두 거부하였다. 하지만 준제보살님만은 생각이 달랐다. 왜냐하면 이 세상의 사람들이 다 여자 몸을 의지하여 태어나는데 나만은 여자 몸을 받아서 내가 낳는 자식만은 다 성불시키겠다는 대 원력을 가지고 여자 몸을 받는다. 그래서 남편 될 분을 만나서도

"우리 아기는 장차 부처님이 될 분입니다. 당신은 부처님의 아버지 될 분이니 함부로 행동을 하지 마십시오."

경계하시고, 또한 아기를 갖자 철저히 태교를 실천하셨다.
그래서 걸음걸이도 반듯하게 걷고 옆걸음질, 뒷걸음질, 까치걸음도 뛰지 않으셨으며 골목길도 안 다니고 큰 길로만 다니셨으며 또한 귀 떨어진 생선도 안 먹고 부처님을 낳으셨으니, 이렇게 철저한 태교를 하셔서 낳는 자식마다 성불을 시키시고는 과거, 현재, 미래 칠십칠억 부처님의 어머니가 되신 것이다.

중국 쌍림사 보살전의 준제보살(천수천안 관세음보살)

준제보살님의 공덕

준제공덕취적정심상송 (准提功德聚寂靜心常誦)
일체제대난무능침시인 (一切諸大難無能侵是人)
천상급인간수복여불등 (天上及人間受福如佛等)
우차여의주정획무등등 (遇此如意珠定獲無等等)

준제보살님의 크신 공덕 일념으로 지송하면
그 어떠한 어려움도 침노하지 못 한다네
하늘이나 인간이나 세존처럼 복 받으며
이 여의주 얻은 이는 최상의 깨달음을 얻는다네

준제진언

옴 자례 주례 준제 사바하 부림(唵 折隷 主隷 准提 娑婆訶 部林)

옴(唵): 처음부터 끝까지
자(折): 불생불멸(不生不滅)
례(隷): 무소득
주(主): 무생멸
례(隷): 무구(無咎)
준(准): 평등각
제(提): 무취사

이를 해석하면, 누구나 있는 평등각을 깨달아서 말없이 부처님 행을 하는 사람은 다시 태어날 종자까지 없는 경지에 이른다는 말이다. 그러므로 다음과 같이 준제주를 외우면서 발원한다.

아금지송대준제 (我今持誦大准提)
즉발보리광대원 (卽發菩提廣大願)
원아정혜속원명 (願我定慧速圓明)
원아공덕개성취 (願我功德皆成就)
원아승복변장엄 (願我勝福遍莊嚴)

원공중생 성불도 (願共衆生成佛道)

저희들이 대준제주를 지성으로 외우옵고
크고 넓은 보리심의 서원을 세우노니
선정 지혜 함께 닦아 어서 빨리 밝아지이다.
거룩한 모든 공덕을 함께 이루옵고
높은 복과 큰 장엄을 두루 두루 갖추어서
한량 없는 중생들과 모두 함께 불도를 이루겠습니다.

경에는 준제보살께서는 7관세음 보살님에 해당하며 다라니(진언)을 독송하는 중생들을 수호하는 관세음보살로 깨달음의 세계로 인도하는 보살로 알려져 있다. 어떤 재난이라도 준제관음의 가피가 있으면 침해하지 못하게 되며 자식의 모든 일이 잘 되도록 이끌어주는 어머니로 상징되는 관음보살이다. 그러면 이 글을 쓰고 있는 자신은 준제보살님(도선사 석불님)의 가피를 입었음에 틀림없다. 그래서 그 공덕에 보답하는 삶을 산다고 한 것이며 관세음보살님께서는 일체중생의 어머니이시고 대성자이시다.

누구를 더 사랑하는 일은 절대로 없는 평등성지로서 중생을 제도하시는 것인데 중생의 그릇(마음)이 다르기 때문에 많이 받고 적게 받는 차이가 있을 뿐이다. 우리 모든 불자들이 대준제보살의 공덕을 입어 자식들을 훌륭히 키워내고 또 깨달은 삶을 살게 된다면 이 세계는 바로 불국정토가 될 테니 그 얼마나 좋을까 하는 생각을 해 본다. 여기서 남산에 있는 대원정사에 다니면서 법문을 들을 때 어느 법사님께서 하신 말씀을 적어본다.

불법이란

첫째, 깨닫는 종교요,
둘째, 닦는 종교요,
셋째, 고뇌하는 종교이다(아파보아야만 아픈 사람을 이해한다).
넷째. 내가 서 있는 자리가 최상의 자리라 생각하고 올바르게 일어서라.*
부처님 만난 것이 눈물 날 정도로 감사하고, 부처님과 내가 둘이 아니라는 것을 알아야 한다. 가본 길만큼은 자기 스스로 안다.

"진리를 향해서 걸림 없이 나아가십시오."

부처님께 응답 받는 기도를 하려면

첫째, 현실에 대한 인식을 정확히 이해해야 한다.
둘째, 부처님 말씀을 듣고 변화해야 한다.**
셋째, 자타가 부처임을 확신한다.***
넷째, 괴로움을 버리고 즐거움을 추구한다.
다섯째, 어리석음을 돌려서 깨달음으로 나아가는 기도를 한다.
여섯째, 간절한 마음으로 기도를 한다.

일원상에 대하여

둥근 원을 불교에서는 일원상(一圓相)이라고 하는데 우주 만유의 본원 또는 원융무애한 법을 상징한다. 처음도 끝도 없는 마음, 8만4천 털구멍이 모두 같이 하나의 ○으로 이루어져 있지 않는가. 그래서 선가에서는 일원상을 1천7백 공안의 하나로 삼고 있다.

---

* 세월은 기다리지 않고 열매가 익어가지고 큰 소득을 얻고, 불법을 만난 자가 선택된 자이니 가꾸지 않으면 아무런 소득이 없다.

** 불법을 배우겠다는 마음을 가져야 한다. "믿음은 공덕의 어머니이다."

*** 부처님의 일생을 알면서 은혜를 알고 믿음을 가진다. 우리의 참 생명의 은혜를 알아야 한다.

선사님들의 선문답

유마가 침묵한 뜻은?

어느 날 유마거사가 문수보살에게 물었다.

"진리로 들어가는 문은 하나밖에 없습니다. 어떻게 해야 그 하나의 문으로 들어갈 수 있겠습니까?"

"진리란 말로 설명할 수도 없고 남에게 보일 수도 없고 자기가 볼 수도 없습니다. 모든 언어와 시시비비를 떠난 것이 곧 진리의 문으로 들어가는 길입니다. 내 생각은 그렇습니다만, 유마께서 한 말씀 해보십시오."

그러자 유마는 한동안 침묵을 지키고 있었다. 유마의 침묵을 지켜보던 문수가 그 자리에서 탄복하며 소리쳤다.

"저 유마의 침묵 속에는 천둥소리가 들어 있다!"

당시 유마거사는 부처님의 제자였다. 속가에 있으면서도 보살행을 닦은 거사로서 그 수행 또한 대단하여 수행승들도 그의 도력(道力)에 미칠 수 없었다고 한다. 진리를 깨달은 사람도 말이 없지만 앎을 다한 사람도 역시 말이 없다고 간파하였다. 유마의 침묵 속에 천둥 치는 소리가 들어 있다고 한 말은 바로 침묵이야말로 가장 위대한 웅변이라는 현대의 격언과도 통한다.

하루는 유마거사가 병을 앓고 있어 문수보살이 문병을 가서 물었다.

"어찌하여 유마거사께서 병을 앓고 계십니까?"

"중생이 아파해서 대신 아파하고 있습니다."

이는 정말 너무나 가슴에 와닿는 말씀이었다. 일체 중생을 자식으로 생각하신 아버지, 자식이 아픈데 부모가 아프지 않을 수 있겠는가.

바람이 불었다는 뜻은?

지난 밤 산에서 바람이 심하게 불었다. 아침에 남전화상이 일어나 한 스님에게 물었다.

"밤새 바람이 많이 불었지?"

"네, 바람이 많이 불었습니다."

"절 앞 소나무가 부러졌지?"

"예, 부러졌습니다."

다른 스님을 만나자 남전화상은 똑같이 물었다.

"밤새 바람이 많이 불었지?"

그러나 이 스님은 제법 아는 체 하는 스님인지라 대답 역시 삐딱했다.

"무엇을 바람이라고 합니까?"

남전화상이 개의치 않고 다시 물었다.

"절 앞의 소나무가 부러졌지?"

그러자 그 스님 역시 제 딴에는 선문답을 한답시고 이렇게 반문했다.

"무엇을 소나무 가지라고 하는지요?"

이에 남전화상이 호통을 쳤다.

"너는 하나는 얻었지만 하나는 잃었다."

남전화상은 무심한 경지에서 간밤에 일어난 자연현상을 그대로 물었다. 한 스님이 남전화상과 한 몸이 되어 자연현상을 그대로 대답했다. 그러나 한 스님은 사고력을 내세워 뭔가 자꾸 사족을 달며 덤벼들었다. 그래서 남전화상은 너는 이론만 좋아했지 이론의 참뜻은 놓쳐버린 놈이라고 꾸짖은 것이다.

호국이 세 번이나 말한 웃음거리란

어느 날 한 스님이 호국선사에게 법담을 던졌다.

"학이 소나무 가지 끝에 섰을 때의 모습은 어떻습니까?"

"땅에서 보면 한바탕 웃음거리지."

그 스님이 다시 물었다.

"처마에 고드름이 참 아름답지 않습니까?"

"해 돋은 뒤에 보면 한바탕 웃음거리지."

스님이 다시 물었다.

"회창(會昌)연간 법난을 만나 불상이 파괴되고 승려들이 잡히어 죽거나 산속으로 도망가는 수난을 겪었습니다. 그렇다면 불법을 수호한다는 호법선신들은 그때 다 어디에 갔단 말입니까?"

이때 호국선사는 절 입구에 서 있는 금강신장을 보면서 말했다.

"불법을 수호한다는 저 금강역사의 얼굴이 한바탕 웃음거리지."

이 일화에서 아무리 아름답고 빼어난 존재라고 하더라도 그 본질에서 관찰한다면 모두가 한바탕 꿈이요, 허망하다는 의미가 들어 있다.

부처님의 생애와 교훈

부처님의 진리를 찾아 정진하는 불제자들은 눈에 보이는 겉모습에 집착하지 말고 본질을 볼 수 있도록 용맹정진해야 할 것이다.

붓다의 탄생

인도 가비라국 정반왕과 마야부인이 결혼을 하여 마야부인이 40세가 넘도록 애기를 낳지 못해 늘 설산을 향해서 기도를 하였다.
하루 저녁은 마야부인이 하늘에서 상아가 6개 달려 있는 하얀 코끼리가 품 안으로 들어오는 꿈을 꾸었는데, 그 뒤 태기가 있어 애기를 낳게 되었다. 그 나라 풍습은 친정에 가서 애기를 낳게 되어 있어 150리 가량 떨어져 있는 코리라성으로 가는 도중, 룸비니 공원(마야부인의 오빠인 선각장자의 별장이 있는 곳)에서 점심을 먹고 잠깐 쉬면서 발을 씻고 있었다. 그 때 산기가 있어 어깨를 들어 무우수 나뭇가지를 오른손으로 잡았는데 오른쪽 옆구리로 애기가 태어났다. 애기는 그 자리에서 일어나 사방으로 일곱 발자국씩을 걷고 본 자리로 돌아와 한 손은 하늘을 가리키고 한 손은 땅을 가리키면서 소리쳤다.

"천상천하 유아독존(天上天下唯我獨尊)."

일곱 발자국마다 연꽃이 피어났다

연꽃은 처렴상정(청정한 마음)하고 꽃과 열매가 동시에 이루어지기 때문에 인과의 법칙을 이야기한다. '천상천하 유아독존'이라 하신 것은 하늘에 있는 사람이나 땅에 있는 사람이 평등하게 연꽃과 같은 불성을 가지고 있다 하여 이 세상 모든 사람에게 인과법을 일러주어서 중생을 구제하시겠다는 것을 상징한 말씀이다.

그러면 왜 사방으로 7발자국씩을 걸으셨는가. 사방으로 7보씩 걸은 것을 합치면 28이 되는데, 당시 인도에서는 사바세계 속에는 3계 25

류 중생이 살고 있었으므로 3계 25류 중생을 다 제도하겠다는 뜻을 선언하신 것이다.

석가모니 부처님의 세속생활

첫째는, 임금님의 아들로 태어나 부러울 것이 없었지만 태어나신지 일주일만에 어머니가 돌아가셨다. 엄마 없는 자식처럼 외로운 사람이 없다. 그런데 그 외로움을 첫 번째 맛보게 됨으로써 장차 출가해서 나처럼 고독한 사람을 구하겠다는 신념이 생긴 것이다.

둘째는, 나라도 좋고 영토도 기름졌지만 너무 작아서 보이지 않는 외세의 압력을 받고 있었기 때문에 어떻게 세계 평화를 이룰 수 있는가를 구상한 것이다. 그래서 종교로서 (즉 불교) 통일을 하겠다는 마음을 갖게 된 것이다. 그리고 마음이 고독하니까 항상 나무 그늘 아래서 명상에 잠겨

"무엇하러 내가 이 세상에 왔느냐, 또한 무슨 일을 하다가 갈 것이냐."

를 생각한 것이다.

춘경제

춘경제는 매년 봄, 농사가 잘 되기를 기원하며 국가적인 차원에서 지내는 제사이다. 싯다르타 태자가 7살 되던 해에 춘경제를 구경을 따라 나갔다. 쟁기로 밭을 갈자 수많은 벌레들이 쟁기에 찍혀 뒹굴고 뛰는데, 하늘에서 새들이 날아와서 쪼아 먹는 것을 보고

"아, 이 세상 모든 것은 약육강식(弱戮强食ㅡ: 약한 것이 강한 놈한테 잡아 먹혀 살고 있는 것)이로구나."

하고 한탄하였다. 태자는 이에

"강한 것이 약한 것을 잡아먹고 사는 것이 이 세상이라지만 강한 것과 약한 것이 함께 사는 원리가 있을까?"

생각하고 있었다. 그때 하늘에 해가 오후 4시가 되었는데도 그 그림자를 옮기지 않고 태자를 향해 고개를 숙이고 있는 것을 보고

"아, 이 자는 하늘이 낸 사람이고 사람의 자식이 아니로다."

하고 집에 돌아오자마자 4베다, 철학, 논서, 무예, 의학, 천문, 지리를 가르쳐 12년 동안 세속에 능한 사람이 되게 하였으나 그의 마음은 좀처럼 돌아서지 않았다.

부처님의 결혼

방년 19세가 된 싯다르타 태자는 결혼을 늦추고 싶어 하였다. 그러나 임금님은 손자도 보고 싶고, 또한 태자의 뜻이 출가에 있었기에 그 마음을 채워주기 위해 당시 꼴리야의 공주 야소다라와 혼인을 하게 하였다. 태자 부부의 행복을 위해서 봄, 가을에 지내는 춘추전(春秋殿), 여름철 지내는 한전(寒殿), 겨울철에 지내는 난전(煖殿)을 지어 아주 호강하며 살도록 만들어 주었다. 그러나 싯다르타의 마음의 근심은 풀리지 않았다.

하루는 사문 밖을 구경 나가, 동문에서는 늙은 이, 남문에서는 병든 이, 또 서문에서는 죽은 이의 장례를 보고, 마지막 북문에서는 한 사문이 가사 장삼을 입고 바랑을 짊어지고 지나가는 것을 보고 물었다.

"당신은 어떤 사람입니까?"

"저는 늙고, 병들고, 죽는 생로병사의 고통을 없애기 위해서 설산에서 공부하는 도인입니다."

"그렇게 공부하면 누구나 생로병사의 고통을 없앨 수 있습니까?"

"예, 틀림없이 바르게만 공부하면 없앨 수 있습니다."

그 말을 들은 싯다르타 태자는 출가할 뜻을 다시금 굳게 다지며 아버지에게 간곡히 출가를 허락해 달라 하였다. 그런데 아버지는

“네가 외아들로 태어나 뒤를 계승할 자도 없고, 결혼한지 얼마 안 되어 자식도 하나 없으니, 그냥 떠난다고 하면 되겠느냐….”

하시면서 아들 하나만 낳아달라 부탁하여 10년을 더 기다려 29세 때 아들 라훌라*를 낳고 출가하게 되었다.

이로써 보면 부처님께서는 일체중생을 깨닫게 하여 제도하시겠다는 일대사 인연과 일체의 힘 없이 살아온 중생들을 위하여 온 인류의 평화를 이룩하고자 하는 숭고한 뜻을 가지고 이 세상에 몸을 나투시게 된 것이다.

부처님은 29세 되던 해 2월 8일에 출가하셔서 설산 고행 6년 후, 고행은 단지 몸만 해칠 뿐 깨달음을 얻지 못함을 알고, 그 이후 보리수 나무 밑에 앉아 선정에 드신지 7일째 되는 날, 새벽 3시에 별을 보시고 시간과 공간 일체지의 무상정등정각을 이루시니 때는 35세 되던 해 陰曆 12月 8日이었다. 그 후로 45년 간을 중생을 위하여 교화하시다가 80세 되시던 해 陰曆 2月 15日에 구시나라가성 싸라쌍수 밑에서 열반에 드셨다.

* 장애물이 파했다는 뜻

팔상성도란?

도솔래의상 (兜率來義相)

석가모니 부처님은 이 세상에 태어나기 전에 도솔천이라는 아름다운 천당에 계셨는데 그때의 이름은 호명보살이었다. 호명보살은 인간들이 살고 있는 곳으로 내려가 자신의 깨달음을 사람들에게 알리기로 하자 인도의 카필라국 정반왕의 왕비 마야부인은 여섯 개의 상아가 달린 흰 코끼리 한 마리가 자신의 품에 안기는 꿈을 꾸었다.

비람강생상 (毘藍降生相)

아기를 낳을 때가 되자 마야 부인은 아기를 낳기 위해 친정으로 가고 있었는데 룸비니동산에서 잠시 쉬던 마야 부인은 근심이 없는 나무(무우수) 가지를 붙잡고 태자를 낳았다. 그때 하늘에서는 꽃비가 내렸고 아름다운 무지개가 뻗어 내렸다.

사문유관 (四門遊觀相)

궁전에서 풍족한 생활을 하던 싯다르타 태자는 성문 밖에서 금방이라도 쓰러질 것 같은 노인을 보았고 또 사람이 죽어 장례를 치르는 모습과 병들어 고통스러워하는 사람을 보고서

"인생이란 바로 이런 것이로구나."

하고 고민하다가 출가수행자를 보고 발심하여 출가하였다.

유성출가상 (踰城出家相)

싯다르타 태자는 이웃나라 공주인 야소다라와 결혼해서 아들을 낳아 아버지의 마음을 위로하고 영겁의 인연을 따라 한밤중에 말을 타고 성을 빠져 나갔다. 성 밖으로 나온 태자는 니연선하에 이르러 머리카락을 자르고 수렵인과 옷을 바꾸어 입고 수행의 길에 들어섰다.

설산수도상 (雪山修道相)

수행을 시작한 싯다르타 태자는 이제부터 진리를 찾아나선 수행자를

뜻하는 고행자의 생활을 시작하게 된다. 싯다르타 태자는 먹고 자는 것조차 잊고 뼈만 앙상하게 남을 정도로 고된 수행을 하다가 이렇게 몸을 괴롭히는 것이 진정한 수행이 아니라는 것을 깨닫게 된다.

수하항마상 (樹下降魔相)

소녀 수자타가 준 우유죽을 먹은 싯다르타는 몸을 깨끗이 씻은 후 커다란 보리수 아래 앉아 깊은 선정에 잠겼다. 몸도 마음도 편한 상태에서 깨달음을 얻고자 했던 싯다르타에게 마왕 파순이 와서 물었다.

"이제 어려운 고행을 그만두고 이 땅을 지배하는 제왕이 되는 것이 좋지 않겠냐!"

그러나 태자는 유혹에 흔들리지 않고 선정에 들어 모든 마귀들을 물리쳤다.

녹원전법상 (苑轉法相)

싯다르타가 35세 된 해 12月 8日, 동쪽 하늘 위로 새벽 별이 밝게 떠오르는 순간 마음에 빛이 툭 터지면서 온 세상이 연화장세계로 변했다. 사람들은 그를 진리를 깨달은 분이라 하여 '붓다'라 불렀다. 부처님은 깨달은지 3·7일이 지난 뒤 녹야원으로 가서 제일 먼저 자신과 인연이 깊은 5비구에게 자신이 깨달은 내용을 알렸다.

쌍림열반상 (雙林涅槃相)

석가모니 부처님께서는 80세가 되던 해에 열반에 들기까지 45년 동안 인도 구석구석을 다니면서 사람들에게 진리를 알리기 위해 온 힘을 다했다. 부처님께서는 열반에 드시기 전에 제자들에게 마지막으로 당부하셨다.

"너희는 각자 자신을 등불로 삼고 자기 자신을 의지하여라. 진리를 등불로 삼고 진리를 의지하여라. 부디 게으르지 말고 부지런히 정진하여라."

이것이 그 유명한 '자등명 법등명'인 것이다.

그렇다면 부처님께서는 과연 우리 곁을 떠난 것인가? 부처님께서는 색신으로서의 우리 중생들을 교화하시기 위하여 나투셨다가 색신을 감추신 것이며 항상 우리 곁에 법신의 몸으로 함께 하시는 것이다.

용문사 팔상도

왼쪽 위) 1폭 도솔래의상과 비람강생상, 오른쪽 위) 2폭 사문유관상과 유성출가상,
왼쪽 아래) 3폭 설산수도상과 수하항마상, 오른쪽 아래) 4폭 녹원전법상과 쌍림열반상
보물 제 1330호, 직지성보박물관 소장

부처님의 10대 제자

사리불 존자 (지혜제일 : 智慧第一)

사리불 존자는 마가다국의 수도 라자가하(왕사성) 근처 나라다 마을에 사는 부유한 바라문의 여덟 아들 중 장남으로 태어났다. 어려서부터 매우 총명하여 이미 고대 인도의 성전인 4가지 베다를 익혀 그 뜻을 통달했고 예술에도 재능이 출중해 이웃 마을 목갈라나(목건련)와 함께 출가하여 주위 사람들을 놀라게 했다.

어느 날 그들은 근처의 산에서 바라문교인의 장사를 구경하다가 인생의 무상함을 느끼고 진실한 깨달음을 구하기로 맹세했다. 그는 부모의 반대를 무릅쓰고 7일 간의 단식 끝에 출가를 허락 받았으며 이어 목갈라나도 출가했다. 그들은 라자가하에서 당시 명성을 떨치던 유명한 회의론자인 산자야의 문하에서 수행했다. 불과 7일 만에 스승을 대신할 만큼 되었으나 완전한 마음의 평화를 얻지 못했다. 그 며칠 후 라자가하의 길거리에서 탁발하던 부처님의 제자 앗사지 마승을 만나 연기의 가르침(法身偈)을 들었다.

모든 법은 원인으로부터 발생하니(諸法從緣生)
여래는 그 원인을 설하셨네(如來說是因).
모든 법의 소멸도 또한(是法從緣滅)
위대한 사문은 그와 같다고 설하셨네(是大沙門說).

이를 들은 그는 목갈라나와 함께 죽림정사로 가서 부처님께 귀의하였다. 이들은 점차 불교교단의 중심인물이 되었으며 교단 내의 여러 문제들도 맡아서 해결해냈다.
데바닷타가 부처님에게 반대하여 교단이 분열의 위기에 처해 있을 때도 혼란 속에 빠진 수행자들을 설득해 사태를 수습했다. 노력은 눈물겨웠다. 불교 교단에 반대하거나 데바닷타를 따르는 무리들이 누차에 그들을 박해해 목갈라나는 거의 죽음 직전에 이르도록 몽둥이로 맞기까지 했다. 그 사건 후 목갈라나와 함께 부처님 입적 전에 작별을 고하고 나란다 마을로 가서 옛 친척들에게 마지막 포교를 편 뒤 입적하였다.

목갈라나 (신통제일 : 神通第一)

목갈라나는 부처님의 십대 제자로서 신통력이 뛰어나 신통제일로 불렀다. 마가다국 라자가하 근교 오리가 마을에서 태어났으며 건강하고 학문에 통달하여 인근 나라다 마을의 사리붓다(사리불)와 함께 사람들의 칭찬이 자자했다. 두 사람은 서로 친해 어느 날 바라문교의 제자들과 함께 남의 장례를 구경한 뒤 인생의 무상함을 느껴 라자가하의 유명한 회의론자 산자야의 문하에 들어갔다. 곧 스승을 대신할 만큼 지혜를 얻었으나 완전한 마음의 평화는 얻지 못했다.

그러던 중 사리붓다가 라자가하의 거리에서 탁발을 하던 부처님의 제자 앗사지(마승)를 만나 연기의 가르침을 들었다. 그는 사리붓다의 권유로 죽림정사를 방문해 부처님께 귀의했다. 그와 사리붓다는 점차 불교 교단의 중심인물로 부각되었으면 특히 그는 신통력을 가지고 부처님의 법을 전수하려는 것을 방해하는 사람들을 물리쳤다.

데바닷타가 부처님에게 반대해 교단이 분열 위기에 처했을 때 수행자들을 설득해 혼란을 수습했다. 코살라국의 비두다바왕이 샤카족을 멸망시키려고 할 때도 그는 신통력으로 카빌라성에 철제방을 쌓아 막으려 했으나 석가족의 멸망은 업의 과보라는 부처님의 만류로 그만둔 적이 있다. 이에 따라 불교교단에 반대하거나 데바닷타를 따르는 무리들의 박해도 점차 거세졌다.

말년에 그는 라자가하에서 집장외도 일파에게 몽둥이로 맞아서 뼈가 부러지고 살점이 떨어져 나갈 지경까지 이르렀음에도 "나는 전생에 아내에게 속아 부모를 숲속에 버린 업보가 있어서 그 업보를 받는 것이다."며 묵묵히 받아들였다.

마하가섭 (두타제일 : 頭院第一)

마하가섭은 마가다국의 라자가하 근처에서 태어나 8세에 바라문이 되었으나 완전한 깨달음을 얻기 위해서 출가하려 했다. 그러나 후손의 단절을 염려한 부모의 결혼 권유가 심했다. 장인에게 아름다운 황금 연인을 만들게 해 이런 여인이라면 결혼하겠다고 까다로운 조건을 내세웠는데 부모가 수소문 끝에 베살리 교외 카필라카 마을에 사는 한 바라문의 딸인 밧다 카필라나를 찾아냈다.

그는 몰래 그녀를 찾아가 세속적 욕망에 얽힌 삶을 살고 싶지 않다는 뜻을 밝혔다. 그러자 그녀 역시 같은 생각이었다. 결국 이들은 결혼했으나 12년 동안 서로 육체적 관계를 맺지 않았다. 부모가 세상을 떠난 뒤 두 사람은 이제 때가 되었다고 생각하고 각자 출가했다. 그는 부처님께 귀의했으며 밧다 카필라나는 외도 수행자 문화에 들어갔다. 나중에 부처님 교단에 비구니의 출가를 허용하였을 때 그가 그녀를 데려와 마하파자파티에게 구족계를 받게 했다.

그는 부처님에게 가르침을 받은 뒤 8일만에 깨달았다. 어느 날 부처님이 라자가하에서 탁발을 마치고 잠시 쉬고자 할 때 그가 가사를 벗어 앉으실 자리를 마련하고 이 가사를 부처님께 바쳤다.

부처님은 당신의 오래 되어 낡아빠진 베옷을 그에게 주었다. 그 뒤 그는 한결같이 그 옷을 입고 있었으므로 더럽다고 다른 수행자들의 비웃음을 사기도 했다. 부처님이 코살라국 사밧티의 기원정사에 계실 때도 그의 행색이 초라해 다른 수행자들이 부처님께 예의를 갖추지 않았다며 조롱했다. 이것을 안 부처님이 설법 도중 그를 부처님의 자리에 함께 앉도록 해 그가 제자로서 손색이 없음을 확인시켜 주었다. 불멸 후 그는 1차 결집을 주도하기도 했다. 두타는 의식주에 집착이 없음을 말하며, 부처님께서 가섭존자에게 3번이나 마음을 전하신 것을 삼처전심(三處傳心)이라 하는데 이는 다음과 같다.

첫째, 영산회상거염화(靈山會上擧拈花)

부처님께서 설법을 하시다가 연꽃 한 송이를 손으로 집어 드시니, 다른 제자들은 다 그대로 있는데 가섭존자만 빙그레 미소를 지었다.

둘째, 다자탑전분반좌(多子塔前分半座)

부처님께서 설법하실 때 자리를 반 내주셔서 가섭에게 앉게 하셨다.

셋째, 니련하반곽시쌍부(泥連河畔槨示雙趺)

부처님께서 구시나가라 사라쌍수 나무 아래에서 열반에 드셨을 때 다른 제자들은 다 모였는데 가섭이 포교를 하다 일주일이 지나서야 도착하여

"부처님, 저희들은 누구를 의지하고 살려고 가십니까? 제가 어디에다 절을 올려야 합니까? 머리입니까, 가슴입니까, 배입니까?"

물으며 울 때 부처님께서 관 밖으로 두 발을 내보이셨다.

아나율 존자 (천안제일 : 天眼 第一)

지혜의 눈이 밝아 천안제일 아나율 존자로 불렀다. 육체의 시력은 잃었으나 정신이 맑고 밝아 지혜의 큰 눈을 얻었다고 한다. 아나율은 사캬족의 가난한 요리사였다는 설과 샤캬족 마하나마의 아우로서 부처님의 사촌 동생이라는 설이 있다. 부처님이 깨달음을 얻은 뒤 카필라성에 들어왔을 때 바트리카, 아난다, 난다 데바닷타, 파아사, 금비라 등의 왕족과 함께 출가해 55년 간이나 수행했다.

부처님이 코살라국의 수도 사밧티에 있는 기원정사에서 많은 제자와 신자들에게 가르침을 설할 때 그가 졸았던 일이 있다. 이때 부처님은 조용히 꾸짖었다.

"아나율아, 너는 도대체 무엇 때문에 불제자가 되었느냐."

"오늘 이후부터 저는 설사 이 몸이 부서지는 한이 있더라도 부처님 앞

에서 졸지 않겠습니다."

아나율은 부처님께 곧 참회하고 다짐했다. 이때부터 그는 밤이 깊고 아침이 되어도 잠을 자지 않았다. 부처님은 염려의 말로 타일렀다.

"수행을 게을리 하는 것도 잘못이나 그대처럼 지나쳐도 잘못이다."

더욱이 그의 시력이 나빠짐을 걱정하여 명의 자바카를 시켜 그의 눈을 보살펴 주도록 했다. 그러나 그는 부처님의 누차에 걸친 설득에도 불구하고 결심을 바꾸지 않아 실명하고 말았다. 하지만 철저한 수행 끝에 지혜의 눈을 얻었다. 이를 인정한 부처님은 그를 천안제일이라고 칭찬했다.

그 뒤 역시 기원정사에 있을 때 자신의 옷을 꿰매려는데 도저히 바늘 구멍을 찾을 수가 없었다. 이 모습을 본 부처님은 손수 그의 옷을 꿰매어 주었다. 그리고 수행의 바른 길을 제시하였다. 그는 수행을 계속하다가 밧지족이 살던 베루바 마을에서 입적했다.

수보리 존자 (해공제일 : 解空 第一)

부처님의 십대제자로서 공(空)을 가장 잘 이해했다고 하여 해공제일 수보리 존자라 불렀다. 또 결코 남과 논쟁하지 않았다 하여 무쟁제일(無諍第一) 수보리 존자라 부르기도 하고, 누구보다도 신자들의 공양을 후하게 받고 공도리를 잘 알았다 하여 해공제일(解空第一) 수보리 존자라 부르기도 하였다.

수보리 존자는 기원정사를 부처님께 기증한 수닷타의 아우 수마나의 아들이다. 수닷타가 기원정사를 부처님께 봉헌하는 날 부처님의 설법을 듣고 출가했다. 그가 마다가국의 라자가하에 있을 때 빔비사라왕이 그의 설법을 듣고 감격해 부처님께 정사를 지어줄 것을 약속했다. 그러나 당시 마가다국은 인도 대륙에 있던 16대국 중에서도 가장 강성해 다른 나라를 병합하고 있던 중이었다. 그래서 왕이 국사에 쫓겨

미처 정사의 지붕을 만들어 주지 못한 채 이 일을 잊고 있었다.

어떤 물건이든 탓하지 않고 공양을 감사하게 여겨온 수보리에게도 햇빛과 밤이슬을 피하지 못하고 지내기란 무척 괴로운 일이었지만 무려 수 개월을 그대로 지냈다. 다행히도 그 동안 비가 전혀 오지 않았다. 그러나 오히려 마다가국 사람들은 강렬한 햇살에 시달리고 농작물이 말라 가뭄의 고통을 견디기 어렵게 되었다. 이에 왕이 마침내 그 까닭을 수소문하자 그의 정사 지붕을 만들어 주지 않아서 그렇게 된 것이라는 답을 들었다. 왕이 시급히 정사의 지붕을 완성하자 곧 비가 내리고 백성들은 생기를 되찾게 되었다. 이때 그는 진심으로 기뻐했다.

그를 해공제일이라 부르는 것은 공양을 많이 받아서가 아니라 이처럼 기쁨과 감사의 마음으로 공양을 받았기 때문이며, 금강경에서 공(空)을 설하는 부처님의 상대자로 그가 등장하였기 때문이다.

부루나 존자 (설법제일 : 說法第一)

부처님의 십대제자 중 언변이 가장 뛰어나 설법제일 부루나 존자라 불렀다. 부처님이 태어난 카필라성의 도나바투라고 하는 바라문촌에서 부처님과 같은 날 태어났다. 아버지는 숫도다나왕의 국사이며 어머니는 만타나로서 콘단나 장로의 여동생이다.

어려서부터 총명하여 많은 공부를 하다가 부처님의 성도 소식을 듣고 출가해 제자가 되었다. 그 후 제자의 눈을 뜨고 부처님을 따라 다니며 탁월한 지식과 언변으로 무려 9만9천 명의 사람을 교화했다고 한다.

그는 상대를 굴복시켜 자기주장을 주입하기보다 상대의 입장을 일단 인정하고 다음으로 참다운 종교심을 싹트게 하는 포교법을 구사했다. 어느 날 그는 마가다국의 죽림정사에 머물고 계신 부처님께 포교활동을 위해 서방의 스나파란타로 가겠다는 결심을 전했다. 이에 부처님은 그에게 물었다.

"그 지방 사람들이 너에게 욕을 한다면 어떻게 하겠느냐?"

"모두 착한 사람들이어서 때리지 않는구나 라고 생각하겠습니다."

"죽인다면 어떻게 하겠느냐?"

"세상에는 스스로 자신의 목숨을 끊는 사람도 있고, 자신을 죽여줄 것을 원하는 사람도 있습니다. 이렇게 원하는 죽음을 나에게 베풀어 준다고 생각하겠습니다."

부처님의 그의 착한 마음을 칭찬하고 이를 허락했다. 당시 사밧티나 왕사성과 같은 대도시에는 많은 종교가들이 있어 종교나 철학 지식이 광범위하게 퍼져 있었으나 스나파란타 같은 변경은 그렇지 않았다. 그는 대도시에서 누릴 수 있는 안일한 삶을 버리고 많은 부처님 제자들처럼 일 년 동안 5백 명의 사람들을 불교에 귀의시키고 사찰을 열여섯 개나 건축한 후 입적했다.

가전연 존자 (논의제일 : 論議 第一)

부처님의 십대제자중 논의제일 가전연 존자로 불린다. 아반티국 웃제니에서 왕사의 아들로 태어났다. 부처님을 만나고자 하는 왕의 명으로 아반티국에 모셔오기 위해 찾아갔다가 설법을 듣고 감동하여 출가했다.

불교 교단의 규정에 의하면 출가를 원하는 자에게 구족계를 주려 할 때는 계를 주는 계화상을 비롯해 계를 받는 취지를 설하여 부처님과 대중에게 알리는 사회자 역할을 하는 갈마사 계를 받는 이의 태도와 행동 방법을 지도하는 교수사, 그리고 일곱 명의 증인 등 모두 열 명의 비구가 필요했다. 그러나 마가다국이나 코살라국처럼 출가자가 많은 곳에서는 열 명의 비구를 확보하기가 쉽지만 변경에서는 출가자가 흔치 않아 계를 주기가 힘들었다.

그가 아반티국에 포교하고 있을 때 그에게는 소나라는 시자가 있었다. 그러나 이 시자가 출가해 수행하고 싶어도 그가 허락하지 않았다.

아반티국은 불교의 중심지인 마가다국이나 코살라국으로부터 멀리 떨어진 중인도의 서부에 위치하고 있었기 때문이다. 결국 그는 삼 년을 기다려서야 열 명의 비구를 모아서 소나에게 구족계를 줄 수가 있었다. 그 이후 어느 날 소나가 부처님을 뵙고자 길을 떠날 때 그는 소나에게 이와 같은 수계의 어려움을 부처님께 전하고 돌아오게 했다. 또한 계율 때문에 지방의 풍습과 마찰을 일으키는 문제도 아울러 호소하게 했다.

코살라국의 사밧티에 있는 기원정사에서 소나를 맞은 부처님은 변경의 특수한 사정을 헤아려 그의 부탁을 모두 수용했다. 그는 매우 해박한 불교 이론가로서 불교의 이치를 문답하고 분별하는데 뛰어난 재능을 보여 주었다. 그래서 부처님은 그를 논의제일이라 칭찬했다.

우팔리 존자 (지계제일 : 持戒第一)

십대 제자 중 지계제일 우팔리 존자로 불린다. 고대 인도의 네 가지 신분 중에서 가장 낮은 계급인 수드라 노예 출신으로 석가족의 궁중 이발사였다.

부처님의 성도 후 카필라성에 들어 왔을 때 바트리카를 비롯한 아난다. 데바닷타, 아니룻다 등의 석가의 귀공자들이 부처님께 출가하려고 그를 찾아왔다. 그들은 수행 생활에 불필요한 자신들의 옷과 장신구를 모두 가난한 그에게 주었다. 그러나 그는 이들이 부귀영화를 버리고 출가하는 것이 부러워 이들보다 한 발 앞서 출가했다.

뒤에 바드리카 등이 출가했을 때 여러 장로들에게 예배하면서 조금 먼저 출가한 우팔리에게도 똑같이 예배했다. 수드라 출신의 그가 크샤트리아* 출신의 귀공자들로부터 예배를 받았다는 사실은 당시 사회통념으로서는 가히 혁명적인 사건이었다.

---

* 왕족

불교 교단에서는 사람의 계급이나 빈부의 차이가 전혀 문제가 되지 않고 그 사람이 열심히 수행하여 어떤 경지에 도달하였느냐 또는 얼마나 먼저 입문하였느냐가 가치 척도의 기준이 된다는 것을 보여 주었다. 그러나 그는 교리를 이해하는데 남들보다 좀 더뎠던 듯하다. 그가 부처님에게 물었다.

"저도 다른 비구들처럼 아란야 마을에서 멀리 떨어진 숲에 들어가 수행해도 좋겠습니까?

"깊은 연못에 코끼리가 들어가 목욕하는 것이 부러워 토끼나 고양이가 따라 들어가서야 되겠느냐."

대중과의 단체 생활을 버리고 혼자 수행하는 것이 그에게 아직 잘 맞지 않으리라 판단한 부처님은 이렇게 훈계했다. 그러나 그는 계율을 잘 지켰으며 다른 수행자들이 계율에 위반되는 행동을 했을 때는 부처님의 가르침에 입각해 공평히 평가했다. 1차 결집 때 계율을 외우는 일을 맡아 했다.

라훌라 존자 (밀행제일 : 密行第一)

십대 제자로서 남이 보든 말든 묵묵히 실천 수행을 해 밀행제일 라훌라 존자라고 불렸다. 부처님이 출가하시기 전 부인 야소다라와의 사이에서 태어난 아들로 그의 출생이 부처님 당신의 출가에 장애가 되었다는 의미로 부처님이 "장애"라는 뜻인 "라훌라"라 이름 지었다.

숫도다나왕은 카필라성의 왕위 계승자로 그를 지목했으나 부처님이 성도한 뒤 "진리라는 보배"를 그에게 유산으로 물려주겠다며 사리붓다를 시켜 그를 출가시키도록 했다.
그는 어린 소년으로서는 최초의 사미가 되었다. 그는 어리기 때문에 계율에 아랑곳 하지 않고 장난을 많이 했다. 부처님은 그의 버릇을 고쳐주기 위해 발을 씻은 물을 마시라고 하였다. 그가 너무 당황해 하자 부처님은 이렇게 훈계했다.

“한 번 더럽혀진 물은 사람이 먹을 수 없다. 사람도 올바른 지혜와 수행으로 자신을 닦지 않으면 이 물처럼 버릴 수밖에 없다.”

이후부터 그는 계율을 엄정히 지켰다.
그가 아직 비구계를 받지 못했을 때 부처님은 코삼바의 비다리카 사원에서 많은 수행자와 신자들을 위해 설법했다. 늦은 밤 설법이 끝나자 수행자와 함께 잠자리에 든 신자들의 잠버릇이 수행자들을 곤욕스럽게 만들었다. 부처님은 이런 사정을 듣고 비구와 그 외의 사람들이 함께 자리에 들지 말라는 규칙을 정해주었다. 그러자 그는 몹시 난처했다. 그 동안 비구들은 그에게 매우 호의적이었으나 계율 때문에 이제 아무도 그와 잠자리를 함께 하지 않았다. 할 수 없이 부처님이 사용하는 화장실에 들어가 잠을 잤다.
다음날 이를 안 부처님이 계율의 본뜻을 이해하지 못하는 것이 걱정이 되어 사리풋다 등의 비구를 꾸중했다. 비구들은 그의 철저한 지계정신을 칭찬했다.

아난다 존자(다문제일 : 多聞第一)

부처님의 사촌 동생으로 부처님이 열반에 드실 때까지 25년 동안 언제나 정성을 다해 시중을 들었다. 부처님의 가르침을 가장 많이 기억하고 있었기 때문에 십대제자 중 다문제일 아난다 존자로 불렸다.

그는 사밧티 거리에 탁발을 나갔다가 기원정사로 돌아오던 중 어느 계급보다 천시를 받던 마탕가라는 종족이 살고 있던 촌락을 지나게 되었다.
프라크리타라는 아가씨에게 마실 물 한 그릇을 청했다. 아가씨는 자신이 천민이니 물을 줄 자격이 없다고 거절했으나 그는 부처님의 제자는 신분을 구별하지 않는다고 말했다. 이 일이 있은 후 프라크리타는 그의 수려한 용모와 자비로움에 반해 그를 사랑하게 되었다. 이에 부처님이 중재하여 프라크리타는 비구니가 되었다.

그는 부처님이 쿠시나라가에서 열반에 들 때 임종을 지켰다. 이때 부처님은 슬퍼하던 그를 보며 그가 정성을 다해 자신을 시봉했던 유능한 수행자라고 주위의 대중들에게 칭찬했다. 그러나 너무 부처님의 수행에 의존한 나머지 아라한의 경지에는 이르지 못했다.

부처님이 열반에 든 후 500명의 제자들이 라자가하 교외의 비파라 산에 있는 칠엽굴에 모여 부처님의 말씀을 최초로 결집할 때 그는 부처님의 말씀을 가장 많이 기억하고 있음에도 불구하고 교단의 지도자 마하가섭 등이 아직 깨닫지 못한 그를 경전 정리의 책임자로 지명하는데 반대했고 그는 책임감을 통감하고 결집이 열리는 전날 밤 용맹 정진해 깨달음을 이루고 이튿날 책임자가 되었다. 120세까지 살다가 입적했다.

십대 제자에는 들지 않으나 부처님의 사촌 동생인 데바닷타와 난다

데바닷타(提婆達多)

데바닷타는 부처님의 사촌 동생이며 아난다와 형제지간이다. 카필라성에서 태어난 샤카족의 왕족으로 어려서부터 교만하고 방탕했으며 질투가 대단했으나 재능만은 출중했다. 부처님이 깨달음을 얻은 뒤 카필라성에 돌아왔을 때 바트리가, 난다, 아니룻다 등의 왕족들과 함께 출가했다.

어느 날 부처님이 당시 인도에서 가장 큰 나라인 마가다국의 라자가하에서 빔비사라왕 등 여러 사람들에게 설법을 하고 있을 때 그가 나서서 말했다.

> "부처님께서는 연로하십니다. 이제는 편히 쉬실 때가 되었습니다. 차후 제가 교단을 통솔하겠습니다."

자신보다 더 뛰어난 수행자로 사리붓다와 목갈라나도 있었지만 두 번, 세 번 같은 말을 되풀이하자 부처님은 거절했다. 이에 분개한 그는 빔비사라왕의 아들 아자타삿투를 찾아갔다.

왕자는 부왕이 부처님을 믿고 원호하는 것과는 반대로 교단 내에서 유력한 인물로 데바닷타를 주목하여 지원을 아끼지 않았던 터였다. 그는 왕자에게 왕위를 찬탈하라고 꼬드겼다. 권력욕이 강했던 왕자는 데바닷타의 꼬임에 빠져 왕위를 찬탈했다.
이때부터 그는 반역을 도모하여 여러 차례에 걸쳐 아자타삿투왕을 꾀어서 부처님을 살해하려 했다. 한 번 자객을 보내 부처님이 지나가는 길목의 산 위에서 큰 돌을 떨어뜨렸다. 하지만 부처님은 아무런 상처도 입지 않았으며 오히려 자객들이 부처님께 교화되었다. 다음에는 포악한 코끼리를 보내 죽이려 했으나 역시 코끼리도 주인 앞에 선 개처럼 부처님께 순종해 버렸다. 수포로 돌아가자 그는 수행자 500여명을 회유하여 새로운 교단을 만들었다.

여기서 우리가 한 번 생각해 볼 일이 있다. 같은 형제면서 아난다 존자는 부처님 곁을 떠나지 않고 일심으로 25년 간을 시봉하였는데, 데바닷타는 교단을 차지하려 분열을 꾀하고 부처님까지 살해하려 하였으니 업보와 근기의 차이였을까 생각해 볼 일이다.

난다(難陀)

난다는 감각기관을 잘 다스려 득도하였다. 카필라성의 숫도다나왕과 부처님의 양모인 이모 마하파자파티 사이에서 태어났다. 그래서 숫도다나왕의 둘째 아들이며 부처님의 이복동생이다.
부처님이 깨달음을 얻은 뒤 고향 카필라성으로 돌아와 이틀째 되던 날 난다의 태자 즉위식과 새 궁전 입궁식 그리고 결혼식이 한꺼번에 열렸다. 이 소식을 들은 부처님은

"아아, 세상 사람들은 삶의 고통을 아직도 제대로 모르는구나."

하며 탄식을 하고 그를 출가시키리라 다짐했다.

한참 결혼식이 진행 중일 때 식장에 들어선 부처님은 그에게 축가를 불러주고 바로 떠나셨다. 영문도 모르는 그는 부처님을 뒤쫓았고 신부는 안타깝게 부르짖었다. 결국 그는 부처님께서 계신 대림정사까지 왔으며, 부처님은 망설이는 그의 머리를 깎아 출가시켰다. 부처님 자신이 결혼생활 중에 실현한 출가가 얼마나 어려운 것인지를 잘 알고 있었기 때문이다.

부처님의 가르침대로 수행을 시작했으나 마음은 항상 신부에게 가 있어 조금도 편치 않았다. 그는 판자에 신부의 얼굴을 그려놓고 하루 종일 바라보기도 하고 부처님이 탁발하러 간 사이 신부를 만나러 도망치기도 하였다. 부처님은 신통력을 써서 그를 33천으로 데려갔다.

"저 아름다운 천녀를 보아라! 너의 아내가 될 여자와 이 천녀들 중에서 어느 쪽이 더 아름다우냐?"

그는 천녀를 택했다.

"너도 잘 수행하면 저 천녀를 얻을 수 있다."

부처님은 그를 회유했다. 그 후 그는 열심히 수행에 힘썼다. 그러나 번뇌를 끊기 위해 수행하는 것이 아니라 천녀를 얻기 위해 수행한다고 다른 수행자들이 그에게 고용살이라는 별명을 붙였다. 그는 마침내 깨달음에 도달했다. 부처님은 아내나 천녀에 대한 생각을 끊고 깨달음을 얻은 그를 보고 듣는 감각 기관을 다스리는데도 가장 뛰어나다고 칭찬했다.

“지금 이 순간이 진정한 삶이며 참다운 행복
어디에 있든 있는 곳에서 주인 되라
자신은 지고한 가치 지닌 존재라는 것 놓치지 말라.”

·범어사 염화실 무비스님

제4장 일화(逸話)

고승일화

동산 혜일스님

스승 생각해 한겨울 불도 안 지펴

어느 해 겨울 도봉산 망월사에서 있었던 일이다. 한용운 스님의 제자인 춘성스님이 볼일을 마치고 밖에서 돌아와 보니 글쎄 차디찬 냉방에서 한 스님이 가부좌를 틀고 앉아 참선을 하고 있는 게 아닌가? 춘성스님이 자세히 보니 동산스님이 분명하였다. 춘성스님은 몸을 떨며 방안으로 들어왔다.

"아이고, 추워. 아니 방안이 왜 이렇게 썰렁하지?"

바깥에는 살을 에는 듯한, 찬바람이 매섭게 몰아치고 있는데 방안에 온기라고는 하나도 없는 것이 이상하다는 생각이 들었다, 분명 땔나무도 부족하지 않을 만큼 해다 놓았건만 방바닥은 차디찬 냉골이었다.

"아이고, 이거 방바닥이 얼음장 아녀? 아, 여보시오. 혜일수좌 아궁이에 불도 안 지폈단 말씀이오."

아무리 참선도 좋지만 한겨울에 불도 안 지피고 들어 앉아 있는 혜일수좌가 춘성스님에게는 게으른 스님이라는 느낌마저 들었던 것이다.

그러니 춘성스님은 곧 이어서 혜일스님이 이야기를 듣고는 마음 깊이 탄복하지 않을 수 없었다.

> "차마 불을 지필 수가 없었소이다. 두 분의 은사 스님들께서는 지금 차디찬 형무소 감방 안에서 떨고 계실 터인데 제자인 내가 어찌 감히 아궁이에 불을 지피고 더운 방에 누워 잠을 청할 수 있단 말이오."

혜일스님의 이와 같은 지극 정성은 훗날 춘성스님을 통해 널리 알려지게 되었다.

춘성스님

불우한 이웃에 보시 베풀어

어느 날 춘성스님이 서산 간월도 간월암에 가셨다가 그곳 비구니 스님에게 말했다.

"용돈이 떨어졌으니 노자를 좀 주십시오!"

그 비구니 스님은 마을에 내려가 추수하면 갚기로 하고 보릿돈을 얻어다 스님께 드렸다. 그 후 며칠이 지나 간월암 주지 스님이 서산에 볼일이 있어 나룻배를 탔는데 그 나룻배 사공이 이르기를 며칠 전 춘성 스님께서 4만원을 주시면서 양복을 입으라고 하시면서 갔다는 것이다. 그 후 춘성스님은 간월암에 노자돈의 몇 배를 보내드리고 고마운 마음을 전했다.
스님은 자신을 위해서는 뼈를 깎는 각고의 고행 밖에 하지 않았고 칠순이 넘도록 이불을 덮고 잔 적이 없으면서도 불쌍한 이웃에 대해서는 모든 것을 보시하는 선사였다.

경봉스님

닭 벼슬 보다 못한 것이 중 벼슬

경봉스님은 절 집안의 감투에 연연하지 않는 분이었으나 그렇다고 해서 주지를 비롯한 삼직 그 자체를 경시하거나 못마땅해 하는 것은 아니었다. 오랜만에 스님과 마주 앉아 차를 마시게 된 시자는 한동안 화기애애한 기분에 젖어들다가 넌지시 입을 열었다.

"저 스님의 분부를 그대로 따르자면 출가 수행자는 결코 번거로운 소임을 맡아서는 안 된다는 말씀입니까?"

"나는 너에게 감투를 쓰기 위해 기웃거리지 말라고 했지 결코 소임을 맡아서는 안 된다고 말하지는 아니했다."

시자가 그 말뜻을 이해하지 못하고 다시 묻자 스님은 대답했다.

"출가 수행자 가운데 어느 누구인들 힘든 소임, 귀찮은 소임, 더러운 소임을 맡으려 하겠느냐. 하나 저마다 제 각각 공양주 노릇을 하지 않으려 들고 부목소임, 주지, 재무 교무를 다 맡지 않으려 하면 대체 절 살림은 어찌 되겠느냐."

경봉스님은 시자가 이 말을 듣고 바로 알아듣자 기특하여 흡족한 얼굴로 고개를 끄덕이며 말을 이어갔다.

"중 벼슬은 닭 벼슬보다 못하다. 그러니 하찮은 벼슬을 하려고 넘보거나 기웃거리지 말아라. 대중의 뜻을 따라 소임을 맡으면 그 직책에 충실해야지 벼슬을 차지하려고 간사스런 행동을 하거나 남을 음모하는 일은 없어야 할 것이요, 그런 일에 기웃거려서도 안 된다."

그제야 스님의 말씀을 온전히 이해하게 된 시자는 고개를 크게 끄덕였다.

한영스님

꾸지람 대신 법문으로 제자 가르쳐

하루는 어떤 학인 스님이 한영스님을 골탕먹이려고 오징어살을 다시마로 싸서 일본과자라고 속이고 스님께 드렸다. 한영스님은 아무 영문도 모르고 그 오징어살을 입안에 넣고 맛있게 드셨다.

"허허, 그 일본 과자 아주 맛이 고소하구나."

"아니 스님 정말로 그걸 잡수셨습니까?"

"그래, 자 봐라, 다 먹었다."

"스님께서 잡수신 오징어는 바다에서 나는 생선과 같은 것입니다!"

"방금 그걸 잡수셨으니 계를 범하신 샘, 거기에 대한 조실스님의 법문을 듣고 싶어서 일부러 그걸 드렸습니다."

한영스님은 담담한 표정으로 젊은 제자들을 둘러보며 말했다.

"나는 과자를 먹었으되, 너희들은 나에게 오징어를 먹였으니 계를 범한 것은 내가 아니라 바로 너희들이니라."

"잡수신 분은 스님인데두요?"

"허허, 이런 답답한 사람들."

"갓난아이 손에 지글지글 끓는 인두를 쥐어 주었으면 과연 잘못은 누가 범했는고? 그 인두를 뜨거운 줄 모르고 덥석 잡은 갓난아이가 잘못이냐? 인두인줄 알면서 그걸 쥐어준 어른 잘못이냐?"

스승을 골탕먹이려던 젊은 학인들은 스님의 준엄한 법문 앞에 고개를 들지 못했다. 이렇듯 제자들을 나무라기보다는 때와 장소에 상관없이 높은 법문으로 스스로의 잘못을 느끼게 하는 것이 스님의 교화 방편인 것이다.

효봉스님

병든 은사 모시며 효행 모범 보여

미래사 상량식을 올리고 오래지 않아 법당이 준공되어 회향을 치던 날 효봉스님은 제자들을 불러 모으고 아주 어렵게 입을 여셨다. 지금까지 보지 못하던 망설임의 표정이었다.

"내가 이 말을 해야 할지 말아야 할지 차마 입이 떨어지지 않네만 여러 수좌들이 혹 내 생각과 다르거든 거리낌 없이 말해주시게."

"무슨 말인지요? 어서 말씀을 하시지요."

"음, 내가 염치 불구하고 말하겠네! 내가 송광사에서 해인사로 떠난 뒤로는 배은망덕하게도 은사이신 석두 노스님을 가까이 모시지 못했다네. 이제 석두 스님께서 노환으로 거동이 불편하다는 기별을 받았네. 노장스님 연세도 연세이니만큼 이 세상에는 오래 머무르시지 못할 것 같으이. 해서 그날까지라도 내가 모시고 싶은데 자네들한테 짐을 지우는 꼴이 되지 않겠나?"

"방장스님, 그런 염려는 아예 하지도 마십시오. 석두 노장스님으로 말하면 저희들한테는 친할아버지 뻘인 노스님이신데 노후를 편히 모시는 것 또한 저희들이 해야 할 도리인줄 아옵니다."

이리하여 노환으로 누워 계시던 석두 화상을 통영 미륵산 미래사로 모셔오게 되었다. 효봉스님은 몸소 석두 노스님의 병수발을 들었다. 그러나 석두 화상은 너무 고령이어서 미래사에 온지 채 한 달도 안 되어 입적하시고 말았다. 효봉스님의 은사 스님에 대한 효성은 제자들에게 또 다른 감동을 주었다.

만공스님

산이 가느냐, 배가 가느냐?

서산군 사가리 포구에서 하룻밤을 지낸 뒤 만공 스님은 혜암, 진성과 함께 목선에 올랐다. 만공 스님은 평소에 살아있는 법문을 전하기 위해서인지 아무데서나 제자들에게 선문답을 건네시곤 했는데 목선에 올라 배가 움직이기 시작하자 진성에게 물었다.

"산이 가느냐, 배가 가느냐?"

"아, 예. 산도 가지 않고 배도 가지 않습니다. 스님"

"그럼 대체 무엇이 가는고?"

만공 스님이 재차 이렇게 물으시자 진성시자는 두 손을 모아 합장한 체 말없이 서 있었다. 이제 막 사미승이된 진성으로서는 해내기 어려

운 문제였을 텐데도 영특한 진성사미는 노스님 앞에서 그 답을 어엿하게 내놓고 말았다. 옆에 있던 혜암스님이 노스님에게 청하였다.

"그래, 그럼 이번에는 혜암이 대답을 해 보게."

"산이 가는가, 배가 가는가?"

"예, 산도 배도 가지 않사옵니다."

"그럼 대체 무엇이 가는고?"

만공스님이 또 이렇게 묻자 혜암은 말없이 가지고 있던 수건을 들어 보였다.

"허허, 자네 살림이 언제부터 그렇게 풍족해졌는고?"

"이렇게 된지 이미 오래되었습니다, 스님."

"하하 이번 간월암 가는 길에는 얻는 것이 많구나, 하하하하…."

제자들이 부쩍 큰 것을 확인한 만공 스님은 흡족한 얼굴로 진성과 혜암을 바라보며 소리 내어 껄껄 웃으셨다.

마음을 여는 지혜

첫째, 마음을 여는 지혜

다른 사람의 평가를 두려워하지 말라. 소심한 사람의 고통은 자신에 대한 다른 사람의 평가가 어떤지 모르는 상황이 처했을 때 비롯되는 것이다. 따라서 그 사람에 대한 평가가 일단 내려지게 되면 그 고통도 곧 사라져 버린다. 그 평가가 좋은 것이든 나쁜 것이든 상관없는 것이다. 일반적으로 그런 사람은 다른 사람의 평가를 몹시 두려워하여 어떤 일을 행동으로 옮기는데 있어서 심히 우려를 나타낸다. 이것은 스스로에게 당당하지 못한 것으로 뜻하지 않게 더 나쁜 결과만 낳을 수가 있다. 다른 사람의 평가를 두려워하여 행동하지 않게 되면 결국 과감한 추진력과 이성이 마비되고 두려움의 노예가 되는 것이다.

둘째, 마음을 여는 지혜

생활의 고통이 처했을 때 아무리 어렵다고 해도 실망하거나 좌절하지 말아야 한다. 아무리 어렵더라도 사람이 적응하지 못할 상황이란 있을 수 없다.특히 자기 주위의 사람들이 자신과 똑같이 고통스럽게 생활하고 있는 곳을 본 경우에는 더욱 그렇다 자기만이 불행한 사람에 속한다고 자학해서는 안 된다. 다른 사람들도 당신과 똑같은 고통을 겪고 있거나 겪어왔다는 사실을 명심하라. 지금의 불운과 고통이 없다면 미래의 행운과 안락함도 찾아올 수 없는 법이다. 그래서 불행의 늪에 빠져 허우적거리고 아우성치는 것을 경계해야 한다. 현실이 고통스러울수록 삶의 의미에 대해 깊이 생각하고 침착하고 냉정하게 그 고통을 이겨내지 않으면 안 되는 것이다.

셋째, 마음을 여는 지혜

고통을 당하고 있는 사람들을 보면 고통이란 왠지 깊은 동정을 자아내게 한다. 뿐만 아니라 그 고통을 견디고 있는 사람에게 높은 존경심을 갖게 되기까지 한다. 그리고 조심하지 않으면 자칫하다가 그들을 모욕하게 될지도 모른다는 두려움조차 느끼게 만든다. 한 번도 고통을 느껴보지 못한 사람들도 고통을 당하고 있는 사람들을 보면 다른 사람들뿐만 아니라 자기 자신까지 포함한 인간 자체에 대해 연민의 감정으로 바라보게 된다. 아무리 증오하던 사람도 막상 고통을 당하고 있는 모습을 보면 동정하지 않을 수 없게 되는 것이다. 우리는 고통을 당하고 있는 사람들은 보면서 인간의 운명이 얼마나 나약한 것인지를 깨닫게 되는 것이다.

넷째, 마음을 여는 지혜

한 사람이 불필요하게 너무 많은 것을 잔뜩 소유하고 있다면, 다른 많은 사람들은 절실하게 필요한데도 부족한 생활 영위하고 있다는 뜻이다. 사람의 욕심은 언제나 자기에게 부족한 것만을 생각하게 하고 다른 사람들의 부족을 생각하지 않는다. 욕심을 쫓아서 살아가는 사람은 나누는 삶의 달콤함을 맛볼 수 없다. 그들은 야만인과 같아서 배고픈 사람의 것을 약탈하고 그들의 작은 행복을 짓밟는 것과 같은 혐오스러운 짓을 서슴지 않는다. 자기 앞에 진수성찬을 두고서도 겨우 끼니를 연명하는 사람들의 적은 빵을 빼앗는 것이다. 불필요한 것을 버리고 진실한 사람들에게 나누어주라 욕심을 멀리 하고 야만적인 사람으로 남게 되는 것을 경계하라. 모으기만 하고 버릴 줄 모르는 사람은 진정으로 가치 있는 행복을 얻지 못하는 법이다. 작은 것이라도 다른 사람에게 베풀 줄 아는 사람들은 진정한 행복을 누릴 수 있다는 것을 명심하라. 이들은 언제나 마음의 여유가 있기 때문에 다른 사람들에게 관대 할뿐만 아니라 마음으로부터 부자이기 때문에 무엇이든 사람들에게 골고루 나누어줄 수 있는 것이다.

다섯째, 마음을 여는 지혜

가정생활을 아름답고 활기차게 하는 것은 창조적인 행위처럼 아주 생산적인 감동을 우리에게 안겨준다. 무엇인가를 이루어 내기 위해서 부부들은 끝없이 다투기도 하고 불화를 만들어가고 있다. 하지만 언제나 그들은 애정의 일치를 인해 다시 화해를 하고 다시 한 차원 높은 경지에 서서 새로운 불화의 요소를 가지고 다투게 된다. 그러면 부부 관계가 애매하게 이도 저도 아닌 경우에는 어떠한 일도 실제 이루어지지 않는다. 세상에는 남편에게나 아내에게나 늘 지겹기만 한 생활을 그대로 몇 년씩이고 계속하여 되풀이 하고 있는 가정이 많다. 그러나 그것은 부부 사이에 완전한 불화도 완전한 일치도 없기 때문이다.

여섯째, 마음을 여는 지혜

병에 걸리거나 나이를 먹었다고 해서 혹은 목숨이 얼마 남지 않았다고 해서 슬퍼하는 일은 빛을 향하여 걸어가는 사람이 빛이 가까워짐에 따라서 자기의 그림자가 점점 작아진다는 것을 한탄하는 것이나 다름없다 또 육체가 멸망한다고 해서 자기의 삶도 멸망한다고 믿는 것은 빛 속으로 물체가 들어감에 따라서 물체의 그 그림자 소멸하는 것을 보고 물체 그 자체가 소멸한 확실한 표시라고 생각하는 것과 다름없다. 이와 같이 결론을 내릴 수 있는 것은 그림자만을 너무 깊게 보기 때문에 끝내는 그림자를 물체 그 자체라고 생각하는 사람들뿐이다. 육체는 영혼의 그림자일 뿐이며 인간의 삶은 언제나 영혼이 더 아름답게 빛을 말하는 법이다. 삶은 영혼에서 비롯된 것이지 육체로부터 비롯된 것이 아니기 때문이다. 삶에 있어서는 육체는 욕망을 추구하지만 영혼은 아름다움을 추구한다. 영혼은 항상 유혹으로부터 그 사람을 구해내는 것이다.

일곱째, 마음을 여는 지혜

인류를 가르쳐 온 많은 학자들은 끊임없이 강조하고 있다. 우리의 인간들이 세상을 살아가면서 욕망이 작으면 작을수록 우리의 인생은 행복에 가까이 갈수 있다. 그러나 시간이 흐름에 따라서 이 말은 어떤 사람들에게는 이미 낡아버림이 됐을지도 모른다. 그러나 우리는 그 말을 현세를 살아가는 모든 사람들이 다 알고 있다고 보지는 않는다. 그 말은 결국 아직도 무수히 많은 욕망에 시달리고 있는 사람들에게는 더할 나위 없는 진리라고 할 수 있는 것이다. 진리가 옛 것에 있다는 것은 바로 이런 것을 두고 하는 말이다.

여덟째, 마음을 여는 지혜

모든 사람이 자기 자신의 육체적 행복을 바라고 살아간다는 것은 당연한 일이다. 사람들이 스스로 행복해지고 싶다는 바람을 갖지 않는다면 그 인간은 자기가 살고 있다는 사실조차도 모르고 있는 사람일 것이다. 사람은 자기 행복을 바라는 기원 없이는 인생에 대해 생각할 수 없다. 모든 사람에게 있어서 산다는 것은 행복을 획득한다는 말과 같은 것이다.

행복을 추구하라. 개인의 행복을 버리는 일은 미덕도 아니면 의거도 아니며 인간의 삶에 있어서 피할 수 없는 일도 상황 속에서 획득할 수 있는 행복을 기대하고 최선을 다해 그것을 추구하라. 정의와 선을 규범으로 살더라도 누구에게도 해를 끼치지 않을 정도의 행복한 삶을 살아라. 단 현명한 사람은 자신의 행복을 소중히 여기되 다른 사람의 행복도 소중히 여길 줄 아는 사람이다. 왜냐하면 오늘 당신의 행복이 다른 사람을 불행하게 만든다면 내일 당신 자신이 다른 사람의 행복으로 인해 불행해질 수도 있기 때문이다.

아홉째, 마음을 여는 지혜

사람들은 살아야 하고 행복해야 한다. 그 때문에 나는 끊임없이 추구하고 있다. 그것은 행복이다. 내가 누구이든 간에 상관없이 결국에는 그 위로 잡초가 자라게 될 모든 다른 생물이나 마찬가지로 내가 한 마리의 동물이든 혹은 신성한 존재로서의 작은 한 조각을 내포하고 있는 하나의 테두리 속에서 우리는 최선의 방식으로 행복하게 살아야 하는 것이다.
행복을 가치 없는 것으로 여기고 지금 곁에 있는 행복을 누리지 못하는 사람은 어리석은 인간이다. 이들은 자신에게 주어진 행복을 가볍게 여기고 거창한 무엇인가를 추구하지만 실제로는 어떤 일도 제대로 하지 못하는 사람들이다.

사람들에게 행복을 바라는 것 자체가 잘못인 것처럼 말하고 직접 세상을 구원할 생각은 하지 않고 본질적으로 자기 것이 아닌 뜬구름 같은 것에만 의지하려 든다. 그런 사람들은 인생에 있어서 어떤 다른 의미를 찾기 위해 노력하지만 결국 사소한 문제에 굴복하고 말 것이다. 왜냐하면 그들은 행복을 너무 쉽고 단순한 것으로 생각하고 있기 때문이다.

열째, 마음을 여는 지혜

지금 이 순간 당신이 좋은 일을 할 수 있게 된다면 지금 당장 좋은 일을 행하라. 좋은 일을 결코 내일로 미루어서는 안 된다. 왜냐하면 당신이 오늘 해야 할 일을 했는지 못했는지 따위를 당신의 죽음은 전혀 생각해 주지 않기 때문이다. 죽음은 누구를 막론하고 어떤 조건도 고려하지 않고 배려도 없이 찾아오는 불청객인 것이다.

죽음은 당신이 아무리 사정을 해도 한 치의 배려를 할 수 없는 성질을 가지고 있기 때문에 이미 때가 늦은 상태에서는 이럴 수도 저럴 수도 없는 것이다. 그래서 인간에 있어서 이 세상에서 가장 중요한 일은 그가 지금하고 있는 일인 것이다. 지금 이 순간 당신은 어떤 일을 할 수 있는가.

죽음이 다가오기 전에 당신이 좋은 일을 할 수 있다면 지금 당장 행하라. 이 말은 누구나 알고 있는 상식적인 말이라는 생각을 할 수 있을 것이다. 그러나 그 말뜻을 이해하고 진정으로 마음으로 우러나와서 실천하는 불자가 되기를 발원하는 마음이다.

여기서 범어사 무비스님의 말씀을 불교신문에서 보고, 가슴을 적시는 감로의 법어이기에 이렇게 글로 옮기게 되었다.

무비스님의 법향

"지금 이 순간이 진정한 삶이며 참다운 행복
어디에 있든 있는 곳에서 주인 되라
자신은 지고한 가치 지닌 존재라는 점 놓치지 말아야"

"부처님의 깨달음은 인류사에서 가장 위대한 사건입니다. 그 깨달음의 내용인 불교의 모든 가르침은 역시 인간사에서 다시 없을 금과옥조이며 인생의 지침입니다. 이 소중한 가르침을 같은 마음으로 읽고 되새기며 삶에 활용해서 지혜롭게 인생을 영위해 가는 도반 법우로서 이 전법도량에서 또 한 해를 맞이하게 된 것을 기쁘게 생각합니다.

불교나 유교나 모두 행복은 다 자기의 분(分)을 알고 만족을 느끼는 데서 출발한다고 봅니다. 그 분을 알고 분에 충실하고 그렇게 함으로 해서 느낄 수 있는 것이 행복이라고 봅니다.

저는 수연부작(隨緣不作)이라는 말을 좋아합니다. 인연에 따라서 조작 없이 억지를 쓰지 않고 무리수를 쓰지 않고 자기 능력 이상을 바라보지 않고 살면 현명한 삶이라고 봐요. 자기 능력에 충실하고 그 이상에 대해 무리하게 바라지 않고 사는 사람은 현명한 사람입니다. 현명해야 행복합니다. 현명하지 않으면 행복하지 않아요. 불교는 지혜와 자비의 종교입니다. 지혜로워야 행복하게 살 수 있어요.

너무 양보만 해도 안되고 남을 짓밟고 앞으로만 나가도 안되고 불교의 이상적 중도적 삶, 어디에도 치우치지 않고 양쪽을 다 수용하는, 겸손과 양보의 미덕도 살리면서 경쟁에서도 뒤처지지 않는 '중도적 삶' 그 균형감각을 잘 유지하는 것이죠.

나는 그 무엇과도 바꿀 수 없는 아주 지고한 가치를 지닌 존재라는 점을 놓치지 말고 살아야 하는 것입니다. 나 자신을 헐값에 팔아넘길 일이 참으로 많은 데 그러지 말고 자기의 그 지고한 가치를 잘 간직하라는 말입니다."

인생을 살아가는데 있어서 꼭 잊지 말아야 할 구절임에 틀림없다. 자신은 동요하지 않고 의연히 대처하는 것, 타인이 하는 일에 끌려 다니지 않고 분노하지 않고 자신의 본심으로 주체자가 되어 있으면 어떤 상황에서도 다 행복하다는 것이다.

"그것이 바로 진정한 '수처작주 입소개진(隨處作主 立所皆眞)'이며 자신에게 불이익과 손해가 돌아오고 비방이 돌아오더라도 그것을 다 받아들이고 그것에 반응할 필요는 없습니다. 어느 누구에게도 종속되거나 의지해서는 안 되며, 어떤 가르침과 사상을 따르거나 그것에 지배되어서도 안 됩니다. 부처님과 보살들이나 조사들에게까지도 의지하거나 끌려다녀서는 안 되며 오직 '차별 없는 참 자기'가 있을 뿐입니다. 그러므로 참 자기가 있는 한 어디를 가고 무엇을 하더라도 지금 그 자리 그 순간이 진정한 삶이며 참다운 행복입니다."

무비스님의 법어 한 말씀 한 말씀은 부처님께서 탄생할 때 선언하신 '천상천하 유아독존'을 다시 한 번 떠올리게 한다. 하늘 위에 있는 사람이나 땅에 있는 사람이 다 평등하게 존귀하다는 말씀, 우리는 이 뜻을 가슴에 새기면서 살아가야 한다는 생각이 든다.

·무비스님 무자년 새해인사 말씀 [불교신문 2392호/ 1월 12일자]

봉축시 (奉祝詩)

연등 하나 달으옵니다.
나의 마음을 공중에 매달읍니다.
부처님께서 이 땅에 오신 기쁨과 부처님을 향한 끝없는 사랑을
소원 한 다발 함께 묶어서 머리 위 하늘로 달으옵니다.

연등 하나 달으옵니다.
아직도 완전한 평화가 손 닿지 않은 전쟁과 기아와 난리 속에
숨 넘어갈듯 어지러운 세상 이 땅의 땅끝 물끝마다
부처님의 자비가 가피가 오월의 햇살처럼 쏟아져
자유가 평화가 넘쳐나게 하소서.

연등 하나 달으옵니다.
이 나라 대한민국 금수강산 통일과 번영의 기틀 위에
세계의 중심으로 우뚝 서서 정치, 경제 문화가 찬란하게 꽃피고
배달의 인연으로 흐르는 역사 불 국토 이루어 바른 길 가도록
고운 연등 사뿐히 달아맵니다.

연등 하나 달으옵니다.
내 가족 내 식구 일가친척들 건강하고 부자 되고 올곧게 살도록
날마다 기도하며 바쳐진 정성 오늘에야 고이 달아 하늘에 올려
연등– 그 밝음 아래 두루 하나니
다시는 슬픔도 아픔도 허망도 실패도 좌절도 후회도 없이
희망과 기쁨과 행복만이 우리 가정에 연꽃으로 피게 하소서.

연등 하나 달으옵니다.
선망 영가들 극락왕생 빌면서 순백의 연등 하나 달으옵니다.
열위열명 영가들 망낙태아 이 땅에 있던 사연 모두 잊고서
떠돌던 구천 이 연꽃 배 올라타고 오색 구름 영롱한 극락에 닿아
지장보살 영접받고 칠보궁전 들어가서
부처님 자비말씀 세세토록 들으소서.

연등 하나 달으옵니다.
선남선녀 사부대중 부처님의 자비로 아라한과를 얻어
생로병사 뛰어넘고 빙산보다 더 두꺼운 업장도 소멸하고
탐진치 삼독과 행고, 괴고, 고고, 삼고를 벗어나
이윽고 피안의 언덕에 다다라 깨달음의 길 성불하시라고
분홍빛 연등 정성스레 매달옵니다.

연등 하나 달으옵니다.
마음 여리고, 귀 여리고, 입 여리어 허물 많은 우리에게
공양보시 공덕 쌓고도 돌아서면 구업 짓고
백팔매 대비주 사경기도 해 놓고도 눈만 뜨면 악업이라
오호 어찌 할고 이 노릇 삼보를 뵙기도 송구하고
도반을 만나기도 민망해서 후회도 뉘우침도 많았는데
부처님이 연등 눈물로 걸어 놓고 진리의 바른 길 가겠나이다.
연등 하나 달으옵니다.

공덕의 연등 화담의 연등 용서의 연등 화해의 연등 공경의 연등
감쌈의 연등 드림의 연등 나눔의 연등 칭찬의 연등 미소의 연등을
그래서 '너'와 '나'가 아닌 '우리' 그 소중한 인연의 연등을
부처님 오신 날 달으옵니다.
부처님 가슴에 달으옵니다.
나의 참 마음을 하늘에 매달읍니다.

佛紀 2546年 부처님 오신 날을 맞이하여 유랑시인 성재경 삼가 한 편의 시를 지어 온 누리에 자비의 메시지를 보냅니다.

· 유랑시인 성재경

유랑시인 성재경씨는 경기도 광주 어느 절에서 처음 뵈었는데, 거기서 대비주 철야기도를 마치면 새벽 4시에 행당동 불자들을 태워다 주시곤 하던 인연 깊으신 분이었다. 목탁을 미리 깨어놓고 삼존상에서 혼자서 목청껏 염불하셨고, 당시 무슨 대회에서 경품으로 차 한 대를 받으신 후 그 차로 전국을 다니면서 시를 쓰시는 분이다. 부처님의 자비 광명이 함께 하시기를 발원하면서 감사의 마음을 전한다.

돌탑

절로 가는 길에 돌탑을 만난다. 누군가 마음을 여미며 정성스런 손길로 돌 하나씩 얹고 갔으리라. 수많은 사람들의 발원과 정성이 쌓여진 돌탑 아래서 잠시 발길을 멈춘다. 어찌 보면 조잡하고 어찌 보면 예뻐도 보이는 돌탑이 못내 내 눈길을 사로잡는 것은 정성스레 돌 하나를 얹고 합장하며 소원을 빌었을 모든 이들의 마음 때문이리라.

'돌탑을 쌓는다는 생각도 없이 그저 돌 하나를 얹었고 그들 순정의 소원은 무엇이었을까?'

'그들은 왜 이 산사의 언저리에 와서야 돌들을 얹고 소원을 빌어야만 했을까?'

'소원은 부처님 품에 와서야 비로소 이루어진다는 소박한 믿음 때문이었을까?'

돌탑에 돌을 얹고 누군가 합장하며 소원을 빌고 지나간다. 그걸로 조붓한 산길에서 옷깃을 여미게 한다. 그 발자국 뒤에 남겨진 절로 가는 길은 하나의 신성이 된다. 혹자는 절을 잠깐의 유람지로 생각할지 모르지만 돌탑을 쌓는 이들에게 절은 소원과 믿음의 끝에서 신성하게 떠오르는 곳이다. 그 자리를 누군가 헝클고 간다면 그것은 참다운 삶을 꾸려나가는 이들에게 얼마나 욕되는 짓일까. 동체대비의 아름다운 행은 함께 살아가는 이들의 꿈과 믿음을 소중하게 감싸는 일이기도 하다.

오늘도 돌탑은 신성한 기운을 내뿜으며 행인들의 발걸음을 조형하고 있다. 거친 걸음의 사람들도 돌탑을 지날 때면 조심스러워지고 세속에 지친 이들도 이곳에서는 잃었던 꿈을 되찾기도 한다. 조심스럽게 경배하면서 돌탑을 지나 들어서는 일주문에서 그들은 어쩌면 소원의 밝은 빛을 보게 될는지도 모른다. 그들의 아름다운 꿈과 소원이 부처님 품안에서 모두 이루어지길 발원하며 돌탑에 묻었던 발길을 옮긴다.

이 글을 읽고 우리도 108산사 성지순례를 다니면서 많은 돌탑 쌓아놓은 것을 접하게 되었다. 그러나 하나로 볼 때는 단지 굴러다니는 들에 불과 하지만 그것이 여러 사람의 고운 마음이 모여서 이루어진 것이라 그런지 아름답게 보였고, 또한 예쁘고 아름다운 장엄한 탑으로까지 이루어진다. 그러면 우리 인생살이도 마찬가지라 생각한다. 믿음은 공덕의 어머니라 하지 않았던가. 확고한 부처님의 무량한 공덕을 믿고 하나하나의 돌탑을 쌓아가듯이 모든 일에 최선을 다하는 자세로 살아간다면 언젠가는 아름다운 돌탑이 되어 시방 세계를 비춰줄 밝고 밝은 돌탑이 될 수 있으리라 믿는 바이다.

사랑하는 까닭

내가 당신을 사랑하는 것은 까닭이 없는 것이 아닙니다.
다른 사람들은 나의 홍안(紅顔)만을 사랑하지마는
당신은 나의 백발도 사랑하는 까닭입니다.
내가 당신을 그리워하는 것은 까닭이 없는 것이 아닙니다.
다른 사람들은 나의 미소만을 사랑하지마는
당신은 나의 눈물도 사랑하는 까닭입니다.
내가 당신을 기다리는 것은 까닭이 없는 것이 아닙니다.
다른 사람들은 나의 건강만을 사랑하지마는
당신은 나의 죽음도 사랑하는 까닭입니다.

·한용운 스님

자비경(慈悲經)

누구나 좋은 일을 능숙하게 하고 평화로운 자리를
얻고자 한다면 반드시 자비경을 암송하라.

제자들은 모든 일에 유능하고 정직해야 하며 고결하고 점잖아야 한다.
말은 부드러워야 하고 행동은 거만하지 않아야 한다.
불제자는 모든 일에 만족할 줄 알아야 하고
남들이 부담 없이 받들 수 있어야 한다.

또한 조급하지 않고 검소해야 하며
감관은 고요하고 사려가 깊어야 한다.
더욱이 뻔뻔스럽거나 알랑대서도 안 되고
가족의 인연에 치우쳐서도 안 된다.
제자들은 현자에게 질책을 받을 그 어떤 행동도 삼가야 할지니라.

그런 다음에 이렇게 발원해야 한다.
"모든 중생이 탈 없이 잘 지내기를!"
"진정으로 행복하기를!"

살아있는 모두가 하나도 예외 없이 그것들의 약하든 강하든
짧거나 길거나 크거나 작거나 아니면 중간치거나
미세하거나 거대하거나 또 눈에 보이거나 안보이거나
멀리 살거나 가까이 살거나 태어났거나 태어나려 하거나
모든 중생이 행복하기만을 축원하라.

자기의 도반을 비롯해 누구든지 어디에 있건
속이거나 헐뜯는 일이 없게 하라.
누구라도 잘못되기를 바라서는 안 된다.
원한에서든 증오에서든 외아들을 사랑하는 어머니처럼
뭇 생명을 향한 자비심을 자기의 것으로 지켜내라.

넓은 우주를 감싸는 자비심을 키워라.
미움도 악의도 넘어선 잔잔한 자비를
서있거나 움직이거나 앉았거나 누워 있거나 깨어 있는 한
이 자비의 마음을 챙겨라.
세상에서 말하는 거룩한 삶이 바로 이것이다.

그릇된 생각에 더 이상 얽매이지 않고
계행과 해탈의 경지를 갖추어
감각기관의 욕망을 이겨냈다면
그는 또 다시 모태에 들지 않으리.

라오스 루앙프라방 거리에서 탁발하는 스님들

부모은중경 (父母恩重經)

어머님의 크신 은혜 첫 번째로 말한다면
회탐수호은(懷耽守護恩) 아기 배어 배냇속에 품어주신 은혜이니.

"누겁인연중 금래탁모태 월유생오장 칠칠육정개"
"累劫因緣重 今來托母胎 月逾生五臟 七七六精開"
"체중여산악 동지겁풍재 나의도불괘 장경야진애"
"體重如山岳 動止㤼風災 羅衣都不掛 裝鏡惹塵埃"

여러겁을 내려오며 인연또한 깊고깊어.
이번생에 다시와서 모태내에 의탁했네.
개월수가 차가면서 오장육부 생겨나고.
불룩솟은 아랫배가 남산보다 더했어라.
움직이는 그때마다 찬바람이 겁이나니.
고운옷도 생각없이 입어본적 언제련가.
머리맡의 거울에는 먼지만이 가득하네.

어머님의 크신 은혜 두 번째로 말한다면
임산수고은(臨產受苦恩) 갓난아기 낳으실 때 고통받으신 은혜이니.

"회경십개월 산난욕장임 조조여중병 일일사혼침"
"懷經十個月 產難欲將臨 朝朝如重病 日日似昏沈"
"황포난성기 수누만흉금 함비고친족 유구사래침"
"惶怖難成記 愁漏滿胸襟 含悲告親族 惟懼死來侵"

배냇속에 아기배어 열달퍼뜩 다가오니.
순산날이 언제일까 손꼽아서 기다리네.
하루하루 기운없어 큰병이든 사람같고.
어제오늘 매일같이 정신또한 흐리도다.
두렵고도 겁난마음 그무엇에 비교할까.
근심섞인 눈물만이 작은가슴 가득하네.
슬픔고인 눈빛으로 친척에게 말하기를.

행여죽음 닥쳐올까 염려스럴 뿐이외다.

어머님의 크신 은혜 세 번째로 말한다면
생자망우은(生子忘憂恩) 아기낳고 한숨 돌려 근심 잊은 은혜이니.

"자모생군일 오장총개장 신심구민절 혈류사도양"
"慈母生君日 五臟總開張 身心俱悶絶 血流似屠羊"
"생기개아건 환희배가상 희정비환지 통고철심장"
"生己開兒建 歡喜倍可常 熹定悲還至 痛苦徹心腸"

어여쁘신 어머님이 이내몸을 낳으실때.
오장육부 찢기는듯 연한살을 에이는듯.
정신일랑 혼미하고 몸마져도 무거우니.
흘리신피 너무많아 그모습이 창백하다.
갓난아기 건강하다 위로의말 들으시며.
반갑고도 기쁜마음 견줄바가 없지마는.
그기쁨에 지난뒤에 찢는고통 다시나네.
허전하고 아린마음 여린몸에 사무치네.

어머님의 크신 은혜 네 번째로 말한다면
인고토감은(咽苦吐甘恩) 입에 쓴 건 삼키시고 맛있는 건 주신 은혜이니.

"부모은심중 은련무실시 토감무소식 인고불빈미"
"父母恩深重 恩憐無失時 吐甘無所食 咽苦不嚬眉"
"애중정난인 은심부배비 단령해자포 자모불사기"
"愛重情難忍 恩深復倍悲 但令孩子飽 慈母不詞飢"

어버이의 깊은은혜 저바다에 비기리까.
아끼시고 사랑하심 길이길이 변치않네.
단것일랑 모두모아 아기에게 먹이시고.
쓴것일랑 드시어도 그얼굴이 밝으시네.
사랑함이 깊으시니 아기위함 밤낮없고.

은혜로움 높으시나 걱정은또 몇곱인가.
어머님의 일편단심 아기배를 불림이니.
며칠내내 굶으신들 그를어찌 마다하리.

어머님의 크신 은혜 다섯째로 말한다면
회건취습은(廻乾就濕恩) 마른 데는 아기 뉘고 젖은 데에 드신 은혜이니

"모자신구습 장아이취건 양유충기갈 나수엄풍한"
"母自身俱濕 將兒以就乾 兩乳充飢渴 羅袖掩風寒"
"은령항폐침 총농진능환 단령해자온 자모불구안"
"恩怜恒廢寢 寵弄振能歡 但令孩子穩 慈母不求安"

어머님의 당신몸은 백번천번 젖더라도.
아기일랑 어느때나 마른데는 뉘시옵고.
양쪽젖을 번갈아서 아기배를 불리시며.
찬바람이 쐬일세라 소매로서 가리우네.
그아기를 돌보느라 잠한번을 편히자랴.
둥개둥개 두리둥실 안아주고 달래시니.
아기만약 편하다면 무엇인들 사양하며.
어머님의 그몸이야 고된들또 어떠하리.

부모님의 크신 은혜 여섯째로 말한다면
유포양육은(乳哺養育恩) 어머님의 크신 은혜 이땅에다 견주리까.

"자모상어지 엄부배어천 복재은장등 부양의역연"
"慈母象於地 嚴父配於天 覆載恩將等 父孃意亦然"
"불증무안목 부혐수족격 탄복친생자 종일석겸련"
"不憎無眼目 父嫌手足겪 誕腹親生子 終日惜兼憐"

아버님의 높은은덕 저하늘에 비기리까.
높고크신 부모은공 천지와도 같사오니.
제자식을 사랑하는 부모마음 다를손가.
눈과코가 없더라도 눈꼽만도 밉지않고.

손과발을 못쓴데도 싫은마음 전혀없네.
배아파서 낳은자식 바보얼치 더귀여워.
하루종일 사랑해도 그정성은 끝없어라.
젖먹이고 품에안아 길러주신 은혜이니.

어머님의 크신은혜 일곱째로 말한다면
세탁부정은(洗濯不淨恩) 기저귀며 때묻은 옷 빨아주신 은혜이니.

"억석미용질 자미심풍농 순분취유색 양검탈련홍"
"憶昔美容質 姿媚甚豊濃 盾分翠柳色 兩검奪蓮紅"
"은심최옥모 세탁손반농 지위련남여 자모개안용"
"恩深催玉貌 洗濯損盤濃 只爲憐男女 慈母改顔容"

지난날의 고운얼굴 꽃보다도 화사했고.
백옥같이 아름답고 솜털처럼 부드러워.
어여쁘게 그린눈섭 버들잎이 부끄럽고.
두볼에핀 보조개는 연꽃마져 수줍어라.
은혜더욱 깊을수록 곱던얼굴 여위었고.
기저귀를 빠시느라 손과발이 거칠었네.
아들딸을 가르치랴 고생또한 극심하여.
부모님의 꽃얼굴에 주름살이 잡히셨네.

부모님의 크신은혜 여덟째로 말한다면
원행억념은(遠行憶念恩) 자식 만일 멀리 가면 걱정하신 은혜이니.

"사별성난인 생리역비상 자출관외출 모의재타향"
"死別誠難忍 生離亦悲傷 子出關外出 母意在他鄕"
"일야심상축 류누수천행 여원읍애자 억념단간장"
"日夜心相逐 流淚數千行 如猿泣愛子 憶念斷肝腸"

설렁죽어 이별함도 그고통이 크지마는.
살아생전 이별함은 애간장을 저미누나.

자식만일 집을떠나 머나먼길 가게되면.
어버이의 마음일랑 그자식을 따라가네.
여린마음 밤낮으로 자식만을 생각하여.
두눈에서 흘린눈물 천줄기요 만줄기라.
원숭이의 자식사랑 오장육부 도려내듯.
어버이의 자식사랑 그보다도 더하여라.

부모님의 크신 은혜 아홉째로 말한다면
위조악업은(爲造惡業恩) 자식 위해 나쁜 일도 짐짓 하신 은혜이니.

"부모강산중 심은보실난 자고원대수 아노모불안"
"父母江山重 深恩報實難 子告願代受 兒勞母不安"
"문도원행거 행유야와한 남여잠신고 장사모심산"
"聞道遠行去 行遊夜臥寒 男女暫辛苦 長使母心酸"

바다처럼 망망해라 무엇으로 비길손가.
태산보다 아득해라 어떻게다 갚사오리.
자식들의 온갖고생 대신하기 소원이요.
자식만약 괴로우면 부모마음 편치않네.
아들딸이 길을떠나 머나먼길 가게되면.
밤이되면 추울세라 낮이되면 주릴세라.
자식들이 잠시라도 행여고통 받게되면.
어버이의 근심걱정 한시각이 삼추렸다.

부모님의 크신 은혜 열 번째로 말한다면
구경연민은(究竟憐愍恩) 몸과 마음 다하도록 사랑하는 은혜이니.

"부모은심중 은련무실시 기좌심상축 원근의상수"
"父母恩深重 恩憐無失時 起座心相逐 遠近意相隨"
"모년일백세 상우팔십아 욕지은애단 명진시분리"
"母年一百歲 常憂八十兒 欲知恩愛斷 命盡始分離"

낳으신정 기르신정 가르친정 어떠한가.
자식들을 생각하심 잠깐인들 쉬오리까.
서있거나 앉았거나 그마음을 따라가고.
비록머나 가까우나 그사랑은 같을세라.
나이드신 부모님은 골백살이 될지라도.
팔십줄의 아들딸을 혹여행여 걱정하네.
부모님의 깊은은공 그언제나 그칠는지.
이내목숨 스러진뒤 그때에야 다할런가.

부모가 옆에 계실 때는
항상 영원하게 계시리라 믿고 어리광도 부리지만
재행무상이라 부모 이 세상에 계시지 않으니
그립고 또한 안타깝기 그지없네.
그리고 내가 부모 되니 부모은덕 더욱 간절히 느껴지네.
그래서 부처님께서 우리 곁에 영원히 계시지 않고
열반에 드신 것이네.

산사에 담긴 설화에 대하여

다시 태어난 김대성

지금의 경주 모량리에 경조라는 한 가난한 여인이 아들과 살고 있었다. 그녀의 아들은 머리가 크고 이마가 펑펑하여 생긴 모습이 마치 성(城), 과 같다 하여 이름을 대성(大城)이라 불렀다. 대성은 이웃마을 부자 복안의 집에 가서 품팔이를 하며 그 집에서 얻은 몇 이랑의 밭을 갈아 끼니를 이어가고 있었다.

어느 날 흥륜사의 점개스님이 육륜법회를 베풀고자 부잣집 복안의 집을 찾아 시주를 청하니 복안이 베 50필을 시주하였다. 그러자 점개스님이 축원하길

"신도가 즐겨 보시를 하면 천신이 항상 보호하며 만 배를 얻게 될 뿐 아니라 안락과 장수를 누릴 것입니다, 나무관세음보살."

옆에서 이 말을 듣고 있던 대성은 급히 어머니에게 뛰어갔다.

"어머니, 지금 어느 스님이 주인어른께 하는 말을 들었는데요, 하나를 보시하면 만 배를 얻는다고 했어요. 아마 우리는 좋은 일을 해놓은 것이 없어서 이같이 가난한가 봐요. 그러니 지금 보시를 안 하면 내생에는 더욱 가난할 것 아니겠어요? 어머니 제가 고용살이해서 받은 밭을 법회에 시주하였으면 합니다."

"그래 참으로 기특한 생각이구나. 그렇게 하도록 하지."

어머니의 승낙을 받은 대성은 다시 복안의 집으로 달려가 스님에게 밭을 시주했다. 얼마 후 대성은 이유 없이 시름시름 앓다가 그만 죽고 말았다. 오래 살아야 할 대성이 그만 죽은 것이다.
그런데 대성이 죽던 날 밤은 유난히 별이 총총했고 신라 재상 김문량의 집에는 하늘에서 이상한 소리가 들려오면서 큰 별이 그 집을 향해 떨어졌다. 연이어

"모량리의 대성이란 아이가 네 집에 환생하리라."

하므로 재상이 사람을 시켜 모량리에 보내 조사하게 하니 대성이 죽었다는 것이었다.

그로부터 김문량의 아내는 태기가 있어 10개월 후 아들을 낳았다. 아기는 건강하고 이복구비가 뚜렷하였다. 그런데 왼손을 꼭 쥔 채 펴지 않더니 7일만에 펴는 것이었다. 아기의 손바닥에는 "대성"이라 새겨진 쇠붙이가 있었다. 김문량의 집에선 아기를 대성이라 이름하고 그 어머니(경조)를 모셔다 후하게 대접하고 봉양하였다.

재상의 아들로 환생한 대성은 부족함이 없는 환경에서 씩씩한 청년으로 성장했다. 그는 장성하면서 사냥을 즐겼는데 어느날 토함산에 올라가 곰 한 마리를 잡고 산 아래 마을에서 잠을 잤다. 그날 밤 대성의 꿈에 죽은 곰이 귀신으로 변하여 자기를 죽인 것을 원망하고 환생하여 대성을 잡아먹겠다고 위협하였다. 이에 대성이 용서를 청하자 곰이 자기를 위하여 절을 지어줄 수 있겠냐고 하자 대성은 선뜻 그러겠노라고 맹세하였다.

잠에서 깨어난 대성은 깨달은 바가 있어 이후 사냥을 금하고 곰을 사냥했던 자리에 장수사(일명 웅수사)를 창건하였다. 이를 계기로 대성은 경전 공부에 열성을 다하고 사찰 참배에 전력하였다. 또 부처님이 가르친 효 사상이 인간이 지켜야 할 근본임을 깊이 깨닫게 되어 부모를 위해 절을 세우기로 원력을 세웠다. 그는 현재의 부모를 위해 불국사를 세워 부모의 명복을 기원하고 나라의 안녕과 모든 자연보호, 그리고 자기 자신의 구원을 기원하였다.

김대성의 발심은 드디어 대가람을 이룩했다. 그러나 대성은 불국사 건립만으로 자신의 기도가 끝났다고 생각하지 않았다. 그는 가난한 시절에 자기를 키우느라 애쓰셨고 선뜻 밭을 보시하신 전생의 어머니와 일찍 세상을 떠난 아버지의 영령을 천도하고 은혜에 보답하기 위해 토함산에 석불사를 세웠으니 그 절이 세계적으로 유명한 오늘의 석굴암이다.

신라 오악(五岳)의 하나이며 영산으로 알려진 토함산과 그 기슭에 전생과 현세 부모를 위해 절을 창건한 김대성은 그 대작불사에 신라인의 호국염원을 발원하기도 했다. 그것은 토함산이 군사적 요새라는 점에서 후세인들이 그렇게 말하고 있는 것이다. 밭 한 뙈기를 공양 올린 공덕으로 김대성은 우리 민족의 존귀한 유산이며 귀의처인 가람을 세워 후세인에게 존경을 받게 되었다.

삼국유사를 지으신 일연스님(1206-1289)은 계송을 지어 이를 찬탄하였다.

모량의 봄에 밭을 조금 보시하더니.
향령의 가을에 만금을 얻었도다.
어머니는 백 년 동안에 빈, 부, 귀를 다 겪었고
아들은 한 꿈에서 삼생(과거, 현재, 미래)을 보냈도다.

불국사 석굴암

화엄사상 으뜸 도량 화엄사

한반도 남쪽을 동서로 나누는 소백산맥 끝머리에 크게 솟구친 산이 있으니 지리산이다. 해발 1915m. 우리나라에서 두 번째 높은 이 산은 1967年 12月 29日 국립공원 제1호로 지정되었다.
경남, 전남, 전북 3개도 5개 군에 걸쳐 8백여 리의 둘레를 자랑하는 방대한 산으로 예로부터 3신산의 하나로 추앙받아 오고 있다. 특히 지리산 팔경, 즉 천왕봉 일출, 반야봉 낙조, 세속철쭉, 노고단 운해, 백소령 야월, 불일폭포, 연하선경, 피아골 단풍 등의 절정은 가히 천하절경으로 이름이 높다.

지리산 서남부인 전남 구례군 마산면 황전리에는 우리나라 화엄사상의 으뜸 도량으로 이름 높은 화엄사가 있다. 적어도 지리산을 찾는 사람이면 빼놓지 않고 찾는 이름난 곳이다. 경내에 들어서면 독특한 생김새를 자랑하는 석탑과 석등, 조선 중기에 지어진 전각인 각황전의 중후한 건축미, 도량에 스며있는 신비한 전설 등, 볼 거리와 이야깃거리가 풍성한 곳으로 소문난지 오래이기 때문이다.

해발 1,506m의 노고단 기슭에 자리한 이 사찰은 서기 541年(신라 진흥왕 5年) 인도의 승려인 연기조사가 창건한 이후, 670年(신라 문무왕 16年) 의상대사가 화엄교학을 전파한 10개의 사찰, 즉 화엄 10찰 중 하나로 중창되었다. 임진왜란 때 모두 소실된 것을 1636年(인조 14年) 벽암대사가 다시 일으켰으며 그 뜻을 이어 받은 계파선사가 1702年(숙종 28年) 각황전을 완공했다. 경내에는 천연기념물 제38호 올빛나무, 국보 제67호 각황전, 국보 제12호 석등, 국보 제35호 사사자석탑, 보물 제132-133호 오층석탑, 보물 제300호 사사자감로탑, 보물 제299호 대웅전 등 문화재가 즐비하다.

신비한 전설 간직한 각황전

화엄사에는 임진왜란으로 전소되기 전까지 장륙전이라는 전각이 있었다. 부처님의 몸을 일컬어 장륙금신(丈六金身)이라고 하는데 당시 장륙의 금색 불상을 모시는 신당을 근거로 장륙전 정각이 지어지지 않았나 추측된다. 장륙전은 원래 3층이었다. 사방 벽에는 화엄석경이 새겨져 있었으나 임진왜란 때 소실되고 석경은 파괴되어 지금은 그 파편 조각만을 영전에 보관하고 있다. 화엄사에서 가장 유명한 전각인 각황전은 임진왜란 때 완전히 타버린 이 장륙전을 1702年 다시 중건한 건물이다. 웅장한 규모와 단아한 맛을 자랑하는 이 전각의 중건에는 다음과 같은 일화가 전한다.

중창초 벽암대사의 제자였던 계파스님은 스승이 못 다한 일을 이루고자 장륙전 중건의 대원을 세웠다. 먼저 부처님께 가피 있기를 기원하며 우선 몸과 마음을 다할 수 있는 기도 대중의 공양주를 자원했다. 계파스님은 온갖 정성을 다해 바치고 물 길으며 사부대중을 공양했다. 이윽고 백일기도가 끝나는 날 노스님이 대중을 불러 일렀다. 그것은 간밤에 꿈을 꾸었는데 한 노인이 나타나 이르길 장륙전을 중건하고자 한다면 대중 가운데 물 묻은 손으로 밀가루를 만져 밀가루가 묻지 않은 사람을 화주승으로 뽑아야 한다는 것이었다. 기이한 일은 다른 스님들도 모두 똑같은 꿈을 꾸었다는 것이다.

대중은 모두 이를 문수보살의 유촉으로 알고 그대로 시험하기로 했다. 그러나 모든 대중의 물 묻은 손에는 밀가루가 묻어났다. 그러자 노스님과 대중은 마지막으로 부엌에서 대중을 시봉하는 계파스님을 불러보는 수밖에 없었다. 계파스님의 두 손에 물을 묻혀 밀가루 독에 손을 넣도록 했다. 그런데 이게 웬일인가, 밀가루가 손에 묻어나질 않았다. 계속해도 마찬가지였다.

대중은 모두가 일어나 계파스님에게 삼배하고 장륙전 불사의 화주스님을 당부했다. 계파스님은 이를 받아들였으나 걱정이 없는 것은 아니

었다. 밤새껏 대웅전에 정좌해 기도를 올렸다. 비몽사몽간 한 노인이 나타나 말하기를

"그대는 걱정 말라. 내일 아침 화주를 떠나 제일 먼저 만나는 사람에게 시주를 권하라."

고 하는 것이었다.
계파스님은 그 가르침을 따라 다음날 새벽 아무도 몰래 화주책을 몸속에 간직하고 산을 내려왔다. 한참 길을 걷다 보니 그의 앞에 한 거지 노파가 절을 향해 오고 있었다.

"이런 거지 노파에게 어떻게 장륙전을 지어달라고 권한단 말인가."

계파스님은 속으로 생각하면서도 간밤에 문수보살의 가르침을 떠올렸다. 노파에게 장륙전 불사 시주를 권하며 절을 계속 하니 아무것도 없는 거지 노파는 도망을 다녔다. 그러나 계속 절하며 사정하는 계파스님의 정성에 노파는 마침내 눈물을 흘리며 화엄사를 향해 합장하고서

"이 몸이 죽어 왕궁에 태어나 큰 불사를 이루오리니 부디 문수대성께서는 가피를 내리소서!"

라고 말하고는 길가에 있던 연못에 몸을 던졌다. 너무 갑작스런 일에 놀란 계파스님은

"내가 사람을 죽였구나."

하며 어디론가 정처 없이 걸식하며 5~6年을 돌아다니다가 마침내 한양성에 도달했다. 창덕궁 앞을 서성거리고 있는데 유모와 함께 궁 밖을 거닐고 있는 어린 공주와 마주쳤다. 어린 공주는 계파스님을 보자

"우리 스님."

하며 반가워 어찌할 줄 몰라 했다. 그런데 공주는 태어나서 6년이 되도록 손을 펴지 않아 왕실의 큰 근심이었는데 계파스님이 공주를 안고서 쥔 손을 만지니 신기하게도 손이 펴지고 손바닥에는 '장륙전'이

란 글씨가 씌여 있었다. 거지 노파가 공주로 환생한 것이었다.
이 소식을 들은 조선 19대 숙종은 계파 스님을 불러 자초지종 이야기를 듣더니 크게 감복한 나머지 장륙전 불사에 크게 시주하고 장륙전이 완공되자 '각황전'이라는 사액을 내렸다. 그것은 황제가 깨달았다는 뜻이었다.

새삼 이같이 큰 불사를 이룬 내용을 읽으니 부처님 성전을 이루는 것은 크나큰 대 원력으로 이루어지고, 모든 성전이 그렇게 어려운 가운데서 이루어졌다는 것을 믿고 깨닫게 되어 다시 한 번 감사를 드리는 마음이다.
우리는 살아가면서 인연에 대한 소중함을 새삼 느끼게 된다. 진리는 멀리 있는 것도 아니요, 어떤 특정한 지역에만 존재하는 것도 아니다. 우리들의 생활 가운데 항상 하는 것이다.
우리의 삶을 떠나 다른 진리가 존재한다면 그 진리는 우리와는 무관할 것이요, 이로울 것이 하나도 없다. 깨닫는다고 하는 것도 그러기에 특기할 만한 것이 아니요, 그리 어려운 것도 또한 아니라 생각한다.
자신을 알고 자기의 주변을 알고 이웃과 사회를 알고, 알고 있는 것을 실현 하는 것이다. 정직하고 슬기롭게 사는 것, 서로 이해하고 서로 도우며 항상 웃고 사는 것이다. 이것보다 더 좋은 깨달음은 없다.

전남 구례 화엄사 각황전

불교우화에서 백유경(百喩經)

소젖을 모아둔 사나이

아주 먼 옛날 어떤 어리석은 사람이 손님을 청하여 우유를 대접하려고 하였다. 그래서 그는 혼자서 이렇게 생각했다.

'내가 날마다 우유를 짜두면 우유는 점점 많아져 둘 곳이 없을 것이다. 뿐만 아니라 맛도 변해 못쓰게 될 것이다. 차라리 그럴 바에는 소젖을 소의 뱃속에 모아 두었다가 그때 가서 한꺼번에 짜는 것이 좋겠다'

이렇게 생각하고 어미 소와 새끼소를 따로 매어 두었다. 한 달이 지나고 드디어 잔칫날이 되었다. 그는 손님을 맞아 자리를 베풀고 야단법석을 떨었다. 소를 끌고 와서 소의 젖을 짜려고 했지만 소젖은 이미 말라 없어지고 말았다. 그러자 손님들은 화를 내고 비웃었다. 그는 창피만 톡톡히 당하게 되었다.

– 어리석은 사람도 그와 같다. 어리석은 사람이 남에게 보시를 함에 있어 '내게 재물이 많이 모인 뒤에 한꺼번에 보시 하리라'고 생각하는 것도 이와 같이 어리석은 것이다. 왜냐하면 재물을 모으기 전에 관청에 빼앗기고 도둑맞고 겁탈을 당하고 홍수에 쓸려 보내고 화재에 타버리곤 하는 경우가 있기 때문이다. 또 갑자기 세상을 떠나게 되면 적절한 때에 보시하지 못하게 된다. 저 소젖을 모아 두었다가 잔치하려던 어리석은 사람과 똑같은 것이다.

배(梨)로 머리를 맞은 사람

옛날에 어떤 어리석은 사람이 살고 있었다. 그런데 이상하게도 그의 머리에는 머리털이 없었다. 한 번은 어떤 사람이 배를 가지고 와서 그의 머리를 때렸다. 두 번, 세 번 거듭해서 치니 그만 머리에 상처가 나고 말았다. 그러나 그는 그저 잠자코 있으면서 피할 줄을 몰랐다. 그래서 옆에서 보고 있던 사람이 말했다.

"머리가 터져 피가 흐르고 있는데도 왜 피하지 않고 가만히 맞고만 있는지?"

그는 대답했다.

"저 사람은 힘만 믿고 교만하여 어리석어 지혜라곤 없다. 그는 내 머리에 털이 없는 것을 보고 돌이라고 생각한 것이다. 그래서 배로 나의 머리를 때려 상처를 내는 것이다."

옆에 있던 사람은 이렇게 말했다.

"네가 어리석은데 왜 그를 어리석다고 하느냐? 네가 어리석지 않다면 무엇 때문에 남에게 얻어맞으며 또 머리가 터져 피가 흐르고 있는데도 피할 줄 모르겠는가?"

– 비구들도 그와 같다. 믿음과 계율과 공부와 지혜도 닦지 않고 오직 위의만 갖추고 허세만 부리며 이양을 불러오는 것과 같다. 그것은 마치 어리석은 사람이 남에게 머리를 맞고도 피할 줄 모르고 심지어는 머리가 터져 피가 흐르고 있는데도 도리어 남을 어리석다고 하는 것과 똑같은 것이다.

위층부터 지어라

옛날에 어떤 부자가 있었다. 재물은 많았지만 워낙 어리석어 아무것도 아는 것이라곤 없었다. 하루는 다른 부잣집에 가서 삼층으로 된 누각을 보았다. 높고 넓으며 웅장하고 화려하며 시원스럽고 밝았다. 그는 무척 부러워하면서 이렇게 생각했다.

'내 재물은 저 사람보다 그리 뒤지지 않는다. 그런데 나는 어쩌다가 아직까지 이런 누각을 짓지 않았던가.'

그는 목수를 불러 물었다.

"저 삼층누각처럼 아름답고 웅장하며 시원스런 삼층 누각을 지을 수 있겠는가?"

목수는 대답하였다.

"그 누각은 바로 내가 지은 누각입니다. 그러니 어려울 거야 없지요."

그는 목수에게 이렇게 부탁했다.

"이제부터 나를 위하여 저런 누각을 짓게나."

목수는 곧 땅을 고르고 벽돌을 쌓아 집을 짓기 시작했다.
그는 목수가 벽돌을 쌓아 집을 짓는 것을 보고는 의심이 생겨 잘 알 수가 없었다. 그래서 목수에게 물었다.

"어떠한 집을 지으려는가?"

"삼층집을 짓는 것이지요."
"나는 아래의 두 층은 가지고 싶지 않다. 그러니 제일 위층이나 짓는 게 좋겠다."

"어떻게 그럴 수가 있겠습니까? 아래층 집을 짓지 않고 어떻게 2층을 올리며 또 2층을 짓지 않고 어찌 3층을 지을 수 있겠습니까?"

그러나 그는 막무가내였다. 그러면서 이렇게 말했다.

"내게는 아래의 두 층은 필요 없네. 그러니 무슨 수를 써서라도 맨 윗층부터 짓게나."

그때 이웃 사람들이 이 말을 듣고 모두 비웃으면서 말했습니다.

"어떻게 맨 아래층을 짓지 않고 윗층부터 지을 수 있겠는가? 욕심도 많으려니와 꽤나 무식한 작자로군."

– 이는 매우 재미있고 따끔한 비유이다. 부처님의 네 무리 제자들이 부지런히 삼보를 공경하지 않고 게을리 하면서도 도의 결과를 구하려 한 것을 비유한 말씀이다. 어리석은 수행자는 이렇게 생각한다.

'나는 지금 아래의 세 가지 결과는 필요 없고 오직 아라한의 결과만을 구하고 싶다.'

일본 교토 로코온지(금각사)

아들을 죽이다

옛날 어떤 바라문이 스스로 많은 것을 안다고 잘난 체 하였다. 별자리, 태양계 온 우주의 이치를 다 알 뿐 아니라 온갖 재주와 예술까지도 밝게 통달했을 뿐 아니라 예언도 한다고 떠벌리고 다녔다.
하루는 자기의 재주를 뽐내고 그 덕을 나타내려고 이웃 나라에 가서 한 아이를 안고 울고 있었다. 어떤 사람이 그에게 물었다.

"자네는 왜 우는가?"

"이 아이는 앞으로 이레 안에 죽을 것이요, 그래서 일찍 죽는 것이 너무나 가여워 울고 있는 것이라오."

이 말을 듣고 주위에 있던 사람들은 말했다.

"사람의 명이란 참으로 알기 어려우니 계산하다가 실수할 수도 있는 일이다. 혹시 이레 만에 죽지 않을지도 모르는데 왜 미리 우는가?"

"해와 달이 어두워지고 별들이 떨어지는 일이 있더라도 내 예언은 틀림이 없을 것이오."

그런 뒤 그는 자기의 명예와 이익을 지키기 위해 이레째 되는 날 제 손으로 그 아이를 죽여 제 말을 실증시켰다. 세상 사람들은 이레 뒤에 그 아이가 죽었다는 소문을 듣고 모두 모여 들었다.

"참으로 슬기로운 사람이 그 예언이 딱 맞아들었는걸."

그리고는 그에게 온갖 재물을 바치고 옷과 음식도 올렸다.

– 이는 마치 부처님의 네 무리 제자들이 이익만을 위하여 도를 얻었다고 자칭하면서 어리석고 못된 이교도의 가르침을 가지고 착한 사람을 죽이고 거짓으로 자비의 덕을 드러내는 것과 똑같은 이야기이다. 그로 인하여 장래에 한량없는 괴로움을 받게 되니 마치 바라문이 자기 말을 실증시키기 위하여 자식을 죽여 세상 사람들의 눈을 속이는 것과 조금도 다름이 없다 하겠다.

의사의 지혜

옛날 어떤 국왕이 딸 하나를 낳았다. 성미가 급한 왕은 의사를 불러 말했다.

"왕녀는 아직 어리다. 그대는 왕녀에게 약을 주어 당장 자라게 하라."

의사는 말했다.

"저는 따님에게 약을 주어 자라게 할 수 있습니다."

"정말 가능하겠는가?"

"가능합니다. 그러나 지금 당장은 그 약을 구할 방법이 없습니다."

"그러면 어떻게 하겠는가?"

"다만 대왕께서는 제가 그 약을 구할 때까지는 왕녀를 보지 마십시오. 약을 쓴 뒤에라야 보여드리겠습니다."

왕은 의사의 말대로 공주를 밀실에 가둔 채 시자를 시켜 모든 것을 공급하였다. 그리고 자신은 한 번도 공주를 보지 않았다. 한편 의사는 약을 구한다는 핑계로 아주 먼 곳에 가서 12年이나 지낸 뒤에 약을 구해 가지고 돌아와 왕녀에게 먹인 뒤 왕에게 데리고 가서 보였다. 왕은 왕녀를 보자 기뻐서 어쩔 줄을 몰랐다. 그리고 혼자 생각했다.

'참으로 훌륭한 의사다. 왕녀에게 약을 주어 갑자기 자라게 하였구나.'

하고 좌우에 영을 내려 그 의사에게 큰 보상을 내리도록 하였다.
이 사실은 안 온 국민들은 왕의 무지를 비웃었다.

"왕녀가 태어나서 자란 햇수는 헤아리지 못하고 그 자란 모습만을 보고 약의 힘이라고 한다."

– 세상 사람들도 그와 같다. 선지식에게 나아가 아뢰기를 "나는 도를 구하려고 합니다. 바라옵건대 저를 가르쳐 당장 훌륭한 사람이 되게 하

여 주옵소서."라고 한다. 스승(선지식)은 방편으로 그를 시켜 최선을 하게 하고 열두 가지 인연을 관찰하게 하고 온갖 덕을 쌓아 최고의 성자가 되게 한다. 그러면 그는 기뻐 뛰면서 이렇게 생각한다. '훌륭하시다, 참으로 훌륭하시다. 스승께서는 나로 하여금 당장에 가장 묘한 진리를 증득하게 하셨도다.'라고 말한다.

배에서 발우를 잃다

옛날 어떤 사람이 배를 타고 바다를 건너 가다가 잘못하여 바릿대 하나를 물에 떨어뜨려 잃어버렸다. 그는 바릿대를 잃고 곰곰이 생각하였다.

'지금은 갈 길이 바쁘다. 그러니 물에 금을 그어 표시를 해 두었다가 볼일을 본 뒤 나중에 다시 와서 찾자.'

그리고 그는 두 달 동안이나 걸려서 사자국에 당도했다. 그런데 그는 어떤 강물을 보고 곧 들어가기 전에 잃어버린 바릿대를 찾기 시작하였다. 사람들이 물었다.

"무엇을 하려고 그러는가?"

그는 대답하였다.

"내가 전에 바릿대를 잃어버렸소, 그래서 지금 그것을 찾으려 하오."

"어디에서 잃었는가?"
"처음으로 바다에 들어오던 날 바로 거기서 잃었소."
"잃은 지 얼마나 되었는가?"
"잃은지 두 달이나 되었는데 어떻게 찾으려는가?"
"내가 처음 바릿대를 잃었을 때 물에 금을 그어 표시를 해 두었소. 그런데 그때 그 물과 지금의 물이 똑같구려. 그래서 찾는 중이라오."

"물은 비록 다르지 않지만 당신은 전에 다른 곳에서 잃지 않았는가? 그런데 지금 여기서 찾은들 무슨 소용 있는가?"

그때 그 주위에 모여 있던 모든 사람들이 조소를 보냈다.

– 이것은 이교도들이 올바른 행을 닦지 않고 선과 비슷한 것을 닦다가 중간에 잘못 생각하여 괴로워하면서 해탈을 구하는 것과 같은 격이다. 마치 어리석은 사람이 저기서 바릿대를 잃고 여기서 찾는 것과 같다.

왕의 횡포

옛날 어떤 사람이 왕의 횡포를 말하였다.

"왕은 매우 포악하고 정치를 하는데 전혀 이치에 맞지 않는다."

발 없는 말이 천리를 간다는 격으로 그 말은 어느덧 왕에게 전달되었다. 그러나 왕은 누가 그런 말을 했는지 깊이 조사도 하지 않은 채 간신의 말만 믿고 어진 신하를 잡아다 족쳤다. 그리고 그의 등에서 백냥중의 살점을 베어냈다. 이를 본 한 신하가 그가 그런 말을 한 사람이 아니라 오히려 다른 사람이라고 사실을 증명했다. 그래서 왕은 내심 크게 뉘우치고 부끄러워하며 천냥중의 살을 구해와 그의 등을 기워 주었다. 밤중이 되자 그는 신음을 하며 매우 괴로워하였다. 왕은 그 소리를 듣고 물었다.

"왜 그리 괴로워하는가, 너의 몸에서 백냥중의 살을 베고, 그 열 배나 되는 천냥중의 살을 주었는데 그래도 만족할 수 없는가?"

그는 내심 그의 어리석음을 생각하며 대답했다.

"대왕이시여, 만일 대왕께서 왕자의 머리를 베었다고 합시다. 그때 그를 뉘우치고 다시 천 개의 머리를 구해다가 왕자의 베어낸 목에 이어 놓는다고 하면 왕자가 살아나서 기뻐할 수 있을까요?"

"음…."

"그와 마찬가지로 나는 비록 열 배의 살을 얻기는 했지만 이 고통을 면할 수가 없습니다."

– 어리석은 사람도 그와 같아서 다시 태어날 것을 두려워하지 않고 현재 세상의 즐거움만 탐하여 중생을 몹시 괴롭히고 백성들의 재물을 많이 짜내어 그것으로 죄를 없애고 복의 갚음을 바라는 것과 같다. 얼마나 어리석은 것인가. 마치 저 왕이 사람의 등살을 베어낸 뒤에 다른 사람의 살로 기워 놓고 그가 괴로워하지 않기를 바라지만 그렇게 될 수 없는 것과 같다.

열매 따는 법

옛날 어떤 나라에 국왕이 있었다. 궁전에는 왕이 아끼는 과일나무 한 그루가 있었는데 나무는 매우 실하게 잘 자랐다. 왕은 늘 그 나무 곁으로 신하들을 불러놓고 나무에 대해 자랑을 하곤 했다. 하루는 왕이 나무 아래서 쉬고 있는데 어떤 사람이 왕 가까이 다가갔습니다. 왕은 그에게 말했다.

"이 나무는 장차 맛있는 열매를 맺을 것이다. 그대는 그때 가서 이 열매를 한 번 먹어보지 않으려는가?"

그는 왕에게 이렇게 대답하였다.

"이 나무는 워낙에 키가 크고 줄기가 굵어 아무리 먹고 싶어도 그 열매를 딸 수가 없을 것 같습니다."

왕은 난처한 생각을 하면서 또 물었다.

"그러면 어떻게 하면 좋겠는가?"

"좋은 수가 있습니다. 방법은 단 한 가지뿐입니다."

왕은 기뻐하면서 물었습니다.

"그래, 그 방법이란 어떤 것인가?"

그는 대답했습니다.

"이 나무를 베어 열매를 따고 나서 다시 심는 방법입니다."

왕은 그의 생각이 매우 좋다고 생각하고 그렇게 하도록 일렀다. 가을이 되자 마침내 열매가 탐스럽게 익었다. 매우 탐스러워 보기만 해도 군침이 들 정도로 먹음직스런 열매가 주렁주렁 열렸다.

왕의 명령을 받았던 사람은 곧 톱으로 그 나무를 베었다. 그리고 열매를 손쉽게 땄다. 그러나 사실은 나무가 넘어가면서 이미 잘 익은 열매

들은 터져 버리고 뭉그러져서 하나도 쓸모가 없게 되었다. 그는 다시 나무를 일으켜 세우려 했다. 가까스로 나무를 일으켜 세우기는 했으나 얼마 안 가서 말라 죽고 말았다.

– 세상 사람들도 그와 같다. 진리의 왕이신 부처님에게는 계율의 나무가 있어 훌륭한 열매를 맺는다. 마음대로 원하고 즐겨 하여 그 열매를 먹으려면 마땅히 계율을 지키고 온갖 공덕을 닦아야 하는 것이다. 그러나 그 방법은 알지 못하고 도리어 계율을 비방한다. 그것은 마치 나무를 베어버린 뒤 다시 살리려고 하지만 그렇게 될 수 없는 것과 같다.

소떼를 죽인 소치기

옛날에 한 사람의 소치기가 있었다. 그에게는 250마리의 소가 있었고 그는 언제나 물과 풀이 있는 곳으로 몰고 가 때를 맞추어 먹였다. 마찬가지로 이날도 소치기는 소떼를 몰고 풀과 물이 많은 곳에서 소에게 풀을 뜯기고 있었는데 호랑이가 나타나 한 마리의 소를 잡아먹었다. 이제 그의 소는 249마리가 되었다. 그래서 그 소치기는 곰곰이 생각했다.

'이미 한 마리를 잃었으니 이제 완전한 것은 못 된다. 그러니 완전치 못한 소떼를 어디다 쓰랴.'

하고 곧 깊은 구덩이와 높은 언덕으로 소를 몰고 가서 구덩이에 몰아넣고 벼랑에 떨어뜨려 모두 죽여버리고 말았다.

– 참으로 어리석은 사람이다. 또한 어리석은 범부들도 그와 같다. 부처님의 완전한 계율을 받들어 지니다가 혹 한 가지 계율을 범하면 부끄러워하거나 깨끗이 참회하지 않고 이렇게 생각한다.

'나는 이제 우리가 지켜야 할 250의 계율 중에서 한 가지 계율을 파했구나! 그러니 이제 완전히 갖추었다고 할 수 없지? 완전히 지니지 못한다면 나머지 249계를 가진들 무얼 하겠는가.'

그래서 나머지 249계의 계율을 모두 부수어 한 가지도 가지지 못 한다. 그것은 저 어리석은 소치기가 소떼를 모두 죽여 한 마리도 남기지 않는 것과 같다.

주인의 입을 발로 차다

옛날 어떤 큰 부자 장자가 있었다. 워낙 재산이 많았기 때문에 좌우에 많은 사람들이 그를 따랐다. 혹 장자가 가래침이라도 뱉으면 좌우의 모시는 사람들이 다투어 그 가래침을 밟아 문질러버리곤 했다. 그때 그 시종 가운데 한 어리석은 사람이 있었다. 어리석은 데다 동작조차 느려서 좀처럼 장자의 가래침을 밟아 뭉개지 못하고 늘 뒷전에만 쳐져 있었다. 한 번은 이런 생각을 했다.

'만일 우리 주인님이 가래침을 받게 되면 내가 먼저 밟아 뭉개리라. 땅에 떨어지기 전에 밟아 뭉개야지 이미 땅에 떨어진 뒤에는 늦어 버리고 마니 그 입을 밟아 뭉개는 것이 좋겠다.'

이렇게 생각하고 있을 때 마침 장자가 그 앞에 나타났다. 그리고는 막 가래침을 뱉으려 하였다. 이때를 놓칠세라 어리석은 사람은 곧 힘껏 다리를 들어 올려 장자의 입을 찼다. 장자의 입술은 깨졌고 이가 부러져 붉은 피가 흘렀다. 장자는 화를 내면서 물었다.

"자네는 무슨 원한이 있기에 내 입을 걷어찼는가?"

"만일 주인님이 침을 뱉으실 때 입에서 침이 나와 땅에 떨어지기만 하면 좌우에 아첨하는 사람들이 어느새 밟아 뭉갭니다."

"그래서?"

"그런데 저는 아무리 밟으려 하여도 언제나 차례를 빼앗기곤 했습니다. 그래서 침이 막 입에서 나오려 하기에 다리를 높이 치켜들어 그 침을 밟고 주인님의 환심을 사려고 한 것입니다."

"… ?"

– 무릇 모든 일에는 다 때가 있는 것이다. 때가 아직 이르기도 전에 억지로 애를 쓰면 도리어 괴로움을 당하는 것이다. 그래서 세상 사람들은 마땅히 때와 때가 아님을 알아야 한다.

꿩 고기와 환자

옛날에 어떤 사람이 중병이 들어 몸져누웠다. 그러던 어느 날 유명한 의사를 불러 자기의 병을 진찰해 달라고 부탁했더니 의사는 병을 진찰하고 나서 말했다.

"당신 병환은 그리 근심할 것이 못 됩니다. 그리고 병을 고치고 못 고치는 것은 당신에게 달려 있습니다."

환자는 귀가 번쩍 뜨였다.

"방법이 있다니 그게 뭔가요?"

의사는 대답했다.

"항상 꿩 고기만 먹으면 병을 고칠 수 있습니다."

그래서 그는 곧 하인을 시켜 장에 나아가 꿩을 사오라고 일렀다. 그러나 그는 꿩 한 마리만을 먹고는 다시 먹지 않았다. 며칠 뒤 의사가 찾아와서 물었다.

"그래, 병은 좀 차도가 있습니까?"

"웬 걸요? 아직도 이렇게 누워 있는걸요."

"전에 제가 말씀 드린대로 꿩 고기는 계속하여 드시고 계시겠지요?"

"계속 먹지 않았습니다. 하지만 선생님이 전에 제게 꿩 고기를 먹으라 하였기에 한 마리 사다가 푹 고아서 먹었습니다."

"만약 먼저 사온 꿩을 다 먹었으면 계속해서 더 먹어야죠. 꿩 한 마리만 먹고 어떻게 병이 낫겠어요?"

– 모든 이교도들도 그와 같다. 그들은 부처님이나 보살의 위없이 훌륭한 의사의 말씀을 들었으면 으레 심식(心識)을 알아야 함에도 불구하고 그들은 영원하다는 견해에 집착해서 '과거와 현재와 미래를 통하여 오

직 하나의 앎(識)에 있어서 그것은 언제나 변천하지 않고 그 자리에 존재 하는 것이다'라고 생각한다. 그것은 흡사 꿩 한 마리만을 먹고 병이 낫기를 바라는 것과 같다. 크신 지혜를 가진 부처님께서는 영원하다는 견해를 없애주기 위하여 다음과 같이 가르치고 있다.

"모든 법은 찰나 찰나에 생겨났다가 사라지곤 한다. 어떻게 하나의 앎이 영원토록 변하지 않겠는가?"

마치 저 의사가 계속해서 꿩 고기를 먹어야 병을 고칠 수 있다고 가르친 것처럼 부처님도 중생을 가르쳐 알게 하시되

"무너지기 때문에 영원하지 않고 이어가기 때문에 끊임이 없다."

고 하시어 그들의 영원하다는 견해의 병을 잘라 없애시는 것이다.

나귀의 젖

옛날 어느 나라의 변두리에 사는 사람들은 나귀를 알지 못하였다. 다만 다른 사람들이 나귀의 젖은 매우 맛이 좋다고 하는 말만 들어 알고 있었을 뿐이었다. 그런 그들이 어찌해서 수나귀 한 마리를 구하여 그 젖을 짜려고 서로 다투어 붙잡았다.
어떤 이는 머리를 붙잡고 어떤 이는 귀를 붙잡고 어떤 이는 꼬리를 붙잡고 어떤 이는 다리를 붙잡았다. 또 어떤 이는 그릇을 들고 제각기 먼저 젖을 얻어 마시려고 난리를 쳤다. 그때 어떤 이가 나귀의 생식기를 붙잡고 소리쳤다.

"야! 이것이 나귀의 젖이다. 어디 어디, 아 맞다 젖이다. 자 빨리빨리 짜라고."

그들은 매우 좋아하면서 생식기를 짰다. 그러나 아무리 쥐어짜도 젖은 한 방울도 나오지 않았다. 그들은 지쳤고, 수고만 하고 얻은 것이라곤 아무것도 없었다. 이를 본 어떤 슬기로운 자가 말했다.

"어리석은 사람들아, 수나귀를 가지고 어떻게 젖을 짜나? 생식기를 아무리 훑은들 젖이 나올 리가 있겠나?"

마침내 그들은 창피만 당했다.

– 외도나 범부들도 그와 같다. 도(道)라는 말을 듣고는 구할 곳에서 구하지 않고 망령되어 잡생각을 내고 갖가지 삿된 소견을 일으켜 발가벗기도 하고 스스로 굶기도 하고 혹은 높은 바위나 물에 몸을 던지기도 한다. 또는 자기에서 찾지 않고 엉뚱하게도 하늘에서 구하기도 한다. 그래서 삿된 소견으로 나쁜 길에 떨어지게 되는데 이는 마치 어리석은 사람들이 망령되어 수나귀에서 젖을 구하는 것과 같은 것이다.

가짜 장님의 흉내

옛날 아주 아득하게 먼 옛날에 어떤 기술자가 왕을 위하여 일을 했다. 그런데 일이 너무나 고되어 몸을 지탱하기 어려웠다. 어떻게 하면 이 고달픔을 조금이라도 덜 수 있을까 하고 생각했지만 좀처럼 좋은 생각이 떠오르지 않았다. 하루는 그처럼 고달프게 일을 하다가 혼자 빙그레 웃었다.

'옳지, 그렇구나. 내가 갑자기 눈이 안 보인다고 하면 되겠군. 그러면 왕은 나를 눈먼 사람이라고 쓰지 않을 테지.'

그는 일부러 다른 사람의 부축을 받아가며 왕 앞에 나아가 말했다.

"대왕이시여, 아뢰옵기 황공하오나 신의 눈이 먼 듯 하옵니다! 갑자기 눈이 보이질 않습니다."

왕은 깜짝 놀랐다.

"아니 눈이 보이지 않는다고? 딱한 일이요, 그 동안 그대는 나를 위하여 많은 일을 했소. 물러가 남은 여생을 편히 쉬도록 하오."

"성은이 망극하여이다."

기술자는 그렇게 하여 고향에 돌아와 나라에서 주는 넉넉한 돈으로 편안히 여생을 지내게 되었다. 이를 본 또 다른 기술자 한 사람이 무릎을 치며 좋아했습니다.

'응, 그렇지 나도 그렇게 하면 되겠구나.'

그리고는 바로 송곳을 구하여 자기의 눈을 찌르게 하였다. 이를 본 곁의 사람이 물었다.

"아니 여보시오, 어쩌자고 자기의 눈을 송곳으로 찌르려는 게요?"

그는 왕의 사역이 힘에 겨운 사정을 털어 놓았다. 그리고 그렇게 해서 왕의 사역에서 벗어나려고 한다고 말했다. 결국 그는 세상 사람들의 웃음거리가 되었다.

– 범부들도 그와 같다. 조그만 명예와 이익을 위하여 일부러 거짓말로 정한 계율을 깨뜨리고 만다. 그러다가 그것이 실제의 행동이 되어 몸이 죽고 목숨이 끝난 뒤에는 세 갈래 나쁜 길에 떨어지게 된다. 그것은 마치 저 어리석은 사람이 조그만 이익과 자신의 편안함을 위해 스스로 제 눈을 찌른 것과 같다. 이 백유경은 부처님께서 이교도인 바라문을 제도하시기 위해서 비유로서 설하신 경인데 지혜로운 자는 바른 이치만 취하고 우스갯말에 따라가지 않는다. 부처님의 바른 법은 매우 고요해 언제나 이 세상을 밝게 비춘다.

다푸완(大佛灣)의 십우도(十牛圖)

인간의 본성을 찾아 수행하는 단계를 스님이 소를 찾는 것에 비유하여 묘사한 조각

물 흐르는 소리

"시냇물 소리가 부처님 설법이라면 저 밝은 산빛이 어찌 청정한 법신(비로자나불)이 아니리요. 그렇다면 선은 어디로부터 들어가야 하겠습니까?"

"너는 저 시냇물 소리가 들리느냐?"

"들립니다."

"거기로부터 들어가려무나."

후일에 어떤 거사가 이 문답을 가지고, 그때 그 물소리가 들린다고 했으니 망정이지 안 들린다 했다면 뭐라고 가르쳤을 것인가.

"거사."

"예."

"거기로부터 들어가지 그래."

– 삼라만상 속에는 누구나 함부로 들을 수 없고 볼 수 없는 온갖 말씀과 현상이 숨어 있다. 그 말씀과 형상을 듣고 보는 사람의 통찰력에 따라 서로 다르다. 아무런 말이 없는 곳에 무한한 말이 있고 아무런 형상이 없는 곳에 무한한 형상이 있다고 한다. 그래서 통찰력이 어느 경지에 이르면 산은 산이요 물은 물이 된다.

'적벽부'를 쓴 소동파는 시서에 능했고 학식도 대단한 문장가로 꼽힌다. 불교에 대한 조예도 깊었다 한다. 젊은 시절 한때 벼슬을 했던 그는 새로운 임지(任地)로 부임을 해 가면 학식과 재간을 겨루어 뽐내고 싶은 자만심을 가지고 그 지역에 있는 학자나 선지식을 찾아가곤 하였다.

그런 그가 하루는 황주의 옥천사로 승호선사를 찾아갔다. 승호선사는 자신을 찾아온 소동파에게 합장을 하고 말했다.

"빈도는 승호라 합니다. 대관께서는 누구시옵니까?"

그에 대한 소동파는 대답이 교만하기 짝이 없었다.

"나의 성은 칭(稱)입니다."

"칭가라니요, 그런 성씨도 있습니까?"

"나는 선지식을 달아보는 저울이란 뜻입니다."

소동파의 안하무인격인 말이 끝나기 무섭게 승호선사는

"악!"

하고 일갈했다. 그런 다음 말했다.

"대관께서 저울이라면 방금 내가 지른 소리가 몇 근이나 되는지 달아보고 말씀해 주십시오,"

소동파는 말문이 꽉 막혔다. 그는 머리 숙여 합장 배례하고 말했다.

"대사를 몰라 뵈었습니다. 불법의 적적대의를 들려주십시오!"

승호 선사는 점잖게 다시 한 번 찔렀다.

"대관은 어찌 하여 무정설법을 듣지 않고 유정설법만을 청하십니까?"

소동파는 묵묵히 물러날 수밖에 없었다. 그는 말을 타고 굽이굽이 첩첩 산중을 넘어오며 무정설법을 혼자 말로 중얼거렸다.
그러다가 문득 계곡으로 내려갔다. 맑은 물이 쉬지 않고 흐르고 있었다. 그는 무심코 중얼거렸다.

'유수무쟁선 (流水不爭先), 흐르는 물은 다투지 않는구나.'

석양에 지저귀는 산새들, 그들이 앉아있는 나무, 나무를 자라게 하는

흙, 흙을 있게 하는 산, 그 산과 들과 바다를 있게 하는 지구, 지구를 있게 하는 태양계, 소동파 자신의 오늘을 있게 한 인과 등등에 대하여 깊은 생각에 잠겼다.
그는 문득 연기의 실상을 체감하게 되었다.
그는 기쁨에 넘쳐 소리를 외쳤다.

"내게는 한 권의 경이 있다. 종이와 먹으로 써서 만들어진 것도 아니니 펼쳐봐도 문자도 없다. 그런데도 그 경은 늘 광명을 발산하고 있다."

소동파는 마침내 무정설법을 듣게 되었다.

꽃피는 소리
산새 소리
물 흐르는 소리
구름 따라 가는 소리
물 흐르는 소리야 들리지만
꽃피는 소리를 어떻게 하면 들을까?

한 등불이 능히 천 년의 어둠을 밝힌다.
한 글귀라도 향기롭게 읽혀
독자의 마음을 밝히는
등불이 될 수 있는 인연으로 이어진다면
더는 바랄 것이 없다.

·옹산 지음 (山中산책)

제5장 순례(巡禮)

중국 대련 영청사·한국불교 금강선원 문화교류
-영청사 묘회·포룡선원·횡산사·안중근의사 순국지 방문-
일시:2015년 6월 11일~6월 15일 주관:사단법인한국불교금강선원

중국 석도 성지순례

정월 선상 방생 및 천도 법회

2011年 2月 25日

4시에 고려투어 버스에 올라탄 금강선원 가족은 인천 국제 여객 터미널에 도착하여 지방에서 별도로 도착한 일월사 가족과 합류하고 불교방송국 가이드의 안내를 받았다.
선박은 중국 선박 화동 명주호 12,000톤급 대형선박이라 이런 배도 있었구나 하고 감탄하였다. 승선하여 바로 지정된 선실에 짐을 풀고 또한 방은 침대도 있는 4인실에 들어가 비교적 편안하게 자면서 갈 수 있게 되었다. 저녁 공양은 배 안에서 한식으로 제공해 주었는데 모두 맛있게 먹었다.

식당에 들어서니 상단에 자리 잡은 낮은 무대 위에는 금강선원에서 미리 오셔서 손수 공양물을 차리고 계셨다. 황해바다에서 행선하다 침몰한 영혼들을 위해 지내는 위령제라 하셨다. 그리고 스님들의 염불 소리와 함께 어울려 살아있는 불자들의 염원과 정성이 망자들에게 잘 전달되어 모두 극락에 천도되기를 바라는 마음 간절하였다.

2011年 2月 26日

일찍 일어나 배 위에서 바라본 일출은 정말 장관이었다. 일행들은 배 안에서 아침공양을 마치고 중국 석도항에 하선하였다. 점심 때는 매운탕을 먹게 되어 있는데 활안스님께서 매운탕을 먹지 말고 매운탕에 들어갈 재료를 방생하자고 하셔서 모두 잉어를 각자 한 마리씩을 가지고 강가에 가서 방생하였다. 그리고 버스를 타고 중국가이드의 안내를 받으며 적산법화원으로 향했다.

법화원은 석도를 둘러싸고 있는 석산계곡에 위치하고 있는데 해상 무역왕으로 불리는 장보고에 의해 당나라 때 지어졌으며 당시에는 산동성에서 규모가 제일 큰 절이었다고 한다. 입구에서 얼마 떨어지지 않은 곳에 대웅전이 보였다. 중국에서는 아직도 외국 불자들이 법당 안에서 예불 올리는 의식이 허용되어 있지 않기 때문에 법당 밖에 마련된 향로에 대형 향대에 불을 붙여 부처님께 예를 올리고 금강선원 가족 모두 반야심경을 염송하는 것으로 대신 했다. 대웅전 뒤편으로 돌자 1,000개가 넘는 계단 위에 삼불전이 있었다.

삼불존당에서 내려와 오른쪽으로 돌면 곧 극락보살전에 이른다. 거대한 관세음보살을 모신 극락보살전은 법화원의 계단을 올라서면 높은 단위에 앉아계신 관세음보살님을 뵙는 순간 감개가 무량하였다. 주위에는 여러 분수대가 마련되어 있고 분수대 주위를 여덟 마리 용이 몸을 틀면서 하늘을 오르는 상을 하고 안쪽으로 네 쌍의 춤추는 남자 동자상이 조성되어 빙빙 돌아 올라갔다.

관세음보살 분수대를 돌아 계속해서 계단을 오르면 관음전에는 거대한 관세음보살이 모셔져 있는데 정확하게 오전 11시가 되자 경내에 설치된 확성기를 통해 우렁찬 음악소리와 함께 분수대 중앙의 관세음보살님 상이 왼쪽으로 회전하면서 분수가 음악에 맞추어 치솟고 때로는 파사형으로 물을 내뿜는가 하면 관음상 밑에서 네 분의 동자가 머리에 공양물을 얹고 등장하는데 문자 그대로 장관이었다. 음악에 맞추어 분수쇼가 벌어지자 관세음보살상에 우리 불자들은 넋을 빼앗겼고 나도 모르는 사이에 눈시울이 젖어들었다. 역시 중국은 대국이구나 하는 생각이 들었다.

관음전 장관을 감상하고 곧장 앞 언덕 위에 모셔진 적산 명신(明神)상을 구경하였는데, 높이가 20m 넘어 보이는 거대한 상으로서 석도 앞바다로 고기잡이를 나가는 어부들의 보호신상이라 한다.

적산 명신상을 뒤로 하고 언덕을 내려오다보니 장보고 기념관이 아름답게 꾸며져 있었다. 2층으로 지어진 기념관에는 대형 장보고 동상과 함께 양각으로 장보고 장군의 활동상이 조각되어 있었으며 석공의 솜씨가 두드러지게 드러난 예술품이었다. 나는 중국이라는 나라에 대해서 다시 한 번 생각하게 되었다.

다시 버스에 올라 처음으로 중국 음식점에 들어가자 이름도 모르는 음식이 대형 접시에 담겨 순서대로 나왔는데 한국 음식에 비해 담백하지 않고 몹시 기름진 음식이었다.
우선 허기를 채우고 다시 버스에 올라 천목호텔로 가서 기대를 했던 천목온천장으로 갔다. 우리나라와는 온천 문화의 차이가 많아 처음은 조금 실망했지만 새로운 온천을 접하면서 여기저기 노천에 있는 여러 탕을 오가면서 그런대로 즐겼다.

2011年 2月 27日

아침 일어나 보니 밤새 비가 내렸고 또한 바람이 심하게 불었다. 그래도 우리는 성산두 관광을 했는데 파도가 심하고 날씨가 좋지 않은 탓으로 큰스님께서 의상대사와 선묘낭자의 정신적 사랑의 장소로 인도하여 주시어 큰스님 집전 하에 다 함께 파도를 재우기 위하여 기도를 올렸으며 또한 종도 세 번이나 칠 수 있었다. 바람이 불고 비가 와도 마음만은 한없이 기뻐서 기운이 절로 났다.

이렇게 해서 기념품 하나 사지 못했지만 금강선원 가족 56명의 불자들은 중국대륙 북동부 산동성 석도항에 위치한 적산법화원의 웅장한 관세음보살을 가슴에 담고 3박 4일의 성지순례를 무사히 마치고 돌아왔다. 정말 뜻깊은 정월방생법회와 선상천도제를 겸한 성지순례였다.

인도 성지순례

드디어 기다리던 인도 성지순례를 떠나는 날이 되었다. 나는 일찍부터 설레는 마음으로 모든 짐들을 정리한 후 인천국제 공항에서 11 : 30분에 금강선원 가족들과 큰스님 인솔 하에 2 : 10분에 출발하였다.
처음 떠나는 인도 성지순례라 가슴이 벅찼다. 홍콩을 거쳐서 인도 델리 공항에 도착하였다. 비행장에 내려서 나오는 출구에 부처님의 12개 수인과 또한 손바닥 연꽃무늬는 지금까지 어느 나라에서도 볼 수 없었던 것이라 큰스님께 여쭈어 보았더니 힌두교의 상징이지만 천수천안관세음보살을 상징하는 것이기 때문에 우리 불교와 다를 것이 없다 하셨다.

2011年 11月 16日

아침 6시에 기상하여 호텔에서 인도식 빵으로 아침식사를 하고 8시에 바라나시로 비행기를 타고 가서 1시 30분에 도착하였다. 녹야원에서 점심식사를 하고 사르나트로 이동하여 높이가 33m나 되는 영불탑(5비구가 부처님을 마중 나오신 장소에 세운 탑)에 큰스님의 집전하에 예불을 올리니 우리 불자들의 마음은 환희심에 가득하였다.

사르나트 다메크스투파 (법륜탑)

그리고 이어 아소카석주, 초천법륜지를 순례하고 인도인들의 생명의 물이라고 하는 갠지스강에 닉사를 타고 도착하여 배를 타고 촛불을 켜서 갠지스 강물 위에 띄우고 각기 소원을 빌었다. 또 강 건너에 가서 항하사 모래도 채취하였으며, 시바신자들의 장엄한 불꽃놀이도 보았다. 부처님의 초전법륜지는 지금은 세계적인 종교성지로 세계각국 사람들이 꽉 차 있다. 힌두교의 독특한 의식과 범패소리를 들으며 2시간 동안 의식을 참관한 뒤 우리는 또 버스를 타고 5시간 걸려 보드가야로 이동하여 타지 다바르 호텔에 새벽 2시에 도착하여서 정말 피곤하였지만 아침에 일어나니 몸이 거뜬하였다. 이것이 공기의 차이일까 아니면 부처님의 가피일까. 한국에서는 전혀 상상하기 어려운 기적이었다.

2011年 11月 17日

보드가야는 세계문화유산으로 지정되어 세계 각국에서 사람들이 모여들었으며 또한 마하보디대탑은 높이 52m나 되고 반경은 3Km 되는데 우리는 큰스님의 인솔하에 신발을 벗고 덧버선을 신고 입장하여 보리수 나무아래에서 오체투지로 참회기도를 올렸는데 160번이나 하였다. 부처님께 연꽃 공양을 올리고 천수경 독송을 하고 큰스님께서 단주 하나씩을 나누어 주셨다.

또한 여래선원에 들렀는데 한국스님께서 포교하시는 모습에 감사를 올리며 우리 불자들은 거의 전단향을 샀다.
2시에 수자타 마을로 떠나 강 맞은편에서 불가촉천민*이 사는 동네에 법륜스님께서 학교도 짓고 또한 아이들을 가르치면서 봉사활동을 하시는 것을 보고 눈물이 나도록 감사하였다. 인도 정부에서도 하지 못하는 일을 하시는 법륜스님께 다시 한 번 감사를 드렸다. 전 정각산에 오르기 위해 우리는 닉사를 타고 올라갔다.

---

* 힌두교의 카스트 계급제도의 그 모든 계급보다 아래에 속하는 하층민

이곳이 우리 부처님께서 설산 6년 고행을 하셨던 곳이다. 큰스님께서는 내 몸과 내 가족을 버리고 중생을 위해 정진하신 정신을 본받아 내 가족, 내 이웃 먼저 전도할 수 있는 불자가 되라고 설법하셨다. 부처님께서 원래 그곳 원주인을 위해 그 그림자를 남겨주신 유영굴에서 참배하고 내려와 석식 후 호텔에서 휴식하였다.

2011年 11月 18日

라지기르 나란다 대학

아침 7시에 보드가야를 출발하여 영축산으로 향하였다. 마갈타국의 왕사성에서 법화경을 설하시어 빔비사라왕을 교화하여 죽림정사를 희사 받으셨던 부처님, 그 죽림정사가 있는 영축산에서 맨발로 부처님께 연꽃, 향 공양을 올리고 천수경을 독송하고 또한 화엄경 약찬게를 독송하면서 감개가 무량하였으며 우리가 가장 많이 걸은 것은 아마도 이곳이었다 생각한다. 올라가면서 큰스님께서는 빔비사라왕을 가둔 감옥과 왕이 평복으로 일보일배하며 부처님께 나아가던 길을 가리키며 성지에 담긴 이야기를 자세히 알려 주셨다. 그리고 불교 최초 최대의 대학이자 수많은 구법승들이 수행하던 나란다 대학을 참배하고 나서 죽림정사로 갔다. 죽림정사는 불교 최초의 사찰이었다. 빔비사라왕이 부처님께 올린 사찰로 300만평 대지에 부처님 당시에 거대한 모습은 상상을 초월할 만큼 장엄하였다고 한다. 죽림정사 대나무숲 가운데 대중스님들의 목욕탕이 있었다. 나란다 대학에 있는 사리불 존자의 탑 앞에서 큰스님 집전하에 간단한 재의식를 올렸다.

칠엽굴

제1차 경전 결집지인 칠엽굴을 걸어 올라가면 40분 걸린다는 것을 우리는 가마를 타고 올라갔다. 굴이 그 당시를 가르치는 것처럼 장엄하고 깊숙이 파여 있었다. 큰스님께서 그 아래를 내려다보시면서 이곳이 빔비사라왕의 보호 아래 최초로 불법을 결집하던 제1 성지라 설명하셨다. 내려올 때도 가마를 타고 내려왔는데 가마꾼들은 하루 일당을 벌었다며 모두 기뻐하였다. 보드가야에서 맛있는 저녁을 먹고 타지다바르 호텔에서 휴식하였다.

2011年 11月 19日

호텔에서 조식후 라지기르(보드가야)를 출발하여 바이살리로 5시간이나 차를 타고 갔다. 만만치 않은 순례 일정이었지만 인도에 온 이후로 매일 아침저녁으로 큰스님들께서 직접 집전 하에 예불을 올리면서 경전을 외우고 또 법문을 들으니 피곤한 기색이 전혀 없었다.
여러 큰스님들께 감사를 드리며 인도 성지순례를 통해서 인도의 차별 많은 신앙과 또한 인도인들의 순수함을 느낄 수 있었다.

갠지스강을 지나 바이살리에 도착하여 유마거사가 살았던 곳인 파타이푸트라성, 아쇼카 석주 및 산치대탑(부처님 재사리를 모심), 대림정사터 및 근본 스투파를 친견하였다. 바이살리에서 아난존자가 열반에 드시는데 바이살리국과 마가다국에서 서로 자기 나라에서 열반에 드시라고 하니 자기 몸을 하늘로 솟구쳐 2등분 하여 기원정사에 보관하였다고 한다. 우리는 다시 마하트마 간디 다리(8Km)를 건너 바이살리로 가서 부처님이 수렵인들에게 옷을 빌려 입고 출가했던 곳과 마지막 베살리사람들에게 고별인사를 하고 설경하셨던 케샤리아 대탑을 구경하였다.

2011年 11月 20日

오늘 아침은 어제 저녁 늦어서 가지 못한 부처님의 열반지인 쿠시나가라를 참배하기 위하여 아침 6시에 출발하였다.
우선 열반하신 모습을 참배하기 전에 큰스님 집전 하에 예불을 올리고 연꽃 3송이 올리면서 부처님 발 아래 절을 3번 하는 순간 감개무량한 눈물이 솟았다. 열반에 드신 장엄한 모습은 상상을 초월한 거룩하신 모습이었다. 바로 나와 왼쪽에 부처님 다비를 했던 다비탑에 공양물을 올리고 예불을 올렸다.

바로 네팔 룸비니 동산으로 이동 중 히말라야 산맥 근처에 이르니 도토리나무와 사라수나무가 무성하게 우거져 있었다. 이러한 나무들이 있다는 것은 인도의 길상을 나타내 주시는 것이라 하였다. 2시쯤 가이드가 네팔 대사관에 들어가 1시간 만에 비자를 내고 네팔국경을 통과하여 룸비니 동산이 있는 수도 카트만두에 도착하였다.

부처님께서 탄생하신 곳에 지은 마야데비 사원, 목욕하신 구룡지, 아소카 석주 등을 참배하고 룸비니 동산에 닉사를 타고 이르니 꽃이 만발하여 있으며 정말 생각 그대로 아름답기가 말로 표현할 수 없는 평화의 동산이었다.

룸비니의 마야데비 사원 앞에서

우리는 마야데비 사원에서 아기 부처님께서 탄생하자 목욕 시켰던 곳을 아래로 내려다보고 마음으로 예불을 올렸으며 무우수나무 또한 인상 깊게 보았다. 룸비니 동산은 영원히 마음에 남을 것이라 생각하며 나는 기념물로 돌 하나를 집어 주머니에 넣었다.

다음 부처님이 탄생지인 석가족의 고향 카필라성을 순례하였는데 정말 지금까지 너무나 잘 보존되어 있었으며 80,000평이나 되는 터가 있는데 나무도 장엄하고 또한 부처님께서 어려서 뛰어놀던 공원과 호수가 일품이었다. 그 옆의 정반왕과 마야부인의 묘지를 참배하고 공양물을 간단히 놓고 예불을 올렸다. 그리고 그곳에 모인 많은 대중들과 어울려 재물을 나누어주고 함께 감사기도를 하였다. 저녁에는 뉴크리스탈 호텔에 투숙하였다.

2011年 11月 21日

아침 일찍 4시에 기상하여 어제 참배하지 못한 대성 석가사(한국인의 사찰)에 참배하였다. 룸비니에서는 최고로 장엄한 대형사찰이었다. 다시 인도로 들어가기 위해서 버스에 올랐다. 이튿날 우리는 석가모니

베살리성 선정처

부처님께서 어머니 마야부인을 제도하기 위하여 도리천으로 올라가셨다가 3개월 만에 내려오신 상카시아에도 들렀는데 그곳은 옛날 석가족의 조상 이크슈바쿠왕(甘蔗王)이 살던 곳이라 한다.

기원정사(수자타 장자 보시)

기원정사는 부처님께서 25년 이상 안거를 지내시고 아난존자, 가섭존자외 십대제자의 자리가 장엄하게 탑같이 꾸며져 있었다. 370가지 이상 불전을 설하신 4방승 처소로서 부처님께서 드셨다는 우물과 경행하시던 곳도 있었다. 우리는 부처님의 자리에서 큰스님께 예배를 올리고 설명을 들었다.

나는 기원정사라 하여 사찰인줄 알고 있었는데 그 당시는 지붕이 없어 꼭 탑같이 쌓아 올린 것이 보통 장엄한 것이 아니었다. 또 수자타장자(급고독 장자)의 집터와 앙굴라마라가 출가했던 장소도 있었는데 모두가 붉은 벽돌로 지어진 3층집이었다.

타지마할 앞에서

2011年 11月 22日

아침에 호텔에서 일찍 나와 럭나우로 거쳐 상카시아로 떠났다. 버스로 이동하여 상카시아에 도착하여 점심공양을 마친 후 상카시아 순례를 하였는데 아소카 석주는 없어지고 코끼리상만 남아 있었고 부처님께서 마야부인(어머니)를 제도하고 내려오신 곳에 마야부인상이 모셔져 있었으며 여기가 하늘과 땅이 합쳐지는 곳이라 하였다. 이곳은 스리랑카 스님들이 큰 절을 지어 운영하고 있었다. 여기서 일단 인도 성지순례는 끝이 났다.

2011年 11月 23日

쉐라톤 호텔에서 아침 7시에 공양하고 버스로 아그라로 이동하여 세계 7대 불가사의 하나인 타지마할을 관광하였는데 무굴제국의 사자한왕이 사랑하는 왕비가 죽자 그를 사랑하는 마음이 간절하여 타지마할 묘를 만들었다 하는데 대리석으로 장엄하고 또한 상상을 초월한 건축기법으로 지어져 있었다. 그래서 국고를 탕진하여 왕위에서 쫓겨나 아들이 왕위에 오름으로써 감옥소에서 죽었다 하는데 관 또한 부부가 나란히 모셔져 있었다.

무굴제국의 영광인 아그라성을 관광함으로써 무굴제국의 역사를 조금은 알 것 같았다. 악바르는 곧 제국의 세력을 확대하였으나 300명이 넘는 아내가 있었음에도 아들이 없어 저명한 성자를 찾아가 축복을 구하여 아들 자한기르를 낳았는데 자한기르가 죽고 아들 사자한이 왕위에 올랐다. 사자한에 의해 막강한 제국은 불멸의 나라로 자리매김 하였으나 사자한의 아들인 아우랑제브의 지각 없고 편협한 정책 때문에 존속될 수 없었다.

인도 순례를 하면서 많은 것을 몸소 체험하고, 인도의 그 넓은 대지와 부처님 정신을 본받아서 그런지 욕심 없이 그들이 처한 환경에 순응하면서 살아가는 인도 사람들을 보면서 차별 많은 인도 사회가 지탱하여 나아가는 이유를 이해할 수 있었다. 또한 아이들의 천진난만하

고 초롱초롱한 눈망울에서 인도의 미래를 볼 수 있었다.

이번 인도 성지순례에서 특기할 만한 것은 미처 개발되지 않아 전에는 참배할 수 없었던 케샤리아 대탑을 순례할 수 있었다는 것이다. 케샤리야 대탑은 탑이라기보다 하나의 작은 동산이다.
탑이 세워진 장소는 부처님께서 100일 후에 열반에 드시겠다 말씀하시고 하직할 때 베살리성 주민들이 따라 나서자 더 이상 따라오지 말라 일러 주시고 가지고 계셨던 발우를 주시며

"내가 보고 싶거든 이 발우를 보라."

하셨는데 그 발우를 가지고 높이 300m, 둘레 500m가 넘는 대탑을 형성해 놓았다고 한다. 이곳에는 '자등명 법등명'의 법구(法句)와 '자귀의 법귀의'의 법구가 새겨진 비석이 있었다.
오늘날 여러 불교 유적지가 유네스코 세계 문화유산으로 등재되어 특별한 보호를 받고 있으며 인도 정부에서도 크게 관심을 보여 불교성지 유지에 힘을 쏟고 있으며 이에 힘입어 인도 고고학학회에서도 동북부 넓은 지역에 걸쳐 산재해 있는 불교 유적지 발굴에 앞장서고 있다니 좀 늦은 감이 있기는 하지만 가슴 뿌듯한 일이었다.

백두산 성지순례

우리는 백두산(白頭山) 성지순례 전에 백두산에 대해 조금이나마 미리 알아보고자 공부를 하였다.

드넓은 만주 벌판에 우뚝 솟아있는 백두산은 한반도의 시작을 알리는 산맥의 출발점이고, 세 겹으로 첩첩이 둘러싸인 백두봉은 2,749m의 높이로 우리나라에서 가장 높은 산봉우리이다.
그 꼭대기에는 '하늘의 연못'이라는 천지(天池)가 있으며 그 물은 달문을 통해 내려가 서쪽으로 흘러 압록강이 되고 동쪽으로 흘러들어 두만강이 된다. 백두산이란 '흰머리산'이라는 뜻인데 높은 봉우리들이 사시사철 눈으로 덮여 있고 화산폭발로 생긴 하얀 부식토가 덮여 있어서 붙여진 이름이라고 한다.

산의 넓이는 약 8,000㎢ 쯤 된다고 한다. 최고봉은 2,750m, 용암지대 상단부는 평균 1,950m, 최심부는 1,806m이며 지형은 크게 용암지대, 기본산체, 천지호반으로 나누어진다.
우리나라 북한 쪽에는 최고봉인 장군봉을 중심으로 그 좌우에 해발봉과 망천후가 있고, 천지 쪽으로 앞발을 쭉 내밀고 있는 능선에는 비류봉, 단결봉, 쌍무지개봉, 차일봉, 녹명봉, 청석봉 등이 있다.
2,600m가 넘는 봉우리는 북한 쪽에 9개, 중국 쪽에 7개가 있다.

그곳의 기후는 여름이 없다고 한다. 반면 기온이 영하로 내려가는 기간, 즉 겨울은 9月 하순부터 이듬해 6月 중순까지 9개월 간이나 된다고 한다. 바람은 백두산 날씨에서 가장 독특한 기상요소 중의 하나인데, 날씨가 그처럼 변화무쌍하고 겨울철이 유달리 길고 추운 것도 모두 바람의 영향 때문이라고 한다. 이 정도 간단한 사전 상식을 숙지한 후 백두산 순례길에 올랐다.

2012年 9月 11日

오늘 드디어 고대하던 백두산 순례길에 오르는 날이다. 아침 일찍부터 설레는 마음으로 서둘러 성동구청 앞에서 인천공항 직행버스를 타고, 우리 도반 7명은 7시에 정확히 인천국제공항 3층 M카운터에 도착하여 활안큰스님 인솔 하에 금강선원 가족 모두 출국 수속을 밟은 뒤 9시 40분에 인천에서 출발하여 9시 55분(시차가 1시간 늦음)에 대련공항에 도착한 후 현지가이드의 영접을 받고 영청사로 갔다. 시간은 약 1시간 반 정도 걸렸다.

사찰에 도착하자마자 주지스님 이하 신도님들까지 질서정연하게 큰스님과 불자들을 맞이하는 모습이 엄숙하기도 하고 우리나라에서는 볼 수 없었던 새로운 의식이었다. 법당 내에는 관세음보살님이 모셔져 있었는데 그 미소 속에는 모든 중생들을 사랑으로 섭수하시는 자애로움이 녹아 있었다. 우리들은 법회를 하면서 108배를 올리고 또 일심으로 관세음보살 정근을 하였다. 법회를 마치고 중식을 하였는데 지금도 잊을 수 없도록, 그 맛이 일품이었다.

그 후 소림무술공연을 관람하였는데 사미승들의 공연하는 모습이 얼마나 귀엽던지 나도 모르게 웃음이 나왔고, 그와 대비적인 어른들의 공연 모습은 무척 인상 깊었다. 무술 공연이 끝난 후 주지스님께서 직접 만드셨다는 차를 주셨는데 그 맛은 이루 말할 수 없도록 감미로웠다. 일행들은 그 후 다시 버스를 타고 3시간 이동한 끝에 단동에 도착하여 그곳에서 석식을 한 후 단철호텔 707호에 짐을 풀고 하루 일정을 마무리 하였다.

2012年 9月 12日

아침 7시에 호텔에서 조식을 마친 후 압록강 유람선에 탑승하여 우리는 큰스님 집전 하에 잉어 방생과 방생 찬불가까지 부르며 여법하게 방생법회를 마치고 신의주, 월량도, 위화도, 단교를 조망하는 동안 잔잔한 물결 위로 소리 없이 떨어지는 빗줄기에 나도 모르게 그만 눈시울이 뜨거워지는 걸 느끼며 분단의 아픈 상처를 극복하고 어서 빨리 하나 되길 간절히 부처님 전에 발원하였다.

일행들과 하선하여 중식을 한 후 4시간 동안 이동하여 집안을 경유하고 천지 쪽으로 가기 위해 다시 송강 쪽으로 6시간 더 이동한 후에야 석식을 하고 호텔에 투숙하였다. 아마도 차로 이동을 가장 많이 해본 날이 아닐까 한다. 백두산 줄기는 길고도 험하였다. 그래서 중국 사람들은 장백산이라 부르고 있는지도 모른다.

2012年 9月 13日

오늘 아침은 어제의 장거리 이동에도 불구하고 생각보다 몸이 가벼웠다. 호텔에서 조식 이후 전용버스를 타고 한 시간 반 정도 북파로 이동하여 큰스님 집전 하에 공양물을 준비해 올렸다. 재물 가운데는 그곳에서 나는 산삼이 있어 모두 한 뿌리씩 맛보았다. 일행들은 이후 천지로 이동하는 버스로 환승하고 이동하다 다시 또 한 번 지프차로 환승하여 이동하였다. 기름으로 가는 차는 공기오염 때문에 다닐 수 없게 되어있어 친환경전기차로 갈아탄 것이다.

이동 중 금방 해를 봤던 것 같은데. 차에서 내리자 억수같이 비가 쏟아져 내렸다. 백두산의 변화무쌍한 날씨를 미리 대비하여 가져간 우비를 입고 그대로 정상을 향하여 이동하였는데, 별안간 우박과 돌풍이 불어와 몸을 가눌 수 없을 정도로 힘들었지만 정신을 집중하여 관세음보살 정근을 목청 높게 하면서 올라가니 몸과 마음이 가벼워지며 기쁨으로 가득해졌다.

정상에 도착하고나자 바람이 더욱 거칠게 불어와서 굵은 밧줄을 맞잡고 앉아 반야심경 독송을 마친 후, 서박사님께서 옆에서 천천히 조심해서 내려가라고 하시기에 대불심 불자와 함께 팔짱을 꼭 끼고 내려왔다. 도중에 낙오한 불자들이 많아지자 큰스님께서는 더 이상의 정상 이동을 통제하고 계셨다.

악천후 속에서 백두산 정상까지 올라갔다 왔으니 부처님의 무량한 공덕과 큰스님의 법력에 다시 한 번 감사한 마음이 들었다. 다시 지프차를 타고 내려와 소천지 장백폭포를 향해 금강선원 식구 60명 중 40명이 버스로 이동해 올라가 장백폭포 도착한 후 조금 더 올라가보니 아! 하는 탄성이 절로 터져 나왔다. 함성 소리에 다른 일행들은 이미 먼저 하산한 줄도 모르고 행복회원 4명은 서로 춤을 덩실덩실 추며 빗속에서 또 반야심경 독송을 하며 날아갈듯이 내려오니 극락 그대로의 기분이었다. 전용버스에 다시 몸을 싣고 이도백하(단군임금님 때의 수도)로 이동하여 중식을 마친 후, 다시 6시간 동안 통화로 이동하여 석식 후에 만용호텔에 투숙하여 하루 일정을 마무리 하였다.

2012年 9月 14日

아침 7시 조식 후 1시간 반 정도 이동하여 고구려 유적지에서 장엄하게 글씨가 새겨진 광개토대왕비, 그리고 능과 장군총을 구경하였다. 5회분 벽화는 깜깜한 굴 속까지 들어가 안내원의 설명을 들었으며 고구려 시대의 뛰어난 예술미에 다시금 감탄하였다.

국내성터를 둘러본 후 중식을 하고 단동으로 5시간 이동하여 호텔에서 북한식으로 식사를 하였는데 그 맛이 정말 일품이었다. 또한 북한 아가씨들의 부채춤과 노래를 하는 모습에 나도 모르게 왠지 가슴 한편이 아려왔지만 그 모습은 아름다워 보였다. 우리 일행들은 모든 구경을 마친 후 배정 받은 호실에서 입실하여 그날의 일정을 마쳤다.

2012年 9月 15日

단동 호텔에서 새벽 4시에 출발하여 아침을 간단하게 버스 안에서 해결하였고, 4시간 이동하여 대련공항에 도착해서 귀국수속을 모두 마친 후 12시 비행기를 타고 1시 10분에 인천공항에 도착하여 각자 집으로 돌아갔다. 이번 백두산 성지순례는 금강선원 식구들이 모두 한마음이 되었던 행복한 시간이었다.

순례기간 동안 스님, 법사님, 큰스님께서 큰사랑으로 내내 보살펴 주신 것을 다시 한 번 마음속 깊이 감사드린다.

백두산 장백폭포

중국 관음도량 보타낙가산 성지순례

2013年 5月 28日

기다리던 보타낙가산(補陀洛迦山) 성지순례일이 다가왔다. 우리 도반들은 아침에 모여 인천 국제공항 직행버스를 타고 김포공항에서 금강선원 식구와 3층 F카운터에서 만나 큰스님 인솔 하에 수속을 끝내고 8시55분에 출발하는 감로여행사 동방항공에 탑승했다.
상해 푸동 공항에 우리 시간으로 10시 40분에 도착하니 현지 안명준 가이드가 반겨주었으며 우리 25명은 45인승 버스에 오르며 순례길이 시작되었다.
상해 포강대교를 지나 외곽으로 약 2시간 정도 달려 소주 중원사에 도착하니 중국 대표적인 대사찰로 장엄하다는 말 이외에 달리 표현할 방법이 없을 정도였다. 대웅전에는 석가모니 부처님을 모시고 그 위에 도솔천이라는 현판과 전각 안쪽 4층에 위치한 33m의 관세음보살님을 친견할 때는 나도 모르는 사이에 찬탄이 저절로 나왔다.

우리는 큰스님의 축원과 기도로 세계평화와 남북평화통일을 발원하고 관세음찬불가도 부르고 연꽃 촛불도 밝혀 관세음보살님께 올리고 각자 자기 소원을 발원하였고 약사전, 문수전, 보현전 각 전각을 참배 하였다. 여기서 알게 된 사실은 중국 사찰의 특징은 보살님의 전각이 각각 분리되어 있었다는 것이다.

중원사 순례를 마치고 다시 상해로 돌아와 상해임시정부 유적지를 돌아보았다. 조금 초라해 보이긴 했지만 독립투사들의 정신을 다시 가슴 깊이 새기면서 참배를 하고, 우리나라 인사동과 비슷한 신천지 광장을 돌아보고 잘 차려진 현지식사로 저녁 공양을 하고 상하이 뉴홍차오 호텔로 이동하여 상해에서의 순례 첫날의 밤을 보냈다.

2013年 5月 29日

아침 일찍 일어나 간단하게 식사를 마치고 보타산으로 가기 위한 버스에 올라타고 5시간 동안 이동 중 아침예불을 드렸다. 큰스님께서는 금강선원 가족 25명의 축원을 하여 주시고, "중국인들 또한 6.25 때 참전하였다가 많이 희생되었다." 하셨다. 극락왕생 기도를 마친 후 바라본 바다는 너무나 아름답게 보였고, 영파항으로 갔으나 안개가 심해 배가 뜨지 않아 점심 식사 후 자리를 옮겨 도유경 다리를 건너 주자항에 도착하였으며 거기서는 배를 바로 타고 20분간 이동하니 꿈에 그리던 보타산에 드디어 도착하였다.
우리는 보타산에서 제일 규모가 큰 고찰인 10전, 12루, 7당, 4문 300여 칸의 사찰로 구성되어 있는 보제사에 도착해서 관세음보살님께서 직접 방생하였다는 해인지에서 금붕어 방생을 여법하게 하였다.

보제사의 원통보전은 중심 건물에 해당하는 대웅전으로서 8.8m 높이의 관음보살상님과 양측에 32존 관음상으로 조성되어 있고, 대웅전에는 중앙에 석가모니 부처님 좌측에 아미타 부처님, 우측에 약사여래 부처님을 모셔두었으며 동쪽으로는 문수전과 다시 서쪽으로는 보현전이 위치하였다. 각 전각에 참배를 마치고 저녁 공양을 한 후 호텔로 이동하였다.
보타산의 정기를 받아 그날은 숙면을 취하였다.

2013年 5月 30日

아침 일찍 일어나 어제 어두워서 감상하지 못했던 바닷가에 나가 보니, 그때가 마침 썰물 때라 갯벌이 보이고 또한 바닷물은 황토색이어

서 우리나라의 푸른 바다와는 비교가 될 수 없었지만, 그래도 즐거운 마음에 우리 도반들은 함께 춤을 추었다.

조식 후 산세가 마치 한 분의 대불상이 연꽃 위에 누워 있는 것처럼 보여 섬 전체가 하나의 불상을 이루고 있는 낙가산으로 출발했다. 30분 걸려 배를 타고 이동하여 518계단을 올라 오백나한탑을 친견하였는데, 탑 꼭대기에 관세음법신상은 남자상으로서 남쪽에 해당하고 여자상은 동쪽을 가르키고 계셨다. 낙가산의 여러 전각들을 참배한 후 다시 배를 타고 보타산으로 돌아와 불정산 혜제사를 가기 위해 다시 케이블카를 탑승하였다.

혜제사는 보타산 사찰 중에서 유일하게 관세음보살님을 모시지 않고, 석가모니 부처님을 주불로 모셨으며, 좌보처 가섭존자, 우보처 아난존자를 모셨으며, 들어갈 때는 포대화상님이 반겨주시고, 관음전에서는 천수천안 관세음보살님이 맞아주셨고, 나올 때는 동진보살이 전송해 주셨다. 혜제사에서 내려와 불긍거관음원 보타의 10경에 해당하는 연화향, 자죽림, 조음동(우리나라 홍련암과 같음)을 보고 해수관세음보살상이 있는 곳으로 향했다.

남해관음이라 쓰인 커다란 일주문을 통과하니 33m의 해수관음보살님이 서 계셨는데 조성에 들어간 동이 70톤에 이른다고 하니 그 규모에 놀라지 않을 수 없었다. 각자 관음보살님께 간절한 기도를 올리고 마치 박물관처럼 많은 조각들과 전시품들을 둘러보았다.

밖으로 나오니 각국에서 방문한 순례객들이 많았다. 여러 나라의 순례객들을 지켜보는 것도 여행의 매력인듯 하다. 모습도 다르고 사는 곳도 달랐지만, 불자라는 공통점으로 하나가 될 수 있으니 이 얼마나 아름다운 모습인가. 몹시도 아쉬웠지만 여기서 보타낙가산 순례를 마치고 다시 배를 타고 나와서 항주에 도착한 후 저녁 공양을 마친 후 발 마사지를 받고 신서래 호텔에서 하룻밤을 휴식하였다.

2013年 5月 31日

아침 일찍 항주의 유명한 호수 서호를 감상하기 위해 출발했다. 차량에 올라 큰스님 집전으로 아침예불을 올렸다.

서호는 항주 서쪽에 있는 호수라고 하여 서호라는 이름이 붙여졌다고 한다. 삼면이 산으로 둘러싸여 있었고 절반이 인공적으로 조성된 호수로 소동파 시인이 항주 시장으로 재직시 많은 공사를 하여 지금의 서호가 될 수 있었다고 한다.

큰스님께서 "소동파는 말년에 불교에 심취하여 자기 참회생활을 하고 원을 세워 가정과 사회에 모범이 되고, 더 나아가 국가의 동량이 되어

어지러운 세상에 깨우치는 목탁이 되었다."고 하셨다.
서호에 도착하여 작은 배를 타고 서호투어를 하였다. 서호는 학생들 교과서에 나와 있을 정도로 유명하다보니 중국인들에게도 인기가 있어 일 년 내내 찾는 발길이 멈추지 않는다고 한다.

서호 유람을 마치고 가까운 곳에 있는 영은사로 향했다. 영은사는 항주 서북쪽에 위치하였고 비래봉 옆에 있었다. 비래봉은 운석으로 이루어진 바위로 1600年 역사를 가지고 있다.
영은사는 청나라 건물 양식으로 6번이나 복원했다고 하며 5백 나한전이 유명하고 중국 10대 사찰 중 하나로 세계적인 행사를 치르는 사찰이라고 한다.

인도에서 날아온 비래봉에는 다시 날아가지 않기를 바라는 마을 사람들의 마음을 담은 불, 보살상 330여기가 새겨져 있었다.
비래봉은 석회암으로 이루어진 209의 봉우리로 인도에서 온 혜리스님이 이곳을 들렀다가 산을 보고 '석가모니 부처님'이 계시던 영취산과 비슷하고 영축산이 날아왔다고 하여 이름을 날 비(飛)자에 올 래(來)

자를 써서 비래봉으로 짓고 맞은 편에 신령이 숨어서 사는 곳이라 하여 '영은사'라 이름 지었다고 한다.

비래봉이 날아온 산이기 때문에 또 다시 날아갈 수 있다는 생각에 석굴안과 암벽에 470존상의 불보살상을 새겼으나 자연재해나 인위적인 소실로 현재 남은 것은 330여기에 불과하다고 하였다.

영은사 대웅보전은 중국 고건축물 대표작으로 꼽히며, 장엄하신 석가모니 부처님은 우리를 반겨주시고 그 양 옆으로 호법신인 20제천이 시립해 있고, 뒤쪽으로는 12원각 보살이 가지런히 앉아있었다.
대웅보전 앞에 송대에 세운 8각 9층의 옛탑은 큰 나무가 양쪽에 서 있어 그윽한 모습을 자아내고 있었다. 또한 대자대비한 관세음보살님을 모신 장엄함은 말로 다 표현할 수 없었다.

대웅보전 뒤편으로 약병을 든 약사여래불을 모셔둔 약사전이 있었고 그곳을 지나 가파른 계단을 따라 올라가면 영은사에서 가장 높은 곳에 자리한 화엄전이 있었다. 비로자나 부처님과 문수, 보현보살이 좌우협시보살로 시립해 있었는데 이 또한 크기가 지나치다 싶을 정도로 컸다. 화엄전에서 내려와 영은학당을 지나면 오백나한님과 함께 사면탑이 있는데 사면에는 중국의 4대 명산인 보타산, 오대산, 아미산, 구화산을 상징하고 있었다.

영은사 순례를 마치고 동파육으로 유명한 식당에 가서 점심공양을 하고 다시 상해로 돌아오는 길에 대단위 녹차밭을 보게 되었고 그래서 중국을 차의 나라라고 불렀는가 보다 하는 생각이 들어 절로 웃음이 나왔다. 상해로 와서 서커스 관람 후 상해야경을 구경하고 첫날 묵었던 호텔로 다시 돌아와 밤을 보내니 하루가 너무 짧게 느껴졌다.

2013年 6月 1日

아침 일찍 조식 후 상해에서 가장 오래된 사찰인 용화사에 참배를 하였는데 미륵부처님을 송나라 때의 모습 그대로 모셔두었고 또한 관운장을 모신 도량이었다. 우리는 중국문화를 체험하기 위하여 향을 한 다발을 불붙이는데 왜 그렇게 불이 빨리 붙지를 않던지, 한참 후에야 겨우 올릴 수 있었다.

용화사 밖에 있는 용화탑도 상해를 대표하는 탑으로서 7층 8각으로 되어 있는데 많은 여행객들의 눈길을 끌고 있는 주요 문화재였다.

옥불사는 상해시 불교협회에서 지정한 모든 큰 행사를 주관하는 사찰로 와불당에는 미얀마에서 이운된 옥불과 2층에는 인도에서 모셔온 와불의 아름답고 자비한 모습은 말로 표현할 수 없을 정도였다.

백옥으로 조각된 석가모니 부처님 좌상은 눈이 부실 정도로 아름다우셨으며 역동적이면서도 웅장한 모습으로 중건한 도량은 천왕전, 대웅보전, 와불당, 옥불루 등으로 구성되어 있었고 절내에는 적지 않은 조각상과 회화 및 청대조각품, 그리고 대장경과 기타 불전들이 7천여 권 소장되어 있었다.

상해에서 마지막 점심을 현지식으로 하면서 동행 중에 장성구 거사가 생일이라 하여 다함께 축하하는 케이크커팅과 생일축하노래를 부르며 성지순례를 회향하였다.

우리 4박 5일의 순례길은 큰스님의 인솔 하에 안전하고 정말 행복한 순례로서 영원히 잊지 못할 것이다. 그리고 중국이라는 대국의 불교문화, 빠르게 성장하는 상해 경제와 관세음보살님의 탄생일이 2月 9日, 성도제일 6月 19日, 출가제일 9月 19日이라는 새로운 사실도 알게 되었다.

순례를 체험하는 동안 큰스님께서는 부처님 사업은 '첫째 복지사업', '둘째 교육사업', '셋째 의료사업'인데 이들 사업을 실현하기 위하여 각 지역에 절을 짓고 승려를 양성하고 있다고 하셨다. 크신 사랑으로 감싸주신 큰스님께 진심으로 감사를 드리면서 모든 도반들과 아쉬운 인사를 나누고 헤어졌다.

용화사 입구

미얀마 성지순례

2015年 1월 22日

불탑의 나라로 불리는 미얀마에 7박 8일의 일정으로 성지순례를 떠나기 위해 금강선원의 활안큰스님과 순례 신자 20명이 인천공항에 오후 4시경 도착하였다. 감로여행사 김 부장님께서 출국수속 처리를 하고 수화물들을 부치셨다. 대한항공 KE471기에 탑승하여 6시 30분간 무사비행 끝에 미얀마 양곤공항에 10시 30분쯤 무사히 도착하였다.

양곤공항에는 금강선원 나란다삼장불대학교을 졸업 후 미얀마에서 수행 중이신 율원스님이 우리를 마중해 주셨다. 늦은 시간이라 모두 서둘러 근처의 호텔로 이동하여 여장을 풀고 잠을 청하였다.

2015年 1月 23日

다음날 아침에 일행들과 아침 공양 후 서로 각자의 소개와 성지순례를 위한 입제법회를 한 후 활안큰스님의 법문과 율원스님의 안내로 이곳 미얀마에서의 순례길이 시작되었다. 어제 늦은 저녁에 도착하여 미처 주변의 환경을 돌볼 여유가 없었지만 도시에서 느낄 수 없었던 정취를 느낄 수 있었다.

우리 일행들은 다시 양곤공항으로 이동하여 비행기를 타고 1시간 넘는 비행 끝에 바간공항에 도착하였다. 바간에서는 모든 지역이 유네스코에서 지정한 유물보존지역이라 이곳 전체를 둘러보려면 20불을 지불해야 한다고 하였다. 20불을 지불하고 준비된 버스로 호텔로 이동하는 중에 수많은 불탑을 확인할 수 있어서 '과연 불탑의 나라로구나' 하고 감탄하였다. 이동 중에 미얀마 현지 음식으로 공양을 마치고 호텔에 여장을 풀고 본격적인 여정에 나섰다.

유적지를 향해 마차를 타고 이동하여 첫 번째 도착한 곳은 소민지 파야였는데, 동서남북 네 방향에 부처님을 모시고 붉은 벽돌을 쌓아 올

법화정사 복원 불탑 앞에서

려 계단을 통해서만 파야에 입장할 수 있었다. 이곳 미얀마에 도착하여 처음 맞이한 파야에서 저희 일행들은 이번 순례길 동안 무사 안녕을 기원한 후 다시 마차로 레미잇나 파야로 이동하였다.

법화정사 도림스님이 발원하여 복원한 곳으로 내부에는 부처님의 4성지(탄생, 성도, 초전법륜, 열반상)가 조성되어 있었다. 이곳을 복원을 위해 애쓰신 스님의 정성에 감복하며 축원과 예불을 올리고 로카난다 파야로 이동하였다.

에야와디 강변에 있는 로카난다 파야는 에아노라타왕이 스리랑카에서 모셔온 부처님의 치아 사리 4개를 각기 코끼리 등에 얹고 코끼리가 휴식을 취하는 자리에 사원을 세운 것으로, 각각 북쪽에는 낭우 마을 쉐지곤 파야, 서쪽에는 탄지 스투파, 동쪽에는 투얀타웅 스투파, 남쪽에는 로카난타 파야를 건립하였다고 한다.
숙소로 귀환하는 길에 미얀마 전통공연식당에서 저녁 공양과 공연 관람을 하고 호텔에 도착하여 미얀마에서의 둘째날을 마무리 하였다.

2015年 1月 24日

호텔에서 조식 공양 후에 다시 마차로 이동하여 북쪽에 위치한 만가바 마을 초입에 있는 마누하 파야를 방문하게 되었는데 그곳에서는 복원 불사가 한참 진행 중이었다.

이곳은 마누하 왕이 유배 당해 말년을 보낸 사원으로 뒷편에 27.5m의 거대한 와불상이 있었다. 이곳 사원들의 특징은 좁은 공간에 불상들이 모두 꽉 들어차 있는데 이것은 이곳에 유배 당한 본인의 심경을 표현한 것이라고 하였다.

다음 순례지로 향하는 도중 만가바 마을의 특산물인 대나무칠기 그릇을 만드는 래커웨이 공장을 견학하게 되었는데 마을 전체가 칠기 그릇을 생산하는 모습이 인상적이었다.

그곳의 견학을 마친 후 다시 아난다 파야로 이동하였다. 이곳은 가장 잘 보존된 사원이라고 하였다. 1105년 사원이 건설되었는데 9m의 대형 입불상을 동서남북 사방위로 동쪽에는 코나가마나(구나함모니불), 서쪽에는 코타마(석가모니불), 남쪽에는 카시파(가섭불), 북쪽에는 카쿠신타(구류손불)을 모셔놓았다. 이곳의 입불상들은 미얀마에서는 흔치 않은 가사자락을 늘어뜨려 부처님의 자비를 표현하였고, 회랑벽면에 많은 조각상을 모신 벽감이 있었다.

쉐지곤 파야 앞에서

다시 한참을 이동하여 우리나라의 종합재래시장과 비슷한 낭우마켓이란 곳을 구경하였는데, 각종 공예품과 의류, 농, 축, 수산물들을 팔고 있었다.
이후 남쪽에 위치한 쉐지곤 파야 옆에 있는 작은 넷테웅 사원에서 760년 전에 몽골군에 저항하여 이곳에서 죽어간 바간 사람들의 비원을 달래주기 위해서 큰스님 주관으로 법회을 열고 늦은 점심 공양 후 남쪽에 위치한 쉐사도 파야를 방문하였다.
쉐사도 파야는 바간 왕조의 화려한 사원으로서 1,215년 털로민로 왕이 인도의 보드가야에 있는 마하보디 파야를 방문한 후 이곳을 방문하였다고 한다. 사원 내부에는 부처님의 머리카락이 안치되어 있고, 외부 계단을 통해서 5층의 상층부까지 올라 주변에 펼쳐지는 드넓은 평원과 수많은 불탑들이 한 눈에 들어왔는데 이곳은 석양이 몹시 아름답다고 하였다.

우리 일행들은 다시 호텔로 귀환하여 가든 파티의 여흥을 즐기며 저녁 공양을 마치고 모두 다음 일정을 위하여 일찍 잠자리에 들었다.

2015年 1月 25日

일행들은 율원스님이 계신 뼁우링 절에 가기 위해서 이른 새벽 3시에 기상하여 출발을 하였고 미얀마의 일출을 보고자, 해발 1,518m의 뽀빠산에 도착하여 수많은 계단을 오르는 중에 원숭이들이 사람들을 놀래키며 공격하는 모습에 다들 깜짝 놀라기도 했고, 힘들게 정상에 올라 바라보는 일출은 감동스런 장면이었다. 또한 이곳을 찾아 각자의 소망을 기원하는 현지인들의 모습들은 우리들과 별반 다르지 않은 것 같다는 생각도 들었다.

차로 이동 중 화려한 잔치모습을 발견하여 확인해 보니, 동자 출가의식 중이라 하였다. 마을에서 동자승들이 여러 명 출가하기에 악단까지 동원하여 축하잔치를 열어주고 있던 것이었다. 이곳 현지에서 이런 잔치를 볼 수 있었다는 것에 감사하며 일행들과 함께 축원한 후 다시 목적지로 향하였다.

만달레이에 도착하여 공양 후 가고자 했던 만달레이 힐에는 시간 관계상 중간까지만 갈 수 있었고, 그곳에서 단체촬영을 한 후 아쉽지만 다음 인연을 기약하며 근처의 쿠또떠 파야를 방문하였다.

이곳은 5차 경전결집이 이루어진 곳으로 1859년 세워진 곳이라고하였다. 총 729개의 흰 대리석판에 410개의 경장, 111개의 율장, 208개의 논장을 새겼고 그 당시 왕이 이 석판에 새겨진 경을 읽게 하였는데, 2400여명의 승려가 6개월 동안 쉼 없이 읽어야 모두 읽을 수 있었다고 한다. 이 석판들은 16,000여 평의 대지 위에 세워진 각각의 작은 스투파들에 보관되어 있다고 하였다.

율원스님이 계신 뼁우링으로 가는 길은 미얀마에서 중국으로 연결지어진 길이라 많은 트럭들이 지나다니고 있었고, 이 트럭들은 중국으로 수출되는 농산물들을 수송한다고 하였다. 숲이 우거진 도시를 지나 시골길을 20분을 더 가니 옛 절터에 세워진 율원스님이 거주하시는 삥우링 어니세칸 뚱예우인 담마예따(삥우링시 어니세차면 뚱예리 가든 법선원)라는 작은 사원이 나왔다.

이곳에서 모셔간 부처님과 미얀마 옥불에 대한 점안식을 큰스님과 그곳에 계신 네 분의 스님과 우리 일행들, 그리고 그곳의 신도님들과 함께 봉행하였다.
그들의 깊은 불심에 감복하게 되었고, 그곳 신도님들이 정성껏 준비하신 저녁 공양 준비가 되었다는 말씀에 일행들 모두 한 신도님댁으로 이동하여 감사한 마음으로 저녁 공양을 한 후, 그곳에서 하룻밤을 보내게 되었다.
그 댁의 가장인 50대 우추통씨와 부인되는 도퇴퇴이씨가 스님을 받들어 모시는 지극 정성스럽고 순수한 그 모습에 우리 일행들은 모두 깊은 감명을 받았다.

2015年 1月 26日

아침에 이곳 저곳에서 새벽 예불을 올리는 소리가 들려오고 부처님을 모신 장소가 마련되어 있는 집안을 보니 이곳 신도님들의 불심에 다시 한 번 감복하게 되었다. 일행은 헤호로 이동하기 전 정성스런 공양과 잠자리를 마련해 준 부부에게 감사하며 만달레이 공항으로 향하였다.

공항 가는 길에 많은 과일가게, 채소가게와 음식점들이 보였는데, 특히나 우리에게도 친숙한 과일과 채소들이 보이는 것에 다소 신기하기도 하였다. 비행기로 30분 가량 이동하여 도착한 낭쉐(헤호, 인레)공항에 도착한 후 일행은 다시 버스를 타고 숙소로 이동하여 여장을 풀고 인레 호수로 향하였다.

호수는 바다 같이 넓었으며 그곳에서 고기를 잡는 모습과 수초와 흙으로 만들어진 수상가옥과 밭들이 몹시도 신기하였다. 한 시간을 이동하여 도착한 곳은 연꽃 줄기에서 실을 뽑아 직접 수작업으로 스카프나 의류품을 생산, 판매하고 있었다. 호수 안에 위치한 빠웅도우 파야 본당에서는 현지 사람들의 불심을 대변하는듯 금박이 가득히 뒤덮인 불상이 있었고, 불상에는 남성들만이 금박을 붙일 수 있다 하여 동행한 거사님들만 금박을 붙이게 되었다. 큰스님께서는 축원을 하여 주셨다.

보트로 다시 돌아오는 중에 수변 마을에 거주하는 신도님이 공양을 대접하고 싶다고 하여 그 댁에 방문하게 되었는데, 일행이 도착한 마을에는 초라한 농가가 즐비하였다. 그 곳에서 10여 분간 더 걸어가니 남루한 두 내외가 나와 큰스님께 정성스레 엎드려 삼배를 올렸다. 그 모습을 보며 이곳 사람들의 한 점 허물 없이 순수한 불심에 가슴 한 편이 아려왔다.
자신들이 공양할 수 있는 모든 것을 정성껏 준비한 그 모습에 진심으로 감사히 공양을 마친 일행들은, 호텔로 돌아 오는 버스 안에서도 한결같이 감동 받았다는 이야기를 나누며 호텔에 도착하여 5일째의 순례 일정을 마무리 하였다.

2015年 1月 27日

호텔에서 아침 공양 후 빠다웅족이 사는 마을에 방문하기 위해서 다시 인레호수로 향했다. 빠다웅족은 목걸이에 링을 걸고 사는 종족으로 이곳에서는 각종 공예품과 장식품들을 팔고 있어서 많은 관광객들이 방문하고 있었다. 기념품들을 구입한 일행들은 다시 양곤으로 가기 위해서 헤호공항으로 이동하였고, 양곤에 도착한 일행은 그곳에서 한일관이라는 한식당에 들려 식사를 마치고 잠시 휴식을 취한 후 모곡수도원으로 갔다.
모곡수도원에서는 이미 저녁 공양을 준비해 두셔서 공양 후 법당에서 예불을 올리고 명상체험을 한 후 10시 넘어 다들 취침을 하였다.

2015年 1月 28日

이곳 모곡수도원에서 새벽에 일어나 예불을 올리고 명상체험을 하게 되었는데, 4성제를 기본으로 12연기를 실천하는 위빠사나가 미얀마 명상법의 기본이 된다고 한다. 이곳 수도원은 전직이 의사였던 스님이 세운 수도원으로서 복합적으로 고아원, 양로원, 노인병원 등 복지수도원을 추구하고 있다고 하였다. 사부대중이 100여명이 상주하고 있고, 비구니 스님과 남자 수행자는 주지스님께서 지도하시고, 비구니와 여성 수행자들에게는 간호사 출신으로 부인 되시는 비구니 스님이 지도하신다고 하였다.

주지 스님께서 우리에게 5계를 설해주시고, 명상과 아침 공양 후 탁발을 나가는 스님들께 준비한 공양물을 정성스럽게 올린 후 기념촬영을 마친 후 마하파시나 동굴을 순례하게 되었다.

까바에 파야는 '세계평화'라는 뜻으로 미얀마 불교의 중심지 역할을 하고 있다고 한다. 이곳에는 부처님의 불발사리와 사리불, 목련존자의 진신사리가 안치되어 있으며, 우리 일행은 관계자의 큰 배려로 사리를 직접 친견할 수 있는 기회를 얻을 수 있었다. 참으로 감격하여 환희심에 눈물이 흐르고 감복하게 되었다.

다음으로 마하시 수도원을 방문하였는데 이곳에서 한국에서 수행 온 비구니 스님을 뵐 수 있었고, 보리수나무 아래서 명상을 하는 비구니 스님의 모습들도 볼 수 있었다.

평양냉면으로 점심 공양을 한 후 양곤 최대 와불사원인 차욱타지 파야를 순례하게 되었는데, 이곳 와불상의 길이는 65.95m, 높이 17m 이며 발에는 108법수를 의미하는 문양이 새겨져 있었다.

쉬다곤 파야로 이동하는 중에 보족마켓을 구경하였는데 이곳은 미얀마의 대표적인 쇼핑 명소로서 금은방, 옥, 실크, 공예품 등 온갖 특산

품들이 진열되어 있었고 일행들은 쇼핑을 마친 후 다시 미얀마의 상징이라고 하는 쉐다곤 파야로 향하였다.

황금 언덕이라고도 불려지는 99.4m 높이의 쉐다곤 파야는 미얀마 사람들의 정신적인 지주가 된다고 한다. 이 파야는 부처님이 열반 후 지어진 다른 파야들과 다르게 부처님이 생전에 봉밀을 공양한 두 상인에게 답례로 뽑아 준 8개의 모발 중에서 2개를 봉안하여 파야를 건설했다고 한다. 사원의 면적은 1만 평, 중심에 세워진 대탑의 높이는 99.4m인데 둘레는 426m 전신이 금판으로 둘러져 있으며 기단에는 64개의 불탑들이 호위하듯 에워싸고 있고 주변으로는 72개의 탑과 건물들이 빙 둘러세워져 있는데 그곳에는 모두 불상이 안치되어 있다고 하였다.

쉐다곤 파야는 약 6만kg의 금과 탑꼭대기의 73캐럿 다이아몬드, 주변 1,800캐럿의 5,448개의 다이아몬드, 그리고 2,317개의 루비, 1,085개의 금종과 420개의 은종 등 수많은 보석들로 치장이 되어 있었다. 아름다운 쉐다곤 파야에서 우리 순례단 일행들은 큰스님의 지도로 환희심 속에서 염불과 예불을 올릴 수 있었다.
쉐다곤 파야를 마지막으로 미얀마 순례를 마치게 되었고 일행들은 공항 근처의 한국식당으로 이동하여 저녁 공양 후 회향법회를 올리고 양곤공항으로 이동하여 율원스님과 다음을 기약하며 KE472편 비행기에 올라 회향을 하였다.

7박 8일 간의 순례는 많은 것을 보고 배울 수 있는 시간이었다. 순례길 중에 우리를 이끌어주신 큰스님에게 다시 한 번 존경과 감사를 드립니다.

108산사 성지순례기도회에 동참하면서

다음은 도선사를 인연으로 다니면서 또한 선묵 혜자스님과 함께 마음으로 찾아가는 108산사를 다니면서 보고, 느꼈던 점과 또한 산사의 아름다움에 대해서 적어본다.

108산사 순례기도회

선묵 혜자스님과 함께 마음으로 찾아가는 순례기도회는 108산사를 찾아 108배를 올리고, 108번뇌를 씻으며, 108염주를 만들어간다는 모토로 봉행되는 순례법회로서 농촌사랑, 장병사랑, 환경사랑까지 진행되는 기도회로서 실제로 부처님 법을 행으로 보여주는 법회이다. 여러 사찰을 방문할 때마다 신심이 생기고 환희심, 정진하는 마음, 불은에 보답하는 마음으로 감회가 깊었지만 특히 마음에 남으면서도 영원히 잊혀지지 않을 사찰들을 소개해 본다.

도선사 (삼각산)

삼각산 도선사는 대한불교 조계종 직할교구 사찰이며 신라 말기의 승려 도선국사께서 경문왕 2년에 창건하셨다. 이곳의 산세가 1천 년 뒤의 말법시대에 불법을 다시 일으킬 곳이라 내다보고 절을 세운 다음 큰 암석을 손으로 갈라서 주장자로 마애관세음보살을 새겼는데, 지금은 유형문화재 제34호로 지정된 도선사 관음석불님은 영험이 있다 하여 기도객이 끊이지 않는다.

선묵 혜자스님께서 주지로 부임하시면서 도량정리를 하셨으며 또한 2005年 12月4日 부처님 지사리(유네스코 9대 불가사의)를 중국 법문사에서 전국 사찰 중 도선사에 모시고 5일간 철야 정진을 하시고 중국 법문사와 형제 결연을 맺으셨고 이러한 인연으로 108산사 기도법회를 하시게 되었다는 주지스님이신 선묵 혜자스님의 말씀이시다. 또한 도선사는 많은 신도와 여건이 좋으니 선묵 혜자스님께서는 마음으로 찾아가는 108산사 성지순례단 회원을 조성하여 도선사를 2006年

9月 17日로 시작하여 108염주를 만들어 가면서 불보사찰(통도사), 법보사찰(해인사), 승보사찰(송광사), 순으로 108참회기도, 농촌사랑, 군장병 사랑(초코파이), 환경지킴운동의 실천으로 옮기면서 부처님의 정신을 본받아서 몸소 체험하고 실천하는 정신으로 참여하여 다니고 있는 중이다.
부처님께서 항상 보호하시고 사랑하시고 보살펴주심으로써 마음으로 찾아가는 전국에서 모여서 이룬 불교신행단체인 108산사 회원은 처음에는 3,300명으로 시작하여 지금은 거의 7,000명이 되었고, 선묵 혜자스님께서는 불교신문사 사장님으로 취임을 하셨다.
'큰일을 해나가고 계시는구나, 모든 것이 부처님의 뜻이구나. 앞으로 7~8년이 걸린다 해도 아름다운 회향하여지이다'하고 다시 한 번 발원하면서 꼭 이루어주실 것이라 믿고 또 믿는다. 석가모니 부처님께서 무량공덕을 주실 때는 일체 중생을 적자와 같이 평등성지로 사랑하시면서도 '부처님 일 시키시려고 그러시는구나' 믿는 나는 모든 일을 부처님의 뜻이라 생각하고 기쁜 마음으로 하게 되었다.

108산사 순례기도회 발대식

2006年 9月 17日 삼각산 도선사에서 발대식을 갖게 되었다. 주지 스님께서 절 가방, 염주 주머니, 공양미 주머니, 불지사리 액자를 각 회원에게 나누어 주셨고 우리는 장엄하게 108참회 기도를 하고는 대덕스님들의 법문을 듣고 또한 108산사 노래를 하면서 첫 발을 내딛게 되었다.
회원 3,300명이 석불님의 무량공덕을 입은 자신만이 느끼는 마음, 한결같이 그 공덕에 보답하는 마음으로 108산사 순례법회가 아름다운 회향하도록 발원하고 '백의관음 무설설 남순동자 불문문(白衣觀音無說說 南巡童子不聞聞)'을 마음에 새기고는 도선사라 새긴 염주 한 알을 염주 주머니에 받으면서 순례법회가 시작되었다.

이렇게 동참하게 하여 주신 모든 부처님, 불보살님 또한 선묵 혜자스님께 감사드리는 바이다.

불보사찰 통도사

2006年 10月 21日에 삼보사찰 중의 으뜸인 양산 영축산에 부처님의 진신사리를 모신 5대 적별보궁중의 제일인 불보사찰을 갈 때는 버스 안에서부터 환희심에 석가모니불 정근을 하면서 갔다.

영축산의 모습과 입구에 들어가는 냇물과 하얀 자갈은 자연이 어우러져 부처님의 8상성도를 생각하면서 대적광전 앞에서 108참회 기도와 발원문을 낭독하면서 정말로 환희심은 이루 표현할 수 없을 정도였으며 3,333명의 불자가 한 마음이 되어서 왔다는 것도 정말로 불가사의라 아니 할 수 없다.

법보사찰 해인사

2006年 11月 11日에 한국 불교 성지이며 세계 문화 유산 및 국보 보물등 70여점의 유물이 산재해 있으며 또한 팔만대장경이 보관되어 있는 국내 최대의 법보 사찰로서 명산인 가야산 자락에 위치하여 가야산을 뒤로하고 매화산을 앞에 두고 있어 그 웅장한 모습과 주변 경관이 어우러져 경이로웠다.

1200年 되었다는 쌍둥이 청정법신 부처님의 무량공덕으로 해인사에서 다시 한 번 환희심에 젖어 탑다라니를 이고 법성도를 광명진언(옴 아모카 바이로차나 마하 무드라 마니 파드마 즈바라 프라바를타야)을 외우면서 도는데 저절로 춤이 나올 정도였다. 스님들께서 목탁을 치시면서 광명진언을 염송하시는 소리는 지금도 귀에 남을 정도였다. 그야말로 '이대로가 극락이구나' 하는 생각이 들었다.

그리고 저녁 늦게 고불암 1200年 되신 청동 관세음보살님 모두가 우리 옆에 계신 현신보살님인 것을 새삼 느꼈으며 무량사의 해가 지는 모습은 그대로 연꽃 자체였다. "감사합니다" 하는 말이 절로 나왔다.

승보사찰 송광사

2006年 12月 2日 삼보 사찰중 조계산 자락에 있는 송광사를 갔다. 한국 삼보 사찰 중에서 승보 사찰로서 대한 불교 조계종 21교구 본사이다. 보조국사 선사께서 교와 선을 닦기 시작하면서 대찰로 중건 하였으며 약 180年 동안 16명의 국사를 배출하면서 승보 사찰의 지위를 굳혔다. 차에서 내려 송광사로 올라가는 길에 첫눈이 내렸다. 그렇게도 좋아하는 하얀 눈을 맞으며 대웅전에 들어가는 순간 연등부처님, 석가모니부처님, 미륵부처님, 관세음보살님, 문수, 보현, 지장보살님의 무량한 공덕을 입었음에 다시 한 번 감사드렸다.
관음전 앞의 양쪽 큰 나무에 빨간 열매가 열린 것이 너무나도 아름다웠다. 춤이라도 추고 싶은 환희심으로 내려오는 순간 법신여래의 마니여의주(마음의 여의주)를 선물로 받고 “옴 아모카 바이로차나 마하 무드라 마니 파드마 즈바라 프라바를타야”를 외우면서 내려와 정말 근기 따라 응답을 주시는 법신여래이신 석가모니 부처님 전에 다시 한 번 감사드리고 “이 인연 공덕으로 모든 사람들의 마음이 청정하여지고 또한 온 세계가 청정하여지이다” 하고 발원하였다.

도갑사

월출산 도갑사는 대한불교 조계종 22교구 본사인 대흥사의 말사이다. 우리는 2007年 4月 14日 조계사 앞에서 출발하여 도갑사에 도착하였는데 들어가는 경치가 유난히도 아름다웠으며 또한 산자락이 병풍으로 둘러싸인 듯 아늑하였으며 세조 2年 수미스님께서 왕실의 어명을 받들어 국가적 지원으로 966칸에 달하는 당우와 전각을 세웠고 부속 암자만 해도 12개가 있었다. 원래는 신라 말 헌강왕 6年 도선국사님이 창건하였으며 그래서 주지 월우스님께서 도선사의 본가라는 우스개 말씀도 하시면서 108산사 회원들을 반겨 주시고 법문도 하여 주셨다. 해탈문(국보 50호) 마애여래 좌상(국보 144호) 석조여래좌상(보물 89호) 문수보현보살 사자코끼리상(보물 1134호) 등 많은 문화재를 소장하고 있는 유서 깊은 고찰이다. 거북바위와 석조여래좌상을 친견할 때는 탄성이 저절로 나왔다.

우리는 선묵 혜자스님과 열심히 108참회 기도를 하고 발원문을 낭독하였다. 이렇게 유서 깊은 도량을 참배할 수 있도록 하여 주신 선묵 혜자스님께 다시 한 번 감사드리며 스님께서 나는 3,600명을 마음 하나로 보니 힘들지 않다고 하신 말씀이 우리 중생들의 진여심을 일깨워 주신 법문이라는 것을 느끼면서 산사를 내려왔다.

낙산사

낙산사는 강원 양양군 오봉산에 있는 제3교구 본사 신흥사 말사로 3대 관음도량 중 하나이다. 또한 관동팔경의 하나로 유명하다.
우리는 2007年 6月 23日 (陰曆 5月 9日)에 낙산사로 10번째 108산사 기도법회를 가게 되었다. 동해의 관음성지인 낙산사 9번이나 불이 나서 시련을 겪으셨고 또한 지금 주지 정념스님께서 부임하시던 날 불이 났다 하시면서 인사말씀을 하실 때는 눈시울을 적셨다.
우리는 대웅전(관음전) 앞마당에서 108참회 기도를 하는데 얼마나 햇볕이 따갑고 또한 날씨가 더웠는지 그러나 풀 한 포기 없이 타버린 낙산사 도량을 생각하면서 열심히 기도를 하였다.

낙산사에서는 선묵 혜자스님께서 108산사 회원들은 매월마다 그 달에 생일을 맞는 회원들을 축원하여 주신다. 마침 생일이 陰曆 5月 5日인 나도 축원 받았다. 주지이신 선묵 혜자스님은 우리 회원들이 남편, 자식 기도만 하고 자기 기도는 안 하니 감사하게도 스님께서 해주신다는 것이었다.
잿더미로 변해버린 관음성지가 차차 제 모습을 드러내어 본래의 낙산사로 원만성취되기를 마음속으로 간절히 발원하였다. 그래도 동해 바다를 내려다보고 서 계시는 관음보살상 앞에 가서 절을 올리니 환희심과 상서로운 기운이 온몸을 스쳐갔다. 또한 감로수는 왜 그렇게 단지 생전 처음 그렇게 많은 물을 마신 것 같았다. 그래서 관세음보살님께서 내려주신 감로수라 생각하며 다시 한 번 자리이타에 충만하고 자각각타 각행원만 하라는 관세음보살님의 공덕이라 생각했다.

이미 한량없는 공덕을 입었기에 항상 그 공덕에 보답하는 삶을 살고자 노력하고 있으며 또한 부처님께 가장 보답하는 길은 성불에 있다 하셨으니 다 같이 성불하기를 발원하면서 또한 지금도 낙산사의 복원이 모든 불자들의 원이 하나로 되어 원만성취하기를 발원하면서 성의껏 불사에 동참하고 또한 앞으로도 분수 따라 동참할 마음이다.
낙산사 주지 정념스님의 글이 너무 좋아서 같이 감상하고자 한다.

관세음보살님 전에 한 줄기 향을 사르면서

눈보라 날리는 날에도 어부는 그물을 만지고
봄날을 기다리는 농부는 마음 한 구석
씨앗 뿌리는 일을 멈추지 않았는지 모릅니다.
삶은 끊임없는 연속입니다.
쉬고 그치고 존재하는 모든 것들이……
어느 자리 내 마음 놓아 버리면 달라질까?

돌아서 보면 우리 마음이란 것은
항상 그 자리에 있음을 발견하면서
급한 마음도 쉬어가는 마음도 세상에
순응하는 방편이기에 변함없이 마음을 바쳐
기도할 수 있음에 다시 한 번 감사드립니다.

800일 기도에 동참하시는 낙산사, 홍련암 가족 여러분.
원통보전, 홍련암 새로이 복구하여 사부대중의
기도 소리에 즐거움이 묻어나고, 관세음보살님
미소 법당에 가득합니다.

주지스님 목탁 손수 잡으시고
기도 드리니 도량의 기운이 더욱 성하고 불사의
희향이 무르익어가며 잠자는 대지의 기운 또한
새로움이 잉태되는 것 같습니다.

꿈이 이루어지는 낙산사 홍련암에서
너와 내가 하나 되는 꿈들을 펼쳐보면서 함께 기도합시다.
저희들이 이룩한 커다란 원력 앞에서
더욱 겸손해지며 이 땅이 불국토 되는 날까지
기도하고 발원합니다.

관세음보살님의 가피 매화향기처럼
먼저 신도님의 가정에 충만하기를 바라면서…….

·관세음보살님 상주도량 낙산사 홍련암 주지 정념 합장 (2008年 1月)

봉암사

경북 문경시 희양산에 자리한 봉암사는 한국 불교 조계종 제8교구 본사인 직지사 말사이다. 2007년 9월 28일에 108산사 성지순례 13번째로 봉암사를 찾게 되었다. 어찌 보면 가장 문턱이 높은 사찰인지도 모른다.

사찰을 부처님 오신 날만 개방하고 있으며 희양산은 백두대간의 단전에 해당하는 높이 999m의 거대한 바위산으로 서출동유하는 30리 계곡을 끼고 있어 천하길지로 이름 나 있다. 그런데 108산사 순례회원을 위해서 60년만에 처음 개방하였다는 소리를 듣고는 부처님의 무량한 공덕과 선묵 혜자스님의 공덕으로 하여금 이렇게 개인적으로는 참배하기 어려운 청정도량 '선도량'에 올 수 있었다는 것에 감사했다.

해방 직후 사회적 혼란이 극심한 상황에서 봉암사는 한국불교 현대사에서 새로운 흐름을 창출한 결사 도량으로 거듭난다. 이름하여 봉암사 결사가 그것이다. 봉암사 결사는 1947년 청담, 성철, 자운, 운봉스님 등 4인이 "전체적으로나 개인적으로나 임시적인 이익 관계를 떠나서 오직 부처님 법대로 한 번 살아보자. 무엇이든지 잘못된 것은 고치고 해서 부처님 법대로만 살아보자."는 원을 세우고 결사도량을 찾으니 그 곳이 봉암사였다.

서출동류(西出東流)하는 30리 계곡 심산유곡 깊은 골짜기 흐르는 물은 너무나 맑았고. 마애불의 백옥 같은 얼굴은 지금도 눈에 선하며 땅에 깔려 있는 바위는 상상을 초월하는 절경이었다. 우리는 거기서 점심을 먹었으며 그 맑은 물에 발을 씻고 내려 왔으며 또한 대웅전 석가모니 부처님과 금색전 청정법신 비로자나 부처님은 너무나 인상적이었다. 오는 사람 막지 않고 가는 사람 잡지 않는 곳이 절이라지만 가는 사람이야 어찌 하는지 몰라도 오는 사람 철저히 통제하는 고개가 갸우뚱 해지는 산사 속의 산사를 참배하는 기쁨은 유난히도 컸다.

우리는 대웅전 앞에서 108 참회기도를 하고, 또한 발원문을 낭독하고는 돌고 돌면서 염주 주머니에 13번째로 봉암사라고 새겨진 염주알을 받고는 절을 내려 왔다. 어느 절이고 좋지 않은 절이 없지만은 유난히도 인상적이었던 절이었다. 불자라면 누구나 부처님 오신 날만 개방하신다 하니 한 번 다녀오는 것도 좋은 인연이 될 것이라 믿는다.

봉녕사

수원 광교산 자락에 있는 봉녕사를 2008年 1月 12日 순례를 가게 되었다. 서울에서도 멀리 않은 곳에 자리 잡고 있는 봉녕사는 비구니 스님들의 수행 도량이었다.

고려 희종 4년 때 원각국사께서 창건한 사찰로서 800주년을 맞는 해에 우리 108산사 순례기도회가 인연을 맺게 되었던 것이다. 봉녕사는 단순한 사찰이 아니고 한국 불교 곳곳에 그 역할을 하고 있는 비구니 스님들을 교육하고 인천의 지도자로 길러내는 곳이기 때문이다. 봉녕사에 들어서는 순간 병풍으로 둘러싸인듯한 산세가 너무나도 아늑하였으며 묘엄(비구니)스님께서 주지스님으로 계셨다.

우리는 법당에 들어가니 청정법신 비로자나 부처님, 석가모니 부처님, 아미타 부처님이 모셔져 있었으며 또한 약사전이 인상 깊었으며 약사여래 부처님의 12대 원을 생각하면서 일체 중생이 약사여래 부처님의 무량한 공덕으로 건강하여지고, 이 사바가 동방 만월세계처럼 깨끗한 정토가 되기를 발원하였다.

대웅전 앞 우뚝 뻗은 800년 수령의 향나무 가람의 오랜 세월 머금고 도량 곳곳이 알뜰한 수행자 손길 닿지 않은 곳 없는 듯 단아하다. 우리는 봉녕사 주지 묘엄스님의 인사 말씀을 듣고 또한 108 참회 기도를 하며 또한 발원문을 낭독하고 나서는 탑다라니를 머리에 이고, 선묵 혜자스님을 따라 탑돌이를 하면서 석가모니불 정근을 하였다.

그리고 돌고 돌면서 줄을 서서 자기 자리를 지키면서 염주 주머니에 17번째 봉녕사라 새겨진 염주알을 받았다. 그러고 나서 산사를 내려오면서 농촌사랑 장터에서 파래를 사서 들고 내려오는 마음과 발걸음은 유난히도 가벼웠다.

다시 한 번 부처님 사랑에 감사하며 또한 108산사 순례기도회를 이끄시는 선묵 혜자스님 앞에서 일하는 광명장, 모든 분들께 감사드린다.

법주사(속리산)

오늘은 충청북도 보은군 내속리면 사내리 속리산 기슭에 자리한 대한 불교 조계종 제5교구 본사인 부처님 진리 머무는 법주사로 50번째 순례를 떠나는 날이다. 아침부터 설레는 마음으로 준비를 마치고 조계사 앞으로 가서 6시 30분에 출발하였다. 40년 전 신혼여행을 왔던 곳이라 더욱 감회가 깊었다.

두 아들을 데리고 여름이면 많이 와본 인연 깊은 사찰이지만 이렇게 108산사 순례로 발을 들여놓게 되니 용화세계 33천 미륵대불이 미소로 반겨주시며 활짝 마음이 열리는 것 같았다. 우리는 대웅보전 앞에서 108 참회기도를 다 같이 올렸으며 또한 발원문을 낭독하면서 일심으로 부처님 전에 기도를 올렸다.

'미륵부처님의 개금불사에 동참하고 또한 각 전각을 돌면서 나라가 평화롭고 더 나아가서 세계가 평화롭기를 바라면서 두 아들이 건강하고 지혜로운 불자로서 자기선 자리에서 행복한 가정을 이루어 행복을 나누어줄 수 있는 삶을 살게 하여지이다.'

하면서 간절한 기도를 올린 다음 줄을 서서 석가모니불 정근을 하면서 염주알을 받고서는 도반들과 함께 산사를 내려왔다. 2010年 10月 16日(陰曆 9月 9日)

희방사 (영주, 소백산)

한반도 신산(神山)으로 국립천문대가 자리하고 있는 소백산에 자리잡은 희방사는 대한불교 조계종 제16교구 고운사 말사이며 또한 해발 850m에 자리한 산사로 이번 방문이 61차 순례였다.
서울역에서 아침 6시 기차를 타고 여행하는 즐거운 마음으로 왔지만, 희방사를 오르는 것은 정말 쉬운 일이 아니었다. 어느 도반은 두 무릎으로 기어 올라가기도 하였다. 그러나 경내에 이르니 울창한 숲과 조금씩 물들고 있는 단풍 한 쪽으로 그림과도 같은 자연의 아름다움에 그저 감사한 마음이 들었다.

어느 날 두운조사가 산길을 가자 신음하는 호랑이를 발견했다. 호랑이는 사람을 먹고 목에 비녀가 걸렸는데 두운조사가 비녀를 빼주고 살려주었다. 그 후 호랑이는 두운조사의 은혜를 갚고자 어느 양갓집 규수를 물어다. 주었는데 그 규수는 바로 경주 호주의 무남독녀였다. 경주 호장은 딸을 살려준 은혜에 보답하고자 이 절을 지어 주었다 한다. 그래서 절 이름도 은혜를 갚게 되어 기쁘다는 뜻의 희(喜), 두운조사의 방(方)을 써서 희방사라 지었다 한다. 절 바로 밑에 내륙지장 최대폭포 28m의 희방폭포가 있는데 우리는 구경은 못 하였다.

대웅전 앞에 공양미를 올리고 자리를 잡은 뒤 108참회 기도를 올리고 또한 희방사 주지스님의 인사말씀을 듣고 또한 각 전각을 돌면서 부처님 전에 간절한 기도를 올렸는데 머리는 맑아지고 몸은 날아갈 듯이 가벼워졌다.
다시 한 번 부처님의 무량공덕 속에 살고 있음을 스스로 자각하면서 산사를 내려와 다시 기차를 타고 귀갓길에 올랐다. 2011年 10月 8日

우리는 이렇게 순례 사찰마다 108참회 기도를 하는데

'맑고 밝은 마음 108배'는 주요 불교경전을 한역하여 펴낸 책으로 그 내용이 너무나도 가슴을 적시는지라 짧게 소개하고자 한다.

이 책은 경북 구미시 선산읍의 영명사(永明寺) 주지이신 지범스님께서 "부처님 밥 먹은 불제자로서 불자들에게 회향한다"는 진솔하고 소박한 마음으로 쓴 부처님 예경서로서, 구성은 '맑고 밝은 말 한 마디', '귀의삼보', '참회', '감사와 발보리심', '서원', '회향 및 축원'으로 짜여져 있다. 단순히 108배를 하는 게 아니라 가슴으로 느끼면서 108배를 할 수 있어서 우리의 마음을 정화하고 정립하는데 도움이 된다.
일반적으로 이해하기 어려운 대승경전을 핵심화하고 정립한 간결한 글귀에 신도들은 가슴 깊이 동화될 수 있다.
예를 들자면 참회 부분에서

P.29 "나로 인해 상처받은 사람에게 진심으로 참회하며 숙업마저도 참회하고 승화하란 가르침을 새기면서 지극한 마음으로 스물아홉 번째 절을 올리옵니다."

이 글귀는 우리의 일상생활에서 흔히 일어나는 일이기에 진참회가 될 수 있다.

P.58 "자기를 일으키는 것도 자기 자신이요, 자기를 무너뜨리는 것도 자기 자신이란 가르침을 새기면서 지극한 마음으로…."

P.108 "이 모든 것을 품고 하나의 우주인 귀하고 고귀한 생명인 나를 위해 지극한 마음으로 백여덟 번째 절을 올리옵니다."

이 글귀들을 통해 참으로 깊이 생각할 수 있다.

이 모든 기도는 佛性을 지닌 '나' 자신을 위한 것이기에 '잃어버린 나 자신'의 진정한 존재를 재인식할 수 있는 구절이다. 이렇게 하나하나 이어지며 108배를 하다 보면 그 날의 상황에 따라 본인에게 가슴 저린 구절이 있다. 이처럼 가슴 깊이 와닿기에 108배를 통한 진참회는 불보살님께의 진정한 귀의로 이어지고, 진정한 귀의는 우리로 하여금 감사와 발보리심을 일으키게 하고 진실된 서원을 하게 하는 것이다. 이렇게 정진하다보면 나와 너, 우리 모두가 맑아져 밝은 사회가 이룩되고 세세생생 맑고 밝은 좋은 인연으로 이어질 것이다.

백팔순례기도 법회 인연으로 제주 남국 선원에서 수행 중이신 옹산스님의 "山中散策"을 읽고는 마음에 자양이 될 수 있는 내용을 몇 구절 적어 본다.

한 등불이 능히 천 년의 어둠을 밝힌다.
한 글귀라도 향기롭게 읽혀
독자의 마음을 밝히는 등불이 될 수 있는
인연으로 이어진다면 더는 바랄 것이 없다.

·옹산 지음 (山中산책)

생멸이 끊어진 법계의 진여를 구하는 수좌는 그가 하는 말이 곧 불음(佛音)이고 행하는 일이 불행(佛行)이고 하는 생각이 곧 불심(佛心)이다. 그래서 따로 유적을 두지 않는다. 그렇기 때문에 실천과 행동으로 무애자재하는 삶 자체가 중요하다고 여기는 선사들은 군더더기 같은 기록은 남기지 않으려고 한다. 그러나 인연이 닿는 한 포교하리라는 원력을 세운 바 있는 스님께서는 가사가 헤지면 거름으로까지 쓰라고 말씀하신 석가모니 부처님의 유훈을 생각할 때 선사적 기품만을 고집해서는 안 된다는 내면의 목소리를 들으셨다 한다. 그래서 많은 망설임 끝에 이 책을 내셨다고 한다. 수행 과정에서 틈틈이 생각하고 느낀 것들을 썼기 때문에 수상집(修想集)이라고 하였다.

속을 여의고 보니 다시 속이더라

산이 세속을 떠난 것이 아니라
세속이 산을 떠났어.
속을 여의고 보니
다시 속이더라(俗離更俗).

문장대에 올라 앉아
천지를 굽어보니
산 아래 구름이
근심 없이 살라 하네.

내가 출가 사문이 된 것은
세속을 떠나기 위해서가 아니라
지혜와 자비의 길을 찾기 위해서이다.
산은 세속과의 분리를 뜻해서
속리라 했지만
속을 여의면 다시 속이다.

어느 한 해 비구니가 견성암에서 하안거 한 철을 지낸 다음 돌아가기 전에 운수암으로 나를 찾아왔다. 내가 글을 쓴다는 말을 전해 들었음이리라. 휘호를 한 폭 써달라고 청하기에 어디서 온 스님이냐고 물었다.

"속리산에서 왔습니다."

그 말을 듣는 순간 속리갱속(俗離更俗)이라는 말이 떠올랐다. 즉석에서 그 글씨를 써 주고 나중에 시를 지었다.

그저 물이면 된다

오시는 님 그림자
돈도
명예도
구할 것이 없는 자세
물이 흘러가듯

우주의 섭리를 쫓아
있는 듯 없는 듯 살아가는 길
백지 위에 한 획 그어져
내 마음이 표현되면

푸른 하늘에 한 조각 구름이듯
결집된 내 혼의 모습인 것을
비워야 할 것 다 비우고
버려야 할 것 다 버리자
녹여야 할 것 녹여버리자

속세의 풍진
진리를 향하여
방초 언덕에 놀다가
갈대꽃 섶에서 잠을 자네
세상사 잊고 이 곳에
한평생 머물고 싶네.

오시는 님 그림자
스치는 바람 곁에 스며드는
따스한 발자취
중노릇 하려 말고
공부하는 사람이 되려고 하라.

길

사람은 누구나 뜻에 따라
목적이 다르고 목적에 따라
가는 길이 다르다.

저 높은 곳에 뜻을 둔 사람은
멀리 갈 준비를 해서 올라가야 하고
낮은 곳에 목적을 둔 사람은
밑으로 내려가야 한다.

그리고 동쪽에 뜻을 둔 사람은 동쪽으로
서쪽에 목적을 둔 사람은 서쪽으로 나서야 된다.
주위를 둘러보면 가던 길을 잃어버리고
방황하고 있는 사람을 의외로 많이 보게 된다.

인생을 흔히 연극에 비유한다. 그렇지만 인생이란 연극은 리허설이 없어도 바로 본 무대에 오르는 연극이다. 실패하면 그것으로 낙오자가 되고 만다. 어떻게 사는 것이 가장 보람 있는 삶을 영위하는 것인지에 대하여 끊임없이 생각해야 한다. 인생이란 무엇인가 하는 명제에 당면하게 되면 누구나 생각할수록 어렵게 되는 것은 사실이다.

유사 이래. 그 누구도 명쾌하게 여기에 대한 대답을 하지 못하고 있다. 글자로 물어본다면 사람 사는 것이 인생이고 동물이 사는 것은 축생이다. 인간은 인간답게 살아야 하고 축생들은 축생답게 살아야 된다는 등식이 성립된다. 인생은 길어봐야 백 년이다. 다시 말해서 백 년의 인생을 어떻게 경영하느냐 하는 문제로 귀결된다.

우리는 그 한정된 시간 안에서 진리와 길을 찾고 그리고 등불을 밝혀야 한다. 실천하는데 길이 있고 길을 가면 등불이 될 수 있다. 우주의 진리는 우주 가운데 있고 생활의 진리는 생활 가운데 있는 것이니 진리를 찾다 보면 인생 그 속에 바로 진리가 있다는 것을 알게 된다.
다시 말하면 눈, 귀, 코, 입, 몸, 마음의 육근(六根)이 인생의 진리를 좌우한다고 볼 수 있다. 육근을 바르게 다스리면 진리의 길이 있고 그 길을 나서면 등불이 된다.

어리석은 생각으로 탐내고 그 탐냄의 만족을 얻을 수 없으니 성질을 부리고 그래서 마침내 인생 경영을 망치는 경우를 많이 보게 된다.
육근을 바르게 다스리고 삼독심을 버려야 비로소 깨닫게 된다. 설령 깨달음을 궁극적인 목표로 두고 있는 종교인이 아니라도 마음과 처신을 바르게 할 때라야 길을 잃지 않고 살아갈 수 있을 것이다.

따뜻한 정(情)

해가 저물어가면서 도처에서 망년회다 뭐다 하여 흥청망청이다. 잊어야 할 무엇이 그리도 많은지 술 마시고 노래 부르고 야단법석을 떤다. 가까운 사람끼리 망년회를 하는 것도 중요하지만 한 해를 마무리하기 전에 정에 목말라하고 사랑에 굶주리고 있는 사람들이 없는지 주변을 한 번 둘러보았으면 좋겠다.

남들이 즐겁게 노는 크리스마스니 연말같은 때면 더 뼈에 사무치는 소외감을 느끼는 불우한 이웃들이 생각보다 훨씬 많다. 병들고 힘들어하는 사람을 외면하지 않고 다른 사람의 어려운 일을 그냥 지나치지 않는 마음이야말로 우리 사회에서 꼭 필요로 하는 자비의 마음이다.

사랑과 정으로 불우한 이웃들과 관계를 맺는다면 마지막 가는 이 한 해를 좀 더 알차고 뜻 있게 보낼 수 있지 않을까. 어떤 특정한 불우이웃을 찾지 않더라도 하모니카나 아니면 육성으로 노래를 부르며 동전바구니를 들고 지나가는 맹인을 전철 안에서 만났을 때 외면하지 않는 정도는 되었으면 한다.

장애인은 누구나 안됐지만 특히 앞 못 보는 것만큼 딱한 경우도 없다. 지팡이 하나에 의지하여 살고 있는 사람들이다. 사대육신이 멀쩡한 사람들이 불쌍한 맹인을 철저하게 외면하는 것은 조금치의 자비심도 없는 몰인정한 사람이라고 하지 않을 수 없다.

천 원짜리 지폐 한 장을 넣어 주는 사람 보지 못했다. 간혹 500원짜리 동전을 던져주는 사람이 많은 것도 아니다. 내가 돈이 많아서 천 원짜리 지폐를 넣어준 것은 아니다. 나에게 우선 천 원이 없어도 우선 생계에 위협이 없고 천 원 정도야 또 생기게 마련이라는 막연한 생각으로 그냥 넣어주면서 마음 속으로 이 전철 안에서 내가 제일 부자인 듯 한 기분에 젖어볼 때도 있었다.

돈이 아무리 많아도 이기심을 버리지 않는 습성 때문인지 선뜻 천 원 자리 지폐 한 장을 주기가 쉽지 않나 보다. 소가 젖을 짜면 자고 나면 또 젖이 생긴다. 보시하고 나면 젖이 다시 생기는 것과는 견줄 수 없는 큰 기쁨을 맛볼 수 있을 것이다. 누구나 이런 마음만 가지면 고아원이나 양로원에서 웃음소리가 끊어지지 않고 소년 소녀 가장들의 얼굴에서 희망과 용기가 넘쳐날 것이다. 소외된 사람들에게는 물질의 도움도 필요하지만 더 시급한 것이 관심과 따뜻한 마음이다.

파스테르나크가 쓴 「거지」라는 글에 이런 대목이 나온다. 한 신사가 멋지게 차려 입고 길을 나섰다. 얼굴엔 땟국물이 뒤범벅이 된 징그러운 거지를 만나게 되었다. 거지는 노신사의 턱 밑으로 손을 내밀었다.

"한 푼 줍쇼."

이 세상에서 가장 처절한 목소리로 신사에게 동냥해 줄 것을 호소한 것이었다. 신사는 그 거지를 도와주지 않고서는 도저히 그 자리를 벗어 날 수 없는 지경에 놓이게 되었다.

노신사는 서둘러 주머니를 뒤지기 시작했다. 바지며, 저고리, 조끼, 주머니란 주머니는 죄다 뒤지다가 아차 싶었다. 외출하기 위해 옷을 갈아입을 때 그만 지갑을 빠뜨려 주머니엔 동전 한 닢도 없는 것을 깨달았다. 구걸을 하는 거지보다 오히려 그 신사의 입장이 더 난처해졌다. 순간 노신사는 울상이 되어 보기에도 섬뜩하고 징그러운 거지의 손목을 덥석 쓸어잡았다.

"여보게 용서해 주게, 당신을 꼭 돕고 싶은데 내 수중에는 단 한 푼의 돈도 가진 게 없네."

신사는 자기도 모르는 사이에 글썽글썽 목이 메고 있었다.

"선생님 고맙습니다. 저는 오늘 난생 처음으로 인간의 정을 동냥 받았습니다. 금은보다 더 값진 인정에 정말 저는 말할 수 없는 행복을 선사 받았습니다."

누더기 거지는 감싸 쥔 노신사의 손등 위로 뜨거운 눈물을 연신 쏟고 있었다.

이 글을 통해 파스테르나크는 애정에 굶주려 있는 거지의 심정을 잘 그려내고 있다. 반짝 선물보다 지속적인 사랑을 소외된 이들에게 동정이 아닌 열린 마음으로 쏟아줄 때 훈훈한 사회가 될 것이다. 우리 모두의 사랑과 자비의 마음이 필요한 때다 인생은 그리 길지 않다. 생전에 남에게 좋은 일 하고 가자.

'닥터 지바고'의 원작자 보리스 파스테르나크(Boris Pasternak, 1890~1960)

감투

대학 총장이 되는 건 교수에서 행정직으로 내려앉는 것이다. 책도 제대로 안보니 학자라고 할 수도 없고 가르치지 않으니 교수도 아니지만 그래도 서로 총장이 되려고 이판사판 물불을 안 가린다. 번듯한 대학을 나왔고 깐깐한 성미에 근무성적도 우수해서 이미 교감 또는 교장으로 승진할 수 있었지만 평생을 평교사로 마치겠다는 고집을 꺾지 않은 사람도 있다.

절 집안에서 이판은 참선하는 수행승이고 사판인 주지는 수행승을 보필하는 것인데 그것도 감투라고 서로 주지가 되려고 목을 매는 무리들, 중의 형상을 빌고 이름을 팔아서 세상에 아첨하는 이가 잇따라 구름처럼 일어나니 도는 날로 허물어져 가고 있구나.

특별한 체험

산에 나무가 없다면 산은 쓸모가 없어지고 생명을 잃게 될 것입니다. 그리고 그 산중에 공부하는 수행 대중이 없다면 아무리 절이 크다고 해도 자랑할 바가 못 됩니다. 여러분들이 찾아 주시니 산이 산답고 절이 더욱 절답게 느껴집니다.
각자 생업에 바쁜 중에도 사흘 동안 수련을 하기 위해 찾아온 여러 인연 대중들에게 교화적인 법회를 할 수 있는 기회를 갖게 된 것을 영광으로 생각합니다. 끊임없는 생존 경쟁 중에서도 평생 생활하는데 좋은 밑거름이 될 수 있는 무엇을 얻어갈 수 있기를 기원합니다.

최근 프랑스에서는 수도원으로 휴가를 가는 사람들이 폭발적으로 늘어나고 있다고 합니다. 가족이나 부부 또는 혼자 수도원에 들어가서 수도사처럼 생활해 보는 이 독특한 휴가법은 일부 별난 사람들 사이에서 시작되었지만 최근 1~2년 사이에 급속히 퍼져나가 이제는 프랑스 국민들의 휴가 풍속도를 바꾸어 놓기에 이른 것입니다.
수도원 휴가처를 잡기 위해서는 적어도 수 개월 전에 심지어 어떤 곳은 1년 전에 예약을 하며 이런 식으로 수요가 급증하자 205곳의 수도원도 휴가처로 개방을 했다고 합니다.

휴가처로 유명해진 한 수도원의 통계에 따르면 그곳을 찾은 사람 중에 절반 가량은 무종교, 또는 평소 주말 미사에 나가지 않는 말 뿐인 가톨릭 신자들이었다고 합니다.

"그런 그들이 어째서 새삼 종교적인 체험을 원했던 것일까?"

우리 사회에서 종교를 배제시키면 퇴폐 또는 부패와 연결되어 결국은 패망의 길을 자초한다는 것을 동서양의 역사가 깨우쳐 주고 있기 때문이라고 생각합니다.

여기에 오신 분들 중에도 불자가 아닌 분이 계실 것이고 혹은 다른 종교를 가진 분들도 계실 것입니다. 여러분들의 종교적 체험이 새로운 세계에 눈뜨는 계기가 되기를 진심에서 기원합니다. 여러분 현재 삶에 충실하면 바로 이것이 극락이고 부실하게 살면서 그 삶이 지옥인 것도 깨닫지 못하고 허무맹랑한 종말을 믿는 사람들을 대하면 애처롭기 그지없습니다.
종교의 궁극적인 목표는 내세를 위해 있는 것이 아니라 현세에서 부패해 가는 인간들을 청청하게 하는 소금과 같은 역할을 해주는데 있는 것입니다. 그러니까 종교의 진정한 참뜻은 인간성 회복과 도덕성 회복을 통해 사람의 마음을 풍요롭게 하고 평화롭게 하는 것입니다.

종교는 우리의 영혼을 위해 있는 것입니다. 종교는 영혼의 비밀을 알기 위한 창문이라고 할 수 있습니다. 그 창문으로 하늘을 바라보되 창문의 모습으로 하늘의 모습을 판단해서는 안 됩니다. 진정한 종교란 무엇보다도 이웃을 돌보는 것이라고 예수가 말했고 부처도 그렇게 말했습니다.
중생 없이는 나도 없고 진흙 없이는 연꽃이 필 수 없습니다. 그러니 중생 없이는 부처도 필요 없고 이웃 없이는 내가 존재할 수도 없는 것입니다. 그리고 인간이 본능에 의해서만 살아간다면 짐승과 다를 바 없을 것입니다.

인간을 인간답게 만들어 주는 것이 바로 꿈이며 그 꿈의 공통성과 신비함에서 종교를 탄생시킨 것입니다. 한 인간이 수도를 통해 쌓아 올린 경지는 말로 전달할 수 없는 것입니다. 그래서 지금까지 말한 것은 이 세 치 혓바닥으로 지껄인 이론에 불과하고 여러분들도 직접 체험을 통해 자성 자리를 찾아볼 수 있기 바랍니다. '말하고, 알아듣고, 좋다, 나쁘다, 푸르다, 희다, 검다'를 분별하는 이 놈이 마음인데 마음은 형상도 없고 냄새도 없고 빛깔도 없습니다. 그런 마음은 과연 어떻게 생겼을까요?"

·선수련대회에서의 법문 중에서

유마거사의 불이법문(不二法門)

생과 멸이 둘이 아니고
나와 내것이 둘이 아니고
수(受)와 불수(不受)가 둘이 아니고
깨끗하고 더러운 것이 둘이 아니고
동(動)과 부동이 둘이 아니고

상(相)과 무상(無相) 이 둘이 아니고
선(善)과 불선(不善)이 둘이 아니고
아(我)와 무아(無我)가 둘이 아니고
명(明)과 무명(無明)이 둘이 아니고

색과 공(空)이 둘이 아니고
동(同) 과 이(異)가 둘이 아니고
성(性)과 상(相)이 둘이 아니고

보시와 회향이 둘이 아니고
몸과 마음이 둘이 아니고
입과 뜻이 둘이 아니고

밝고 어두운 것이 둘이 아니고
생과 열반이 둘이 아니고
실(實)과 부실(不實)이 둘이 아니고

이렇게 여러 보살들이 말하였고, 마지막에 문수가

"무언(無言) 무설(誣說)"

이라 하자 유마는 그만 침묵하였다.
이에 문수가 "당신이야말로 천지를 진동시키는 진리를 체득하여 침묵으로서 불이를 행하십니다." 하여 유마힐의 일묵(一默), 또는 뇌묵(雷

默)이라는 말이 나오게 되었다. 우리는 여기서 불이법문을 잘 이해하고 그 뜻을 똑바로 알아서 모든 것은 한마음에서 나온다는 이치를 이해하여야 될 것이다.

보현보살의 십대원

"서" 부처님 공덕바다 성취하려면 보현보살 십대원이 으뜸이기에 올바른 신심과 밝은 지혜로 중생계가 다하도록 행하오리다.

1. 가없는 법계에 많은 부처님 눈앞에 뵙듯이 깊이 믿사옵고 이 한 몸 한량없는 몸을 나투어 모두 다 빠짐없이 예경하리다.

2. 미진수 부처님의 넓고 큰 공덕 끝없는 허공에도 비유 못하니 아름다운 음성과 묘한 변재로 미래겁이 다 하도록 찬탄하리다.

3. 향과 꽃을 태산같이 공양 올려도 일념 통한 법공양에 견줄 수 없어 위없는 보리도와 보살행으로 시방삼세 부처님께 공양하리다.

4. 지금껏 지은 허물 모양 있다면 허공을 채우고 또한 남으니 이 자리에 일념을 참회 하옵고 청정계행 길이길이 가지오리다.

5. 부처님이 무량겁을 닦으신 공덕 중생들의 털끝만한 선근까지도 하나도 빠짐없이. 모두 다 들어 무량겁을 쉬지 않고 기뻐하리다.

6. 한량없는 법계의 모든 부처님 잇따라 정각을 이루시니 내가 모두 찾아뵙고 정성을 다해 미묘법을 굴리시길 청하옵니다.

7. 부처님과 보살들과 모든 선지식 열반에 들지 말고 오래 계셔서 모든 중생 이롭게 하시 욥기를 무량겁이 다하도록 권하리다.

8. 부처님이 무량겁을 수행 하실 때 처음의 발심에서 온갖 고통 참으시고 정진했으니 내가 모두 빼지 않고 배우오리다.

9. 모든 중생 섬기기를 부처님 같이 갖가지 방법으로 즐겁게 함이 보리도를 이루는 바른 길이니 허공계가 다하도록 수순하리다.

10. 부처님께 예배함에서 수순에까지 지은 공덕 중생에게 회향하옵되. 그들이 지은 죄 내가 다 받고 그들은 모두 다 해탈 얻어지이다.

"결" 십대원 외우는 넓고 큰 공덕 부처님 한 분 밖에 아는 이 없어 무량겁 지은 죄 다 없어지고 이 자리서 무상정각 이뤄지이다.

이렇게 보현보살님께서는 위대한 서원을 세움으로서 성불을 하시고서도 중생들을 제도하시고 또한 그들을 바른 길로 인도하시느라 보살로서 화현하셔서 중생을 깨달음의 길로 인도하시는 것이다. 법신여래*의 우보처이시다.**

* 즉 석가모니 부처님

** 그래서 유시무종이다

약사여래의 12대원

약사유리광여래는 동방정유리세계에 있으면서 모든 중생의 질병을 치료하고 재앙을 소멸시키며, 부처의 원만행(圓滿行)을 닦는 이로 하여금 무상보리(無上菩提)의 묘과(妙果)를 증득하게 하는 부처님이시다. 그는 과거세에 보살로 수행하면서 중생의 아픔과 슬픔을 소멸시키기 위한 12가지 대원(大願)을 세웠다.

1. 내 몸과 남의 몸에서 광명이 가득하게 하려는 원.

2. 위덕이 높아서 중생을 모두 깨우치려는 원.

3. 일체 중생으로 하여금 깨끗한 업을 지어 삼취정계(三聚淨界)를 갖추게 하려는 원.

4. 일체 중생으로 하여금 대승교에 들어오게 하려는 원.

5. 일체의 불구자로 하여금 기관을 완전하게 하려는 원.

6. 중생으로 하여금 욕망에 만족하여 결핍하지 않게 하려는 원.

7. 몸과 마음이 안락하여 무상보리를 증득하게 하려는 원.

8. 일체 여인으로 하여금 모두 남자가 되게 하려는 원.

9. 천마외도의 나쁜 소견을 없애고 부처님의 바른 지견으로 포섭 하려는 원.

10. 나쁜 왕이나 강도등의 고난으로부터 일체 중생을 구제하려는 원.

11. 일체 중생의 기갈을 면하게 하고 배부르게 하려는 원.

12. 가난하여 의복이 없는 이에게 훌륭한 옷을 가지게 하려는 원.

이것이 약사여래 12대원이며 그 공덕으로 부처가 되었고 또 한량없는 중생의 고통을 없애주신다. 이를 보면 약사여래가 단순히 병고를 구제하는 일에 그치지 않고 의복이나 음식 등의 의식주 문제는 물론 사도나 외도에 빠진 자, 파계자, 범법자 등의 구제에까지 미치고 있음을 알 수 있다.

중국 다푸완(大佛灣) 중앙 전각의 천수관음상(千手觀音像)

중국 다푸완(大佛灣) 대방변불보은경변상(大方便佛復恩經變相) 중 석가모니 부처님

앞장서되 거만하지 않으리라는
보살의 대서원을 좌우명으로 삼고
자신의 마음을 스스로 조절하고
신앙생활을 하면서…….

〈본문 – 보답하는 마음으로 부처님의 행을 따르며 살아가리라 중에서…〉

맺음글(結論)

보답하는 마음으로 부처님의 행을 따르며 살아가리라

자신의 서원을 세우고 신앙생활을 하면서 나름대로 팔만사천대장경을 다 외운다 하여도 행이 따라 주지 않으면 무슨 소용이 있을까요.
몸소 실천하고 따르겠다는 신념으로 살아오면서 많은 아픔을 겪었지만, 이 또한 '부처님께서 모든 집착을 여의고 불퇴전의 보살로서 이끌어 주시느라 그렇게 하셨구나' 여기며 감사를 드립니다.

부처님 당시 유마거사는 중생 병을 대신해서 앓고 계셨습니다. 이는 '자식이 아픈데 부모 또한 아프지 않을 수 있겠는가' 라는 위대한 가르침이십니다.
아파봐야 아픈 사람의 마음을 알고, 차 한 잔을 먹어 본 자만이 그 맛을 알 수 있듯이 몸소 체험하지 않고는 언어, 문자로 다 표현할 수는 없는 일입니다.

그래서 고뇌하되 방황하지 않을 것이며, 서원을 세우되 집착하지 않으며, 앞장서되 거만하지 않으리라는 보살의 대서원을 좌우명으로 삼고, 자신의 마음을 스스로 조절하고 신앙생활을 하겠다는 이러한 마음을 아래의 몇 편의 글귀로 남김으로서 아름답고 행복한 회향을 하고자 합니다.

준제보살님

성스럽고 자비로운 미소
준제보살님이시여
과거, 현재, 미래불
칠십칠억 부처님의 어머님이시여

대성자이신 준제보살님
깨끗하고 하얀 연꽃
피우시느라 나투셨네

부처님 정법 이 사바에 실현시키고자
항상 자비스런 미소 머금고서 계시는
그 거룩한 님이시여
일체 중생 부처 이루게 하시려고
시방삼세 항상 머물고 계심이라

아 거룩하고 성스러운 님이시여
성스러운 미소로 오고 감이 없이 중생교화 하시니
항상 그 마음 따르고 원하오니
자비의 손길로 섭수하여 주심이라

· 이선덕화 (2006年 11月 26日)

마음

생사와 열반이 마음에 있고
무명과 보리도 마음
정토 또한 마음밖에는 없네

팔만사천 법문이
중생근기 따라 설하심이여
마음 깨닫게 하심이라

108번뇌 소멸한다고
백팔산사 찾아다니는 것도
모두가 마음에서 나온 것을

육도윤회 또한
마음에서 일어난다네
이 모두가 마음도리인줄 알게 되면

이 마음
어디에 닦을 것이 있고
또한 버릴 것이 있으리요

·이선덕화 (2007年 6月 9日)

꿈

어려서는 부모님의 사랑 받고
자라서는 스승의 은혜
결혼해서는 부부의 인연으로
자식을 낳아서는
부처님 진신사리 같이

너무나도 소중한 진신사리 가꾸느라
이 한 생을 바쳐 키워온
사랑스런 진신사리

사랑스러운 품 떠나가서
사랑의 보금자리에서
사랑의 꿈 이루어 가고 있다네.

부처님의 무량공덕에
보답한다는 마음으로
항상 바른 길 가겠다는 이 마음

그러나 모든 것이 꿈이었네.
육도만행 보살의 꽃은 이미 피었건마는
그러나 모두가 한낮 꿈이었네.

시대가 아무리 변한다 하여도
진여심(본성)만은 그대로인걸
꿈이 꿈인 줄 알고 살면
그것이 곧 진리라네.

·이선덕화 (2007年 6月 16日)

파랑새

낙산사 홍련암 허공에 나투신
백의관음보살 화현
마음으로 보는 눈 열리니

아미타 부처님, 백연, 관음보살
한 몸으로 화현하셨네.

오색 무지개 띄우면서
오봉산 상공에 나투신
관음보살 대성자시여

오, 찬란하고 성스러워라
인간의 마음 청정하면
언제 어디서든지
함께 하실 수 있는 성자시여

일체중생을 사랑으로 섭수하시고
항상 바른 길로
인도하시는 성자시여

언제라도 우리 또한 관음 되어
사바 중생에게
이로운 삶 살고 싶다네.

·이선덕화 (2007年 8月 2日)

시바에 피어난 정토꽃

무명초로 이 사바에 왔다가
가리라 하였건만
부처님의 가르침과 또한
자식을 기르다 보니

여리고 여린 또한
화려하지도 않고 또한
요란스럽지도 않고 그윽한
연보라 핑크색으로

초롱초롱한
사랑초가 가득하게 피어
보는 사람 누구한테나
사랑을 받는 꽃이 되었다네.

부처님의 사랑이었구나
온 인류를 사랑하시는
관음보살의 대자비였어라.

· 이선덕화 (2009年 2月 14日)

아름다운 회향

한마음에서 육도윤회
마음이 깨끗하면 정토

한마음에 고통 있으면 지옥
한마음에 기쁨 가득하면 천상

마음에 번뇌 없으면 열반
모두가 한마음에서 이루어진다네.

·이선덕화 (2009年 2月14日)

사랑의 고운 열매

마음의 사랑밭에
사랑의 씨를 뿌리니
어여쁜 새싹 돋아나

마침내 사랑의 꽃 피어났네
곱고 고운 사랑의 열매
아름답게 맺으니
시방에 가득하여라.

아~ 불보살님의 나투심이여
스스로 사랑의 고운 열매 맺음을
마음으로 전하여 주심이니라.

·이선덕화 (2012年 8月 8日)

하염없는 마음

印 刷 日 | 2016년 3월 10일
發 行 日 | 2016년 3월 15일

著　　者 | 석암 강정문 · 선덕화 이설자
發 行 人 | 한국불교통신교육원
發 行 處 | 한국불교정신문화원
| 477-810 경기도 가평군 외서면 대성리 산 185번지
電　　話 | 031-584-0657, 02-969-2410
등록번호 | 76.10.20. 경기 제6호
印　　刷 | 이화문화출판사
02-738-9880(대표전화)
I S B N | 978-89-6438-148-9

定價 18,000원